찻자리 공간에서 만난

차 한 잔의 운치

꽃이 피니 香이 나누나
茶를 마시며 冥想에 잠기니
詩와 그림이 함께 하자네.

찻자리 공간에서 만난

차 한 잔의 운치

홍정숙 지음

이담 Books

머리말

시간은 훌쩍 바람을 가르며 세월을 나에게 안겨준다. 3개월이 지나면 예순이라는 숫자가 나를 맞이한다. 박사 논문을 마무리하고 두어 달은 습관대로 컴퓨터 앞에서 우물쭈물하며 시간을 채우다가 불현듯 논문을 다듬어서 찻자리 공간의 입문서를 써보라는 지도교수님의 말씀이 떠올라 용기를 내어 보기로 한다. 한 권의 책을 써야겠다는 결심을 하고 머리말 문지방에서 서성거리기를 여러 날, 처음 써보는 책이라 결심했던 바와 달리 망설이므로 더디기만 하다.

논문의 중심내용은 선조들이 찻자리 공간에서 파한(破閑)으로 시작한 기록들 위주로 집필해 나갔다. 문헌을 통해 점철(點綴)하는 과정에서 선조의 그윽한 운치 속으로 빠져들어, 그때마다 차 한 잔의 역할이 어진 덕(德)으로 다가와, 나의 정신을 살찌워지고 삶의 이정표로 제3의 인생을 꿈꿀 수 있는 여지를 심어주었다. 가장 중요한 것은 지금은 고인이 되셨지만 나의 아버님의 말씀과 생각들을 문헌들을 통해서 만날 수가 있었다는 점이다. 어린 시절에는 그저 아버님의 말씀을 귓등으로만 흘려들었던 조각조각들이 새삼 새롭게 기억되는 것은 무슨 조화일까? 이제야 철이 들어가니 나이를 먹는다는 것이 참 좋다.

예술의 근간은 문명이 일구어낸 최고의 선물이다. 발전하고 진화하는 문명 앞에 사람들은 새로운 추구로 문화를 창조하려는 부조화를 낳는다. 문화라는 도구를 이용하여 인간들만이 향유할 수 있는 문화(文化)를 문화(文花)로 갈망하며 예술로 승화시키는 경지에 이른다. 예술은 그 시대의 생활상을 담는 표현으로 이는 자연에 대한 향수를 일으키며 귀거래(歸去來)를 생각하는 첫 단계이다.

여기에서 만나는 찻자리 공간은 자연에서 차나무를 재배하고 잎을 채취해서 제다하여 우려 마시는 과정으로, 정신적・물질적 현상을 지칭하는 의미로 찻자리 활동을 중심으로 이루어지는 생활양식이다. 이에 찻자리 공간이 형성되고 정신과 물질이 혼합되어 예술이라는 새로운 양식을 잉태시킨다. 예술은 아름다움을 표현하는 인간의 활동으로 미적 창작을 통해 마음은 윤택해지고 즐거움을 고양시키며 정신을 정화시키는 역할을 한다. 이와 같이 인간이 추구하려는 행복에 다다르게 해주는 역할을 선조의 차문화 속에서 찾아본다면 찻자리 공간이라 할 것이다.

찻자리 공간은 자연과 함께하기를 추구했던 우리 선조의 차 생활과 사상에서 비롯된 인위적인 공간이라 할 수 있다. 조용히 차를 마시면서 마음을 정화시키며 명상에 잠기기도 하고, 자연산수를 차경(借景) 삼아 그림을 그리고, 수시로 뜰에 나가 화초를 가꾸며, 때로는 벗을 청하여 술과 차를 즐기면서 청담(淸談)을 나누며 악기를 연주하기도 하고, 향을 피워놓고 독서를 하거나, 달 밝은 창가에서 시를 짓거나 하는 행위가 이루어지는 찻자리 공간은 얼핏 보면 대단히 한가한 사람의 즐거움 같지만, 최고의 지식인으로 부지런하지 않으면 갖출 수 없는 공간으로 자연 그 자체의 요소들을 활용하여 행복지수를 높여가고 있었음을 유추해 볼 수 있다. 선조가 향유했던 여가는 뛰어난 창조의 시간으로 다・주・시・화・화훼(茶酒詩畵花卉)를 즐기며 남긴 창작품들은 당시의 생활상을 유추해 볼 수 있고 많은 교훈으로 남아 우리의 정신을 풍요롭게 한다.

이처럼 찻자리 공간은 학문과 예술이 집약된 공간으로 우리의 꿈을 실현시키는 이상향을 제시하는 매체역할을 담당하고 있음을 알 수 있다. 때로는 휴식과 더불어 심심풀이로 창작을 유도하며 작은 즐거움을 생산하는 예술을 탄생시키는 공간의 시원(始原)이 되기도 했다. 찻자리 공간은 서서히 확장되고 자아추구를 일깨우는 장소로 환영받기에 이른다. 근세나 현세나 형태는 다르지만 찻자리 공간이 지닌 내적인 품성은 그대로 이어져 전해지고 있다. 최근에 찻자리 공간은 예술의 보고라 할 만큼 새로운 가치를 추구하는 수준 높은 공간으로 변화하면서 심신 수양의 공간, 소통과 문화의 공간, 예술・창작의 공간, 휴식과 치유의 공간, 인성교육의 공간으로 다양한 기능을 함축하고 있다.

돌이켜보면 나의 일상은 작업실에서 그림을 그리고 악기를 연주하거나, 노래를 흥얼거리며 때로는 꽃꽂이를 하면서 생활의 대부분을 채우고 있었다. 여자 형제가 없는 나는 어릴 적부터 혼자 노는 것이 익숙해져 가고 있는 즈음 우연하게 차문화학과가 있음을 알게 되었고 차문화를 접하게 된 나의 삶은 달라지기 시작했다. 수시로 한 잔의 차에서 진정한 예술의 흔적을 발견할 때마다 터져 나오는 탄성은 환희였다. 차와의 만남은 평소에 분산되어 있던 힘을 회복해주었고, 마음속의 생각을 확실하게 자각할 수 있게 하는 시간이었다. 어느 사이 차도구는 소꿉놀이로 나의 생활을 즐겁게 하는 매개물이 되어 있었다. 나의 전공은 차문화로, 부전공은 그림으로 자리가 바뀌었고, 작업실 또한 찻자리 공간의 놀이터가 되어 학문과 그림과 꽃으로 창작의 나래를 펴며 소박한 꿈을 키우는 공간이 되어주었다.

논문을 쓰는 동안 문헌을 통해 만나는 선비들의 높은 학문과 혜안(慧眼)은 지쳐가는 나의 몸과 마음에 충분한 시너지로 다가왔다. 긴 터널을 지나는 인고의 시간은 삶의 여정을 탄탄하게 해주는 길잡이가 되어, 차 한 잔의 운치에서 만나는 보람들은 나를 행복의 길로 안내할 것이라는 확신을 갖게 한다. 이에 차문화를 사랑하고 아끼는 분들과 찻자리 공간에서 만나는 우리 문화를 함께 공유하고자, 부족함이 많지만 소담스러운 찻자리 공간의 입문서를 엮어보고자 한다. 나의 삶을 충만하게 채워 주는 찻자리 공간에서 만나는, 차 한 잔의 운치에 깊은 감사의 몸짓을 보낸다.

2012. 10. 10. 에설랑 洪 작업실에서

홍정숙

제1부
들어가는 말

우리의 찻자리 공간은 단체나 개인의 취향과 사회의 다양한 사회・문화적 접촉에 따라 문화・예술적 기호음료 공간으로 활용되고 있다. 이는 경제성장과 문화향유의 증대에 힘입어 차문화가 대중들에게 비교적 빠른 속도로 확산되어 음료문화의 장을 형성하고 있기 때문이다. 최근 찻자리 공간은 일상생활에서 중요한 소통의 공간으로 자리매김하고 있으며, 문화의 한 축으로 성장하고 있다. 하지만 최근의 찻자리 공간은 전통적 찻자리 공간의 정체성이 결여된 가변적 공간으로 유지되거나, 외래문화의 유입으로 다국적 문화공간으로 구성되기도 하였다.

최근 찻자리 공간의 다양한 변화는 찻자리 공간의 본래 기능과 전통적 고유성을 상실하게 하는 원인을 제공하고 있지만, 개인과 사회의 다양한 문화적 네트워크 형성과 교류의 장을 제공하기도 한다. 예를 들면, 최근의 찻자리 공간은 단순히 차를 마시는 전통적 문화공간으로서의 역할과 함께 개인의 문화적 욕구와 취향에 따른 정신문화의 공간과 사회적 인적 교류의 공간으로서 기능도 가지고 있다.

따라서 최근의 찻자리 공간은 전통적 찻자리 공간의 특성과 최근의 문화적 욕구가 융합된 형태로 구성되어 있다고 말할 수 있다. 즉, 인간과 인간의 소통, 개인과 집단의 문화적 교류, 개인의 정신적 수행과 명상의 공간, 그리고 교육과 체험을 통한 정신문화 향상의 공간으로서의 역할과 기능을 강조하고 있다.

찻자리 공간에는 차, 차도구, 인간이 3가지 요소로 주체를 이루지만 여기에 공간은 절대 필요한 구성요인이다. 전통사회에서는 풍경이 있는 공간이라면 장소성에 구애받지 않는 가변적인 찻자리 공간이 형성되었다. 점차 주거 공간의 확보와 정원문화의 확산에 따라 권력과 재력이 있는 사람들의 사랑채나 별서에서 소수계층들만이 즐기는 협의적인 공간이 탄생되었다. 특히 선비계층을 중심으로 각자의 이상(理想)을 표출하는 장소로 찻자리 공간은 문화의 보고(寶庫)가 되는 공간으로 발전하는 계기가 되었다.

차는 불가의 선승들에게는 종교와 정신을 주도하는 음료로 발전하고, 선비들에게는 유교적인 가치관이 배경이 되어 인간 정서를 순화시키는 음료로 가치를 발휘했다. 이에 새로움을 창조하는 '창조의 은자'들을 배출해내는 공간의 근간이 되었다. 선비들의 정신이 담겨있는 정신적 문화의 조화로 즐거움의 표상이라 할 수 있다. 이를 기반으로 하여 전통 찻자리 공간의 장점들을 응용하여 현시대에 합당한 찻자리 공간의 구성에 초점을 맞춰본다.

중국과 일본의 찻자리 공간을 비추어보면, 중국은 다관(茶館)형태로 식사, 차, 술, 커피 등을 판매하며 다예(茶藝)로 다양한 서비스를 제공하는 상업적인 공간이다. 일본은 모든 움직임을 축소지향적인 문화적 특성에 따라 차실형태이며 다도(茶道)라는 명분을 확립했다. 한국은 가변성을 지닌 까닭에 찻자리 공간의 정체성이 잘 나타나지 않고 있다. 손수 다사(茶事)를 체험하는 과정에서 예(禮)를 익히고 행하는 덕목으로 다례(茶禮)가 중시되었다. 자신을 수신하는 공간으로 선비의 기상을 중시하며, 문자향(文字香)과 서권기(書卷氣)를 표현하는 찻자리 공간으로 사랑방이 그 중추역할을 했다.

외국의 찻자리 공간을 살펴보면, 영국의 커피하우스는 선술집보다 모양을 갖춘 조명시설, 서가와 거울장식, 금박 틀의 그림, 훌륭한 가구 등으로 채워져 있었다. 당시 커피를 소비하는 모습은 세련의 상징이었고 시각적 의미를 강조하였다. 이처럼 커피하우스의 발전과 확산은 내부 공간의 미적・예술적 발전뿐만 아니라 문화적 교류 확대 그리고 정신적 성장의 의미를 지니고 있었다. 커피 문화의 활성화는 커피하우스를 지식인들의 집합장소로 만들었으며, 사교와 비즈니스 업무를 위한 공공장소로 발전시켰다.

한국의 찻자리 공간과 영국의 커피하우스에서 살펴보았듯이 공간은 내부 구조의 시각적 효과뿐만 아니라 그 공간에 참여하는 주체들의 특징에 따라 새로운 의미와 역할을 부여하였다. 따라서 찻자리 공간은 단순히 차를 마시는 공간이라는 협소한 개념이 아니라, 개인과 집단의 교류, 그리고 정보 소통을 통해 새로운 문화를 창조하는 생산적 공간의 역할이라는 광의적 개념도 내포하고 있다.

최근 우리 사회에서 차가 부상하면서 찻자리 공간도 새로운 연출을 요구한다. 찻자리 공간구성에 있어서도 조형적 측면에서 심리적 측면까지도 많은 요인을 구비하려고 한다. 이에 실내 공간의 변화는 음료를 제공하는 차원을 넘어, 종합적 구성요소가 집합된 공간으로 다양성을 요구한다. 이용자들에게 시각적・심리적 즐거움을 주는 장소로 정착화되는 실정이다.

최근 찻자리 공간의 방향설정은 상황과 조건에 따른 광의적인 개념으로 임해야 한다. 찻자리 공간의 겉치레처럼 보이지만 색채 활용이나 공간구성에 대한 지속적인 변신을 요구하기 때문이다. 정신과 물질의 조합을 이루는 선비들이 지닌 장점을 도출하여 기능과 편리성을 갖춘 제3의 문화가 연출되는 장소, 궁극적으로 현대인들에게 잘 놀 줄 아는 방법을 가르치는 장소가 되는 것이다. 실생활에서 남녀노소에게 생산적이고 실리적으로 활용되는 구성방안을 창출하자는 것이다. 찻자리 공간은 현시대가 필요로 하는 마음의 약이 되어주기 때문이다.

그렇다면 찻자리 공간 연구에 관한 논문들을 살펴 그 방안을 촉구해보도록 한다. 차문화 연구의 일환으로서 찻자리 공간에 대한 연구는 최근까지 활발하게 진행되지 않았다. 1990년대까지만 해도 차문화의 주요 흐름은 차의 보급과 대중화가 주를 이루었으며, 찻자리 공간에 대한 연구는 2000년대가 지나서야 그 성과를 얻을 수 있었다. 그동안 발표된 찻자리 공간에 대한 연구는 최근 10년 사이에 이루어진 것이 대부분이며, 이 기간 동안 연구성과는 기대에 미치지 못하였다. 이러한 어려운 상황 속에서도 찻자리 공간에 대해 선구자적 연구를 진행한 연구 자료를 살펴보면 다음과 같다.

이선아는 「한국 차문화 공간의 감성적 색채 전략에 관한 연구」에서 고객의 마음을 붙잡으려면 소비층의 라이프스타일에 맞는 색채전략의 필요성을 강조했다. 따라서 언어로 표현할 수 없는 정서를 대변하는 색채를 활용하여, 차문화 공간에 있어서도 기능적인 색채 사용으로 우리의 정서에 맞는 한국적인 공간미를 새롭게 창출해야 한다고 주장하고 있다.[1)]

이일희는 「생태적 관점에서 본 차문화 공간에 관한 연구」에서 차문화 공간을 자연의 한 부분인 생태공간으로 이해하여 적절한 곳에서 차를 마시며, 단순하고 소박한 조형예술에 따라 체계적인 공간을 확보하는 것이 바람직하다고 언급했다. 더불어 차문화 공간은 어떤 형태로 따로 규격화되는 것이 아니라, 선조와 같이 자연 친화적인 공간으로 현실 여건에 맞는 가변적인 공간이자 생활철학을 담는 장소로 정신적 문화와 조화를 중시한다고 주장하고 있다.[2)]

---

1) 이선아, 「한국차문화공간의 감성적 색채 전략에 관한 연구」, 홍익대 석사학위논문, 2003, p.116.
2) 이일희, 「생태적 관점에서 본 차문화공간에 관한 연구」, 성신여대 박사학위논문, 2004, p.198.

김건우는 「차문화 공간의 현대적 해석과 공간조성 연구」에서 차문화 공간의 특징들을 살펴, 공간 구성요소들을 체계화하여 합리적이고 과학적인 문화 공간 기능을 제시하였다. 즉, 현대적 차문화 공간은 인간이 진정한 주인이 되는 개인의 창의력과 개성을 중시하는 건전한 여가의 공간, 예술과 융합하는 복합문화 공간, 자연과 인간의 감성을 보상하기 위한 친환경 생태의 공간이 되어야 한다고 설명하고 있다.[3]

곽수정은 「유휴(遊休)공간의 문화 공간화를 위한 콘텐츠 연구」에서 유휴공간의 활용을 통한 다양한 문화공간 조성이라는 대안을 제시하였다. 예술가의 아틀리에를 문화교류지로 명소화시켜 나가는 자발적 발생형, 치밀한 계획에 따른 폐기된 장소를 활용하는 현대적 전환형, 낙후지역을 활성화한 도시 전체의 복합문화공간으로서의 도시 재생형 등으로 나누어 '시간성'과 '역사성' 같은 무형자본을 유형화된 문화유산으로 탈바꿈시키는 프로그램 콘텐츠를 제시하였다.[4]

홍정숙은 「차문화공간에 어울리는 다화(茶花) 연구」에서 차문화 공간은 학문과 예술이 집약된 공간으로 한 국가의 역사를 배경으로 도덕과 종교와 예술 등 정신적 문화의 조화라고 하였다. 따라서 찻자리 공간의 한 요소인 다화는 선조의 정신을 근간으로 한 즐거움의 표상이며, 그것은 식물의 자연스러운 아름다움보다는 그 식물이 지닌 상징적인 가치를 더 존중했기 때문이라고 했다. 또한 생활양식의 변화에 어울리는 공간형태에 있어서 다화의 적절한 배치를 두 가지로 구분했다. 그는 공적 공간과 사적 공간으로 구분하여 그에 맞는 다화 표현을 설명하고 있지만 정확한 정의를 내리지는 못했는데, 그것은 공간이 상황과 조건에 따라 다양한 변화를 요구하고 있기 때문이다.[5]

---

3) 김건우, 「차문화공간의 현대적 해석과 공간조성 연구」, 원광대 석사학위논문, 2005, p.85.

4) 곽수정, 「遊休공간의 문화공간화를 위한 콘텐츠 연구」, 국민대 박사학위논문, 2007, p.228.

하보숙은 「조선조 차문화의 미의식에 관한 고찰」에서 조선 시대 차문화는 단순하고 소박한 아름다움을 강조하면서 자연을 주로 미적 관조의 대상으로 삼고, 인간의 정서를 순화시켜 주고 미적 쾌감을 충족시키는 대상으로 생각했다. 이를 토대로 그는 차문화공간이란 공통적으로 나타나는 선비들의 문화적 배경, 가치관과 사상 등 고도의 인격수양과 절제된 유교적 미감이 표출되는 문화 복합체의 장이라고 하였다.[6]

지금까지 발표된 논문들은 주로 외부적인 요인, 자연적인 요인, 정서적 요인, 구조적 요인에 따른 찻자리 공간을 다루고 있다. 하지만 찻자리 공간은 예술적・문화적・정신적 의미 등을 함축하고 있어 이를 표현한 찻자리 공간의 구성 요소를 살펴볼 필요가 있다. 왜냐하면 찻자리 공간에서 사람이 살아가는 데 필요한 다양한 기능적 요인들로 인해 그 특징과 역할도 달라지기 때문이다. 이에 따라 최근 찻자리 공간은 다양한 심리와 요구에 부응하는 기능과 역할을 겸비한 실용의 공간으로 변화되어야 한다.

따라서 전통적 찻자리 공간이 자연의 성정을 통한 단순하고 소박한 정신을 강조한 찻자리 공간이었다면, 현재의 찻자리 공간은 소비층의 라이프스타일에 맞는 문화와 예술의 개념이 혼용된 찻자리 공간으로 변환시켜야 할 시기라 사료된다.

이를 위해서 차생활과 찻자리 공간에 대한 변화와 그에 따른 차도구 및 시와 그림에 나타난 배경들을 통해 정신문화를 창출하는 공간으로서의 의미를 재조명해 보고자 한다. 그 방법으로 한국의 전통적 찻자리 공간의 특징과 중국과 일본 찻자리 공간의 특징을 잘 살펴 가장 한국적인 현재의 찻자리 공간을 제시하면서 차 한 잔의 운치를 사회에 널리 알리는 데 그 목적을 둔다.

---

5) 홍정숙, 「차문화공간에 어울리는 다화 연구」, 목포대 석사학위논문, 2007, p.61.

6) 하보숙, 「조선조 차문화의 미의식에 관한 고찰」, 성균관대 석사학위논문, 2008, pp.73~78.

제2부

찻자리 공간

1. 찻자리 공간이란 무엇인가?

차는 처음 단순한 약에서 출발하여 기호음료로, 사교를 위한 음료로, 문화적 표현의 도구로 발전하였다. 차를 마시는 행위는 문화적 환경 속에서 회화나 문장 등을 통해 다양한 형태의 예술로 자연스럽게 승화되었다. 차는 특히 동양사상을 대표하는 유가에서는 의례의 형식이 강조되어왔으며, 도가에서는 예술성을, 불가에서는 수행하는 명상의 일환으로 성장 발전하였다.

전통적인 차생활 개념에 대해 『한국의 다도』에서는 차생활은 차를 운용하는 사람의 마음자세, 차 살림을 하는 방도와 예의 · 범절 등을 포함한다고[7] 설명했다. 『다도학』에서는 차생활은 찻잎 따기에서 차를 우려 마시기까지 다사로써 몸과 마음을 수련하여 덕을 쌓는 행위[8]라고 규정하고 있다.

『한국다예』에서는 차생활은 물질과 정신으로 구분하고, 물질개념의 정의를 끓인 물에 어떤 종류의 식물질을 적당히 첨가해서 우려 마시는 것이

---

7) 최범술, 『한국의 다도』, 보연각, 1975, p.57.

8) 김명배, 『다도학』, 학문사, 2002, p.115.

라 하였고, 정신개념으로는 차의 법도를 터득할 수 있는 것[9]이라 보았다.

『다도철학』에서는 차생활은 첫째는 차를 다루고 차를 끓이는 바른 방법이라는 현상적 의미로, 둘째는 바른 다법으로 얻어지는 진리 혹은 지경을 뜻하는 철학적 의미가[10] 있다고 주장하고 있다.

『다도학개론』에서는 차생활을 물질적 · 정신적 · 예술적으로 구분하여 마음을 맑게 정화하여 문화적 즐거움을 고양시키는 것이라 했다.[11] 이처럼 차생활은 시대의 흐름과 변화로 인해 찻자리 공간 개념으로 확장되면서 실리적이고 보편적이며, 때론 예술과 문화적인 성향으로 흘러가고 있음을 알 수 있다.

이를 현재의 찻자리 공간에 응용한다면, 인성이 형성되는 시기인 유아기에 초점을 맞추어 가정에서부터 찻자리 공간을 일상적인 생활로 유도해야 한다. 이는 세 살 버릇이 여든까지 가듯이 바른 정서를 갖출 수 있도록 찻자리 공간을 통해 예(禮)를 익히도록 하는 것이 우선이라 여긴다. 행하는 마음이 기본이 되어 청소년기와 중년기에 이르기까지 자연스럽게 차가 지닌 물질적인 면과 정신적인 면을 이해하고, 이런 조건들이 인품으로 나타나 문화를 주도하는 선구자적인 역할이 가정과 사회를 한층 밝은 모습으로 변화시킬 수 있기 때문이다.

다사를 통해서 개인의 취향에 따라 찻자리 공간 분위기는 설정되고 예술을 지향하는 방향을 모색하기에 이른다. 이의 한 방법으로 개인적인 공간을 소원하며, 특정한 일에 속박 받지 않는 자신의 생각을 표현하는 공간을 구상하기 시작했다. '활동'에서 오는 피곤함을 '여가'를 통해서 해소하고자 하

9) 석용운, 『한국다예』, 보림사, 1991, p.12.

10) 정영선, 『다도철학』, 도서출판 너럭바위, 1996, p.264.

11) 염숙, 『다도학개론』, 전남대학교 출판부, 2009, pp.19~20.

는 욕구가 강해져 새로운 공간을 창조한 것이었다.[12] 여가 혹은 휴식공간은 도피, 꿈, 자유, 환상의 장소로 인간의 상상력을 북돋아 새로운 피안의 세계로 이끌어주는 역할을 담당했다[13]고 볼 수 있다. 차를 마시는 것도 이러한 과정을 거쳐 찻자리 공간을 부여받게 된 것이다. 이는 사람으로 하여금 마음이 탁 트이고 속된 생각을 사라지게 하여 속세를 떠나 자연 산수를 즐기는 심정을 갖도록 했다.[14]

현재 우리 사회에서는 찻자리 공간과 차문화공간이라는 두 용어를 크게 구분하지 않고 동일시하여 사용하는 것도 찻자리 공간 개념이 차문화의 광의적인 범위까지 포함하고 있음을 알 수 있다.

이러한 찻자리 공간에 대해 『차의 책』에서는 찻자리 공간을 순수한 어울림, 낭만성 등을 가르쳐 주는 곳, 인간과 자연에 대한 견해를 윤리나 종교와 결합하여 표현하는 곳, 단순함과 편안함으로 참된 정신을 나타내는 곳[15]이라고 했다. 『다도철학』에서는 찻자리 공간을 성의(誠意)·정심(正心)·수신(修身)의 실천적 수양을 쌓아 유가의 이상적 군자가 될 수 있는 곳[16]이라 설명하고 있다. 『중국의 차문화』에서는 찻자리 공간을 갈증을 해소하는 장소일 뿐만 아니라, 또 하나의 문화[17]라고 설명하고 있다. 이처럼 찻자리 공간이 가져다주는 의미를 정신적 문화 공간으로 보았다.

명대(明代) 허차서(許次紓, 1549~1604)는 찻자리 공간에 대해서 『다소(茶疏)』「차 마시기 좋을 때(飮時)」를 통해 다음과 같이 설명하고 있다.

---

12) 자크 브누아메샹(Jaques Benoist-Méchin), 이봉재 옮김, 『정원의 역사』, 도서출판 르네상스, 2005, p.23.

13) 자크 브누아메샹(Jaques Benoist-Méchin), 앞의 책, p.44.

14) 장지아지(張家驥), 심우경·이창호·심현남 옮김, 『중국의 전통 조경문화』, 문운당, 2008, p.269.

15) 오카쿠라 텐신, 정천구 옮김, 『차의 책』, 산지니, 2005, pp.15~16.

16) 정영선, 『다도철학』, 위의 책, p.32.

17) 왕총련, 김하림·이상호 옮김, 『중국의 차문화』, 에디터, 2004, p.151.

마음과 손이 한적할 때, 책 읽기와 시 읊기에 지쳤을 때, 기분이 어수선할 때, 가곡을 들을 때, 노래가 파하고 악곡이 끝났을 때, 문 닫고 바깥일에서 벗어날 때, 북 치고 거문고를 타며 그림을 볼 때, 밤 깊도록 함께 대화할 때, 밝은 창 옆 깨끗한 책상을 대할 때, 깊숙한 방이나 아름다운 누각에 있을 때, 손님과 주인이 정성스럽게 친할 때, 아름다운 손님과 사랑하는 사람과 함께 있을 때, 벗을 방문하고 막 돌아왔을 때, 날씨가 맑고 바람이 온화할 때, 가볍게 흐리고 가랑비 내릴 때, 작은 다리 아래에 그림배를 대었을 때, 무성한 숲과 긴 대숲을 바라볼 때, 꽃을 가꾸고 새를 보살필 때, 연못가 정자에서 더위를 피할 때, 작은 집에서 향을 사를 때, 술잔치가 끝나고 손님이 갔을 때, 어린이들의 글방을 들여다볼 때, 맑고 조용한 절이나 도관을 찾았을 때, 명천괴석에 다다를 때[18]

이는 찻자리 공간에서 여유로움을 갖고자 하는 의미와 더불어 예술적·사교적 기능을 포함한 시간과 공간을 초월한 또 다른 공간으로서의 역할이 내포하고 있음을 알 수 있다.

고려 시대 유·불·선에 통달했던 백운거사(白雲居士) 이규보(李奎報, 1168~1241)의 「엄 선사(嚴禪師)를 찾다」 시에 보면, 선사는 여간해서는 술을 내놓지 않았으나 이규보에게 술을 대접하자 시를 지어 사양하였다는 내용이다.

내가 지금 산방을 찾아온 것은	我今訪山家
술을 마시려고 해서가 아닌데	飮酒本非意
올 때마다 술자리 베푸니	每來設飮筵
얼굴이 두꺼운들 어찌 땀이 안 나겠소	顔厚得無泚
스님의 격조 높은 것은	僧格所自高
오직 향기로운 차를 마시기 때문	唯是茗飮耳
몽정의 새싹을 따서	好將蒙頂芽
혜산의 물로 달인 것이 제일 일세	煎却惠山水
차 한 잔 마시고 한 마디씩 나누어	一甌輒一話

18) 김명배, 『중국의 다도』, 명문당, 2007, pp.91~92.
"心手閒適 披咏疲倦 意緖棼亂 聽歌拍曲 歌罷曲終 杜門避事 鼓琴看畫 夜深共語 明窗淨几 洞房阿閣 賓主款狎 佳客小姬 訪友初歸 風日晴和 輕陰微雨 小橋畫舫 茂林修竹 課花責鳥 荷亭避暑 小院焚香 酒闌人散 兒輩齋館 淸幽寺觀 名泉怪石."

점점 심오한 경지에 들어가네　　漸入玄玄旨
이 즐거움 참으로 청담하니　　此樂信淸淡
굳이 술에 취할 필요가 있겠나　　何必昏昏醉[19]

가끔 산방을 방문하여 스님에게 차와 술을 대접받는 이규보의 자유분방한 생활에서 개방된 찻자리 공간임을 알 수 있다. 산방이란 스님이 거처하고 있는 작은 암자를 이르는 말로 세속의 번뇌를 벗어 난 청정무구(淸淨無垢)한 곳을 가리킨다. 즉 의도적인 생각이 배제된 지극히 선정(禪定)한 본연 그대로의 모습을 간직한 자연 친화적인 곳이 찻자리 공간이었다. 이곳에서 마시는 차 한 잔의 느낌은 그대로 선경에 든 경지와 마찬가지였을 것이다.

이규보의 시는 중국 사천성(四川省) 몽산(蒙山)의 정상(頂上)에서 생산되는 차를 빗대어 표현하고 있다. 물맛이 좋기로 유명한 중국 강소성(江蘇省) 무석현(無錫縣) 혜산천(惠山泉)의 물맛을 빌어 차를 마시는 찻자리 공간에서 이규보의 차를 사랑하는 마음은 더욱 심오한 경지로 승화하고 있다.

이규보의 차에 대한 표현은 허차서의 「차 마시기 좋을 때(飮時)」의 글처럼 "맑고 조용한 절이나 도관을 찾았을 때(淸幽寺觀)" 차가 향기로울 수밖에 없는 이유와 같은 의미이다. 즉, 산방은 시간과 공간의 개념을 초월한 정신적 의미의 공간으로서 그 시대 차문화의 양상을 보여주고 있는 것이다. 이러한 이규보의 시에 나타난 찻자리 공간의 정신적 의미는 『간이집(簡易集)』 「이 문순(李文順, 이규보의 시호(諡號)이다.) 정중월(井中月) 운에 차(次)하다(次李文順井中月韻)」에서도 살펴볼 수 있다.

스님이 우물물 길어서 가노라니　　僧去汲井水
바리 속에 달빛이 함께 가득하였는데　　和月滿盂中

19) 이규보(李奎報), 『동국이상국집(東國李相國集)』 「東國李相國後集」 제1권, 고율시(古律詩), 엄 선사(嚴禪師)를 찾다, 고전번역총서.

절간에 돌아오니 보이는 게 하나 없어 入寺無所見
옳거니 이것이 바로 색즉시공 方知色是空[20]

위 시는 샘 속의 달을 노래한다는 뜻을 가진 시이다. 이 시는 불교 논리인 색즉시공(色卽是空) 공즉시색(空卽是色)을 정확하게 표현한 작품이다. 이 세상에 형태가 있는 것은 모두 인연으로 생기는 것인데, 그 본질은 본래 허무한 존재임을 이르는 말로 색즉시공 공즉시색의 세계관을 가진 그에게 어느 공간에서 차를 마시는 것이 중요하기보다는 차를 마시는 그 자체를 중요하게 여겼던 사람이다. 이 시에서 찻자리 공간은 인간생활의 술자리이며 격조 있는 찻자리 공간으로 청담이 오가는 소통의 공간이다. 이를 통해 볼 때 차 마시는 공간 즉, 찻자리 공간은 대자연이 배경이 되거나 생활공간이나 비생활 공간이 차 마시는 배경이 되기도 하였음을 알 수 있다.

이렇게 찻자리 공간의 주체는 지식층으로 차의 정신과 멋을 추구하는 것을 최고의 풍미로 여겼다. 이러한 조건들이 선비들의 고상한 취미로 부각되면서, 선비들의 심미안에 따라 지조와 절개를 상징하는 식물의 성정을 인용하는 문인화(文人畵)의 탄생을 이끌어내기도 했다.

이에 찻자리 공간에서 차의 기능과 차의 정신을 기반으로 하여 심신을 수련하며, 정신수양의 한 부분으로 시・서・화훼(詩畵花卉)를 활용하는 방안에 이른다. 이는 자연으로 귀의하고 싶은 인간 본연의 마음에서 나온 결과라 여겨진다. 따라서 행위와 정신이 서로 조화를 이루며 찻자리 공간은 새로움을 창조하는 공간으로 부상하고, 아름다움을 형상화하는 특징을 지녔다. 이를 통하여 찻자리 공간에서 체득되는 정의를 몇 가지로 간추려 본다면, 첫째, 심신 수양의 공간 둘째, 소통과 문화의 공간 셋째, 예술・창작

20) 최립(崔岦), 『간이집(簡易集)』「簡易文集」卷之六, 초미록(焦尾錄), 한국문집총간.

의 공간 넷째, 휴식과 치유의 공간 다섯째, 인성교육의 공간이라고 정의할 수 있다. 결국, 찻자리 공간을 통한 꾸준한 행동거지가 인간의 사고를 긍정적으로 변환시켜 건강과 행복을 추구할 수 있는 초석이 되는 것이다.

2. 찻자리 공간, 변천하다

자연의 변화에 따라 찻자리 공간은 가변적인 공간으로 다양한 형태를 갖추었다. 옛 시와 그림을 통해 살펴보면 강, 산, 너럭바위, 누(樓), 정(亭), 대(臺), 헌(軒), 당(堂), 옥(屋), 실(室), 암(庵), 초당(草堂) 등을 제시하는 것으로 보아 선비들이 이곳에서 차를 마셨을 것이라고 추측되고 있다.[21] 이처럼 다양한 환경에서 차생활을 했음을 알 수 있다.

- 찻자리 공간의 변천과정

찻자리 공간의 변천과정을 살피기에 앞서 중국의 차생활 변천과정을 살펴볼 필요가 있다. 그것은 역사적으로 보았을 때 문화의 흐름이 중국에서 한국으로 연결되어져 있었고, 한국의 차생활 변천이 중국 차생활 변천과 서로 상호적인 관계를 유지해왔기 때문이다.

중국 차생활 변천과정을 통해 살펴보면, 전한(前漢) 시대 왕포(王褒)의 『동약(僮約)』에 '차를 끓이고 다구를 씻고 정리하며, 무양(武揚)에 가서 차를 사온다(烹茶盡具 武揚買茶).'[22]는 기록이 등장한다. 이는 무양 일대에

21) 이경희, 「주거공간의 차문화 활용에 관한 고찰」, 비교민속학, 제32집, 2006, pp.218~219.

차생활이 성행했으며 전문적인 다기의 사용과 차가 생활화되면서, 찻자리 공간의 시초가 되어 문화의 싹을 키우기 시작했음을 의미한다. 이를 통해 한대(漢代, 기원전 206~220) 때 사대부가에서 별도의 차 마시는 공간과 차를 담당하는 분야가 있었음을 알 수 있다.

서진 시대(西晋時代, 265~316)에 부함(傅咸, 239~294)의 『사예교(司隸教)』에 의하면 남방 촉(蜀)지방의 할머니가 낙양(洛陽)에서 차죽을 팔았다[23]는 기록이 있는데, 이는 다관(茶館)이 형성되는 과정이라 말할 수 있다.

서진(西晉)의 시인이었던 좌사(左思, 250~305)는 하급 관리의 집에 태어나 여동생 분(芬)이 궁중에 여관(女官)으로 들어가자 도읍 뤄양(洛陽)으로 나와서 10년 동안 구상하여 『삼도부(三都賦)』[24]를 지었다. 이것이 당시 문단의 영수였던 장화(張華, 232~300)에게 절찬 받게 되어 일약 유명해졌다. 뤄양의 지식인들이 이것을 다투어 필사(筆寫)했으므로 '뤄양의 지가(紙價)를 올린다'라는 말이 생겼을 정도이다. 그는 또 오언시(五言詩)에도 빼어나서 섬세화 되는 시풍 속에서도 기골 찬 작풍으로 특이한 존재가 되었고, 서진 제일의 시인으로 평가된다. 그중에서도 아가씨의 응석을 농담조로 노래한 「교녀시(嬌女詩)」는 독특한 작품으로 주목된다. 그의 시를 살펴보면 환소(紈素)와 혜방(惠芳)이라는 아리땁고 사랑스러운 두 소녀의 자태와 차를 끓이는 아름다운 모습을 생동감 있게 표현[25]하고 있다. 서진 시대에 가정에서도 차를 수시로 끓이고 즐겨 마시는 찻자리 공간이 형성되고 있음을 알 수 있다.

장맹양(張孟陽, ?~?)의 「등성도루(登成都樓)」 시에서 '향기로운 차는

22) 류건집, 『한국차문화사 上』, 도서출판 이른아침, 2007, pp.27~28.

23) 치우지핑(裘紀平), 김봉건 옮김, 『茶經圖說』, 도서출판 이른아침, 2005, p.240.

24) 중국 진(晋)나라 때의 좌사(左思, ?~306)가 부(賦)의 형식으로 묘사한 위(魏)·촉(蜀 漢)·오(吳) 세 나라 도읍의 번화 상을 그린 작품.

25) 치우지핑(裘紀平), 위의 책, p.244.

육정(六情 · 六淸)[26]에 으뜸이요, 맛은 천하에 퍼져 나갔다(芳茶冠六情溢味播九區)'[27]는 시구를 통해 이미 남북조 시대에 중국전역에 찻자리 공간이 널리 퍼져 있었음을 엿볼 수 있는 기록을 남겼다.

양진남북조시대(420~581)에는 많은 사대부들에게 차는 사치풍조를 대항하는 도구가 되어 찻자리 공간이 더욱 확장되어 가고 있는 계기로 차문화의 형성기요, 찻자리 공간이 더욱 발전하는 시기였음을 짐작할 수 있다.

특히 남북조 시대를 거쳐 수나라가 통일하기까지 중국역사상 유례없는 혼란기였다. 이때 뜻있는 지식인들은 난세를 피하여 깊은 산속이나 죽림에서 때를 기다리며 은거생활을 하는 죽림칠현이 등장했는데, 이들은 다주시화(茶酒詩畵)로 시간을 소일하며 시공간을 넘나드는 찻자리 공간이었음을 보여주었다.

수대(隋代, 581~618)에 들어와서 수문제 양견(隋文帝 楊堅, 541~604)이 차를 먹고 두통이 치유되어 중국 전역에 전파되는 계기가 되었다. 또한 수양제(煬帝, 569~618)의 대운하의 건설은 동서·문화의 교류가 남북 문화의 교류로 확대되는 계기를 마련하였다. 이를 통해 차생활 및 찻자리 공간 역시 동서뿐만 아니라 남북을 포함한 중국 전역으로 확대되는 결정적 요인이 되었다.

당대(唐代, 618~907)에 들어와서는 차의 풍속이 전국뿐만 아니라 주변국으로까지 확장되면서 새로운 차생활과 찻자리 공간이 확대되어 나갔다. 이는 수 · 당을 거치면서 중국문화와 북방의 유목문화 및 남방의 소수민족들의 문화가 융합되는 시기였다. 이로써 차생활 문화에 대한 새로운 개념이 정립되었다. 육우(陸羽, 733~804)의 『다경(茶經)』의 출현으로 찻자리 공

26) 육정은 사람의 여섯 가지 감정. 희(喜), 노(怒), 애(哀), 낙(樂), 오(惡), 욕(慾)를 이른다. 육청은 물(水), 미음(漿) 단술(주), 약술(醴), 진한 술(酏), 간장(醬)으로 모든 식품의 으뜸으로 해석된다.

27) 치우지핑(裘紀平), 위의 책, p.250.

간은 정신문화의 영역으로까지 확대되어가게 되었다.

『다경』「사지기(四之器)」에서 다구 8류 24종을 기록하고 있는데, 대나무로 짠 '도람(都籃)에 모두 담아'[28]라는 구절로 보아 실내 공간을 통해 이미 찻자리 공간이 확보되었음을 알 수 있다. 또한 「구지략(九之略)」의 「사지기」는 다구 8류 24종을 간소화시킴으로 실내를 벗어난 자연 공간에서의 찻자리 공간이 이루어졌음을 표현해 주었다.

당대(唐代) 현종(玄宗, 685~762) 때 『봉씨문견기(封氏聞見記)』에 산둥에서 장안에 이르기까지 많은 다관이 개설되고 차를 끓여 팔았다[29]는 것으로 보아 찻자리 공간이 개인적 공간에서 공동체적 공간으로 다양하게 발전하고 있음을 알 수 있다.

송대(宋代, 960~1279)는 차문화의 번영기로 당시 북송의 수도인 개봉에 다관업이 매우 번창하였음을 장택단(張擇端, 1085~1145)의 「청명상하도(清明上河圖)」를 통해 알 수 있다. 남송의 수도인 임안(臨安, 지금의 항주)의 다방(茶坊), 다사(茶肆)는 매우 장사가 잘되었다.[30] 개문칠건사(開門七件事)[31]에서 보여주듯 일반 서민까지 차가 쌀과 소금처럼 일상생활의 필수품으로 간주되었고 찻자리 공간은 생활의 한 부분으로 일상화되었다.

조길(趙佶, 1082~1135)의 『대관다론(大觀茶論)』, 심안노인(審安老人)의 『다구도찬(茶具圖贊)』에서도 차도구에 대한 구체적인 제시로 보아, 당대(唐代) 다구가 예스럽고 소박한 것이라면 송대(宋代) 다구는 화려하고 우아한 것[32]으로 찻자리 공간이 점차로 사치스럽고 화려해짐을 알 수 있다.

---

28) 치우지평, 위의 책, p.90.

29) 이영매(李永梅), 『茶道 下』, 天津古籍出版社, 2007, p.624.

30) 왕총련, 앞의 책, p.353.

31) 땔감, 쌀, 소금, 기름, 간장, 식초, 차 등이다.

32) 왕총련, 위의 책, p.302.

원대(元代, 1279~1368)에 들어와 찻자리 공간은 다양성과 이동성의 범위가 더욱 확대되어졌다. 이는 동서문화의 교류와 함께 유목민이었던 몽고족들의 생활적 특징이기도 하였다.

명대(明代, 1368~1644)는 주원장(朱元璋, 1328~1398)의 등장으로 단차(團茶)가 폐지되고 산차(散茶)의 등장으로 맛과 향기가 다양한 차의 생산으로 차문화의 중흥기를 맞이했다. 따라서 음다법이 포다법(泡茶法)으로 바꾸어지면서, 다호(茶壺)들의 크기가 다양해지고 차의 색깔을 돋보이게 하는 다기 사용과 발효차의 등장으로 자사호(紫沙壺)가 출현하게 됐다. 다서로는 장원(張源)의 『다록(茶錄)』과 허차서(許次紓, 1549~1604)의 『다소(茶疏)』와 「품다도(品茶圖)」 등을 통해[33] 명대의 변화된 찻자리 공간은 유가 사상의 영향으로 사대부적 성향으로 가고 있음을 알 수 있다.

청대(淸代, 1644~1911)는 다연(茶宴)의 풍속이 황실까지 전해지면서 차만 마시는 것이 아닌 음식과 함께 준비되었는데, 서가(徐珂, 1869~1928)의 『청패류초(淸稗類鈔)』에 차를 이용한 요리들이 기록되어 있다. 강희제(康熙帝, 165~1722), 건륭제(乾隆帝, 1711~1799), 옹정제(雍正帝, 1678~1735) 등 천자들이 차인으로 차의 시를 많이 남겼다. 강희제는 은잔을 가지고 전국을 순회하며 명천(名泉)에서 물의 우열을 가리는 품천(品泉)의 대가였고, 건륭제는 서호용정(西湖龍井) 18그루의 차를 어차(御茶)로 봉하였다.[34] 이렇듯 차는 국가적인 차원으로 장려되었으며, 이를 통해 찻자리 공간이 확고한 위치를 점하였으며, 이는 천자의 의지를 반영한 것이었다.

이를 통해 살펴볼 때 차문화의 태동은 한나라 시대부터였고, 차 마시는 공간에 대한 개념들도 이때부터 형성되었으며, 중국의 차문화는 한국의 찻

33) 염숙 · 엄영욱, 『중국역사 속에 꽃피운 차문화』, 전남대학교 출판부, 2009, pp.190~192.

34) 염숙 · 엄영욱, 위의 책, pp.200~204.

자리 공간 형성에도 얼마간 영향을 주었음을 알 수 있다. 이렇게 찻자리 공간은 실외 찻자리 공간과 실내 찻자리 공간으로 각각의 역할과 기능을 가지게 되었다. 또한 찻자리 공간은 차문화를 즐겼던 계층들(왕실과 귀족 및 선비, 승려 등) 사이에서 약간씩 상이점을 가지고 형성되어 내려왔음을 알 수 있다. 또한 사회 계층에 따라 찻자리 공간은 다른 모습을 보였으며, 사용되는 도구들도 약간씩 다르게 등장하였음을 알 수 있다.

- 찻자리 공간의 구분

찻자리 공간의 구분은 시대와 자연환경, 차를 향유하는 계층에 따라 다양한 형태를 나타내고 있다. 자연의 변화에 따른 찻자리 공간은 가변적인 공간으로써 다양하게 나타난다.

시대별로 구분해보면, 고조선에는 규격화된 찻자리 공간이 아닌 자연 그대로의 모습인 들, 뜰, 산, 나무 아래, 냇가 등이었다면, 신라 시대에는 자연환경을 활용한 찻자리 공간으로 한송정(寒松亭), 경포대(鏡浦臺)를 대표적으로 뽑을 수 있다. 고려 시대에는 세검정(洗劍亭), 고송정(古松亭), 항미정(杭眉亭), 식영정(息影亭) 등이 있고, 조선 시대는 인공 축조물로 전(殿), 원(院), 누(樓), 정(亭),대(臺) 등이 있다.[35)]

한편으로는 선비들의 별서나 사랑채 때로는 규방 안에서도 나름대로 찻자리 공간이 형성되었다. 이와 같은 찻자리 공간은 시대가 변함에 따라 자연 친화적 공간에서 점차 인간의 생활 문화 속으로 파고 들어가 그 만의 독특한 찻자리 공간을 형성하게 되었다. 이는 자연의 순응과 동화에서 나온

35) 이일희, 「생태적 관점에서 본 차문화공간에 관한 연구」, 성신여대 박사학위논문, 2004, p.107.

차문화의 한 형태로 인간의 문화 속에서 그 모습을 갖추어나가기 시작한 것이다. 이에 찻자리 공간을 크게 두 가지로 분류하여 실외 찻자리 공간과 실내 찻자리 공간으로 나누어 살펴볼 수 있다.

- 실외 찻자리 공간

실외적인 찻자리 공간이란 차를 마시는 데 있어서 자연과 하나 되어 조화를 이루는 개방적인 공간이다. 옛 선인들은 자연에서 안분지족(安分知足)을 터득했고 고상한 인격과 몸을 연마했던 곳으로[36] 속세를 초연하는 수단이 되기도 했다. 이처럼 자연에서 형성되는 찻자리 공간은 자아 성찰의 장소로부터 시작해서 소통과 사교의 문화적 장소에까지 이르게 되었다.

실외 찻자리 공간의 대표적인 예로 신라 시대 화랑들이 자연과 함께 심신(心身)을 연마하였음을 강릉의 한송정을 통해 알 수 있다. 이에 고려 시대의 노봉(老峯) 김극기(金克己, ?~1209)의 「한송정(寒松亭)」에서 다음과 같이 말하였다.

여기가 사선(四仙)이 노닐던 곳
지금까지 남은 자취 기이하구나
술 마시던 자리 가을 풀 속에 묻혔고
차 달이던 아궁이는 이끼 낀 채 나뒹구네

云是四仙縱賞地
至今遺迹眞奇哉
酒臺欹傾沒碧草
茶竈今落荒蒼苔[37]

정자 옆에 찻물을 뜨는 다천(茶泉)과 석부(石釜), 석구(石臼)가 있어 모두 네 신선이 노닐던 곳이다.[38] 이는 신라의 사선과 차 유적에 관해 기록한 글이다.

---

36) 왕총런, 앞의 책 p.177.

37) 송재호 외 4명, 『한국의 차문화 천년 3』, 도서출판 돌베개, 2011, p.55.

38) 홍만종(洪萬宗), 정유진 편역, 『우리 신선을 찾아서』, 도서출판 돌베개, 2010, p.80./신라 사선인

또한 고려 시대의 이제현(李齊賢, 1287~1367)의 『동유기(東遊記)』「묘련사 석지조기(妙蓮寺 石池竈記)」 등을 살펴보면 삼장순암법사(三藏順庵法師)가 천지의 조서를 받들어 풍악(楓岳) 절간에 불공드리고서 그 길로 한송정을 유람하였다. 그 위에 석지조가 있으므로 주민에게 물으니 "대개 옛날 사람들이 차 끓여 마시던 것인데 어느 시대에 만든 것인지는 모른다"고 하였다.[39] 법사가 혼자서 생각하기를 어릴 때에 일찍이 묘련사에서 두 돌그릇이 물속에 있는 것을 보았으며, 그 형상됨을 생각하면 이 물건이 아니었던가 하였다.

이처럼 고려 시대의 문헌에 실외에서 찻자리 공간을 즐겼던 신라의 사선과 차 유적에 관한 글들이 상세히 기록되어 있다. 강호에 은거하며 청담을 즐긴 칠현(七賢)들 중심으로 찻자리 공간은 늘 자연과 함께했다. 특히 차문화가 융성했던 고려 시대에 이규보가 설계한 이동식 정자를 통해 찻자리 공간이 자연 속에서 상황에 따라 형성되고 있음 또한 짐작할 수 있다.

이규보의 「사륜정기(四輪亭記)」에 보면, '……대체로 사륜정이라 한 것은 농서자(隴西子: 이규보)[40]가 설계하고 아직 짓지는 못한 것이다. 여름에 손님과 함께 동산에다 자리를 깔고 누워서 자기도 하고, 앉아서 술잔을 들기도 하고, 바둑도 두고 거문고도 타며 뜻에 맞는 대로 하다가 날이 저물면 파한다. 이것이 한가한 자의 즐거움이다.'[41]라고 하였다.

『삼국유사(三國遺事)』 권 제2, 기이편(奇異篇), 「경덕왕 충담사 표훈대

술랑(述郎), 남랑(南郎), 영랑(永郎), 안상(安詳).

39) 이제현(李齊賢), 「익재난고(益齋亂藁)」 「益齋亂稿卷第六」, 記, 妙蓮寺石池竈記, 한국문집총간. '三藏順菴法師奉天子之詔 祝釐于楓岳之佛祠 因游寒松之亭 其上有石池竈焉 訊之土人 蓋昔人所以供茗飮者 而不知作於何代.'

40) 이규보가 자칭한 것인데, 중국의 이씨가 근본은 농서 사람이라 하여, 이규보도 자기 성이 이(李)라 하여 '농서자(隴西子)'라 하였다.

41) '夫四輪亭者 隴西子晝其謀而未就者也 夏之日 與客席園中 或臥而睡 或坐而酌 圍棋彈琴 惟意所適 窮日而罷 是閑者之樂也.'

덕(景德王 忠談師 表訓大德)」에 충담 스님이 삼화령 미륵세존에게 차를 올렸다는 구절이 있다. "저는 3월 삼짇날과 9월 중양절이면 차를 다려서 남산 삼화령의 미륵 세존께 드립니다. 오늘도 차를 드리고 오는 길입니다(僧每重三重九之日 烹茶饗南山三花嶺勒世尊 今玆旣獻而還矣)."라고 말했다. 충담이 메고 있는 앵통(櫻筒)을 살펴보니 다구 등이 가득 들어 있었다.[42] 이는 이동식 차도구의 시원으로 실외에서 개방된 찻자리 공간이 연출되었음을 보여주는 좋은 예이다. 이는 경덕왕 24년(765년)의 일이다.

그리고 조선 시대 『연행록(燕行錄)』이나 『부상록(扶桑錄)』에서 보여준 실외의 찻자리 공간을 살펴보면, 조선 후기 담헌(湛軒) 홍대용(洪大容, 1731~1783)의 『을병연행록(乙丙燕行錄)』 정월 11일, 「유리창(琉璃廠)에 가다」에서 '……이윽고 차를 권하는데 계화차(桂花茶)가 연이어 나오니 매우 향기로워 다른 차가 비치(備置) 못 할 것이다.'[43]라는 기록으로 보아 차만 마시는 것이 아니라 대용차까지 즐겨 마셨으며, 조선 후기 서호수(徐浩修, 1736~1799)의 『연행기』에서도 '절에는 라마승 주지(喇嘛僧住持)가 있었다. ……우리를 잘 대접해 주었다. 또 낙차(酪茶)와 소병(酥餠)과 진조(榛棗)와 포도 등을 준비하여 삼사(三使)를 대접하였다. 차와 떡은 향기롭고 달며 담박하고, 포도 또한 맑고 시원하였다.'[44]

또한 이해응(李海應, 1775~1825)의 『계산기정(薊山紀程)』「음식(飮食)」에 보면, ……손님 접대에는 반드시 차로 하고, 차를 따르는 법 역시 술을 따르는 것처럼 개인에게 각각 잔을 놓고 마시는 대로 따른다. 차는 극히 뜨거운 것을 마시므로, 잔에 있는 차가 조금 식으면 곧 찻주전자 안에 도로

42) 일연, 김원중 옮김, 『三國遺事』, (주)민음사, 2010, p.172.

43) 홍대용, 장운식 옮김, 『을병연행록 1』, 도서출판 경진, 2012, p.376.

44) 서호수(徐浩修), 『연행기(燕行紀)』「연행기」 제1권, 진강성에서 열하까지(起鎭江城至 熱河), 경술년(1790, 정조14) 7월(1~15일), 고전번역총서.

붓는다. 차 마시는 것 역시 천천히 마셔서, 한 잔 마시는데 거의 담배 한 대 피우는 시간만큼이나 오래 걸린다. 그리고 한가히 있을 때도 무시로 마셔서, 찻주전자를 항상 화로 위에 얹어 놓고, 식사가 끝나면 마시고 손님이 오면 마신다(待客必以茶 而行茶如行酒 各人各鍾 隨飮斟 而茶要極熱 在鍾稍冷 則輒還斟于罐中 飮茶亦要緩緩呷下 而吸一鍾幾至吸烟之久 且燕居無時不飮 常以茶罐加于爐 食已則飮 客至則飮).

차에는 갖가지 종류가 있어 그 이름은 하나만이 아니다. 용정차(龍井茶) 같은 것이 상품인데, 오직 항주(杭州)에 1묘(畝)의 밭이 있어 씨를 받는다. 또 은창차(銀鎗茶)・송라(松蘿)・벽라춘차(碧蘿春茶)・기창(旗鎗)・식이(式彝)・대엽(大葉)・향편(香片)・상담(湘潭)・노군미(老君眉)・감람차(橄欖茶)・보이차(普洱茶)・백호차(白毫茶)・청차(青茶)・황차(黃茶) 등이 있다.[45]

이해응의 연행기(燕行紀)를 통해 청(淸) 시대의 음식문화 안에 차가 생활화되어 녹차와 발효차, 후발효차, 대용차까지 다양한 음료의 찻자리 공간으로 발전하여 차를 다반사로 즐기고 있음을 알 수 있다.

『연원직지(燕轅直指)』에 보면, '천복사(荐福寺)에서 100보 남짓 떨어진 곳은 바로 태액지(太液池) 서쪽 둑이다. …… 명나라 천순(天順) 연간에 태소전(太素殿) 뒤에 초정(草亭)이 있었는데 지금은 없어졌으나, 이것이 그 옛터라 한다. …… 수십 년 전에 우리나라 사람이 이 정자에서 놀며 차를 끓이다가 불을 낸 일이 있는데, 그 뒤부터 들어가지 못하게 되었다. 요즘 다시 허락하였는데, 용택정 기둥 하나에는 아직도 그을린 흔적이 있다(數十年前 我人遊此亭 煎茶失火 自此見阻 近復許入 而龍澤一楹尙有煤痕).[46]라고 기록하고 있다. 이처럼 실외의 개방된 공간에서 다사를 수시로

45) 이해응(李海應), 『계산기정(薊山紀程)』「薊山紀程」卷之五, 附錄, 飮食, 국학원전.

즐겼음을 알 수 있다.

조선 중기 호곡(壺谷) 남용익(南龍翼, 1628~1692)의 『부상록(扶桑錄)』에는, '명고옥(名古屋) 나고야에 닿았다. …… 서쪽에 대교(大橋)가 있어 그 밑으로 배가 통한다. 남으로 10여 리의 거리에 다시 해문(海門)이 있는데, 염분(鹽盆)과 장사배가 곳곳에 벌여 있어 생선과 소금 생산의 이익이 가장 많다.'

작은 용단을 달이니	烹得小龍團[47]
아침 연기가 길가에서 나네	朝煙生路畔
도덕 높은 중이 도의를 입고	高僧披道衣
꿇어앉아 금 찻잔을 올리네	長跪進金盌
가는 곳마다 차 달이는 연기 길 옆에 자욱한데	隨處茶煙擁路傍
손으로 금사발 쥐고서 신선의 차를 올리네	手持金盌進瓊漿[48]

바다를 끼고 있는 번창한 부둣가의 모습이 상상된다. 소금과 생선을 가득 실은 배들은 부(富)의 상징이다. 모든 물품이 풍성한 항구는 가는 곳마다 많은 손님으로 부산스럽다. 차를 파는 가게가 있는 것으로 보아 당시 일본은 도쿠가와 이에야스(德川家光, 1543~1616) 시대로 다점(茶店)이 성행하였던 것으로 보인다. 바다를 끼고 있는 번창한 부둣가의 모습이 상상된다. 모든 물품이 풍성한 항구는 가는 곳마다 많은 손님으로 부산스럽다.

차를 파는 가게에서 차 달이는 연기가 자욱할 정도로 손님들이 많은 가게이다. 금잔에다 주는 융숭한 차 대접을 받으며 마시는 차는 신선의 차와 비교할 만큼 사람들의 마음을 충분하게 채워준다. 차문화의 대중화로 찻자

---

46) 박사호(朴思浩), 『연원직지(燕轅直指)』 「연원직지제4권」, 「유관록(留館錄)」 중 계사년(1833, 순조 33) 1월(1~13일), 오룡정기(五龍亭記). 고전번역총서.

47) 송나라 때에 지방에서 임금에게 바치는 차(茶)에 용단다(龍團茶)라는 종류가 있었다.

48) 남용익(南龍翼), 『부상록(扶桑錄)』 「부상일록(扶桑日錄)」 9월 작음 19일(경자庚子), 국학원전.

리 공간이 정자나 개인의 주거형태를 벗어나 대중적인 공간으로 확대되었음을 알 수 있다. 실외의 개방된 찻자리 공간에서 최고의 차를 접대한다는 내용이다.

조선 시대『신증동국여지승람(新增東國輿地勝覽)』평양부(平壤府) 동월(董越, 1430~1502)은 다음과 같이 기록하였다.

> 새벽바람이 목란(木蘭)배로 불어오는데 돛대를 의지하여 술잔을 멈추고 푸른 강을 바라보네. 물가의 나무는 연기를 띠고 나루에 늘어섰고 어부(漁父)의 도롱이는 비를 맞으며 낚시터에 서 있구나. 얼음 같은 소반에 회(膾)를 써니 은실이 가늘고 돌솥에 차를 달이니 눈 같은 물결이 번득이네. 벌써 전구(前驅)에게 떠날 채비 분부했으나 술 한 병 더 마시고자 주인을 위해 머무르노라.49)

그는 해안의 이른 새벽의 풍정을 노래하고 있다. 새벽바람을 가르며 떠날 채비를 하는 동안에 어부가 낚시로 낚은 싱싱한 물고기를 회로 쳐서 한 잔의 술과 먹는 그 맛은 대단한 진미일 것이다. 한 쪽에는 돌솥에서 달이는 차 연기가 바다의 은빛물결과 교차하여 눈같이 하얗게 보이는 아름다움에 취해 갈 길이 아무리 바빠도 술 한 병을 더 주문하는 여유 있는 풍류객의 마음을 풀어놓은 글이다. 선상에서도 차 끓이는 돌솥이 준비되어 있을 정도로 차 마시는 것이 생활화되어 있었다. 이처럼 실외의 찻자리 공간에서 술과 차가 함께하고 있음을 알 수 있다.

『고려도경(高麗圖經)』「향림정(香林亭)」에 보면, '향림정은 조서전(詔書殿) 북쪽에 있다. 낙빈정 뒤에서부터 길이 나서 산으로 올라가, 관사에서 1백 보가량 되는 산 중턱 위에 세워져 있다. 누운 소나무와 괴석에 여라(女蘿, 이끼)와 칡덩굴이 서로 어울리고, 바람이 불면 서늘하여 더위를 느끼지

---

49) 이행(李荇), 『신증동국여지승람(新增東國輿地勝覽)』「신증동국여지승람제51권」, 평안도(平安道) 평양부(平壤府), 고전번역총서.

않게 된다. 정사와 부사는 여유가 있는 날에는 언제나 상절의 관속들과 차를 끓이고 그 위에서 바둑을 두며 종일토록 담소하니, 이는 마음과 눈을 유쾌하게 하고 무더위를 물리치는 방편'[50]이라고 하여 향림정(香林亭)의 자연공간에 대해 설명하고 있다.

향림정에서 여유가 있는 날, 상절의 관속들과 함께 마시는 차는 더운 여름을 이겨내는 최고의 방편이다. 여기에 나오는 향림정은 고려 선비들이 즐기는 차문화의 찻자리로 더없이 편안한 장소를 제공하고 있다. 낙빈정 뒷산 중턱에 자리한 향림정의 개방된 찻자리 공간은 최고의 풍류를 즐길 수 있는 장소로서 고려 시대 차문화의 한 흐름을 엿볼 수 있게 한다.

조선 전기 서거정(徐居正, 1420~1488)도 「달을 대하여 차를 마시다」에서 달빛 아래 차 마시는 운치를 읊었다.

앉아서 반 바퀴쯤 된 달을 마주해	坐對半輪月
조용히 석 잔의 차를 기울이노니	爲傾三椀茶
어떻게 하면 두 날개를 달고 가서	何由插兩翼
천상의 계수나무 꽃을 완상할꼬	去賞天桂花[51]

청명한 어느 날 밤, 우주의 기운을 느끼며 달빛 아래서 홀로 마시는 차는 최상의 즐거움을 주는 찻자리 공간이다. 석 잔째 차를 마시는 서거정에게서 노동(盧仝)의 「칠완다가」를 생각하게 한다. 삶의 구차함을 잠시 뒤로 하고 한 잔의 차가 주는 정신적 즐거움으로 한결 가벼워진 마음에 양쪽 겨드랑이의 날개를 달고 훨훨 날아 달에 있는 계수나무 꽃을 볼 수 있을 것이라는 은일처사의 순수한 마음에서 차 맛의 극치가 느껴진다.

---

50) 서긍(徐兢), 『고려도경(高麗圖經)』 「선화봉사고려도경」 제27권 관사(館舍) 향림정(香林亭), 고전번역총서

51) 서거정(徐居正), 『사가집(四佳集)』 「사가시집」 제28권, 시류(詩類), 달을 대하여 차를 마시다, 고전번역총서.

이제까지 살펴본 「한송정」, 「묘련사 석지조기」, 「사륜정기」, 『을병연행록』, 『계산기정』, 『연원직지』, 『부상록』, 『신증동국여지승람』, 『고려도경』, 「달을 대하여 차를 마시다」 등을 통해 본 실외의 개방된 찻자리 공간은 사교와 문화교류의 공간으로서의 몫을 충실히 하고 있음을 유추해 볼 수 있다.

- 실내 찻자리 공간

차를 마시기 위한 실내 공간으로서 일본의 차실을 들 수 있다. 차를 마시기 위한 특별한 공간으로서의 차실은 한국과 중국에는 별도의 가치를 두지 않았다. 일본의 경우 16세기 이후에 등장한 차실의 형식은 무사들의 전국시대에 상호 간의 냉혹한 관계 속에서 차라는 매개를 통해 정치적인 맥락 속에서 도입되고 발전해 왔다. 이처럼 각국의 문화를 이해한다는 것은 그 문화의 형성 과정 속에 녹아 있는 역사적 배경 등을 알아야 한다.

한국과 중국의 실내 찻자리 공간은 차문화 계층들의 삶의 터전으로 일상적인 생활공간이었다. 왕실에서는 중죄인을 다스리기 위해 회의했던 회의장이거나 경연 장소 등이 되기도 하고 선비에게는 사랑방이나 글을 읽던 공간이나 스님들의 선방 장소 등이 되기도 하였다.

李奎報(이규보)의 「八月二日(팔월이일)」 시의 부분에서 살펴보면 선방이 실내 찻자리 공간임을 표현하고 있다.

선방에서 밥을 먹고 잠깐 차를 마시었는데	食罷禪房暫啜茶
산 중턱의 붉은 햇살이 벌써 서쪽으로 비끼었네	半山紅日已西斜[52]

52) 이규보(李奎報), 『동국이상국집(東國李相國文集)』 「동국이상국전집」 제6권, 고율시(古律詩) 92수, 팔월 이일, 고전번역총서.

당말(唐末)의 최각(崔珏, ?~?)의 「한잔 차를 아름다운 여인에게(美人嘗茶行)」라는 시를 통해서 여염집에서의 실내 찻자리 공간을 살펴볼 수 있다.

구름 같은 머릿결 베개에 떨구고 곤한 봄잠에 빠졌는데	雲鬟枕落困春泥
서방님은 맷돌에 고이 갈아 말차를 만드네	玉郎爲碾瑟瑟塵
한가로이 앵무 시켜 창을 쪼아 소리 내게 하여	閑教鸚鵡啄窗響
아리따운 미인의 깊이 든 잠 깨웠네	和嬌扶起濃睡人
은병에 담은 샘물 한 그릇	銀瓶貯泉水一掬
송풍회우(松風檜雨)소리에 차거품 익네	松雨聲來乳花熟
앵두 같은 입술로 푸른 구름 마실 때	朱唇啜破綠雲時
목 안으로 향기들이키니 상쾌한 예쁜 얼굴	咽入香喉爽紅玉
밝은 눈망울 점차 열리니 가을물 어린 듯	明眸漸開橫秋水
거문고 뜯어보나 취한 마음 일어나	手撥絲篁醉心起
탁자 앞에 앉아 금쟁을 밀쳐놓고	臺前却坐推金箏
말없이 생각에 잠기네 꿈 속 일을	不語思量夢中事[53]

어느 나른한 봄날 곤히 낮잠을 자는 부인을 바라보며 부인을 위해 정성스러운 마음으로 차를 달여 내는 광경이다. 잠에 취한 부인을 지그시 바라보며 지난 젊은 날을 회상하는 남편의 애정 어린 마음은 '앵무새 시켜 창을 쪼아 소리 내게 하여 아리따운 미인의 깊이 든 잠을 깨웠네'라는 시구에서 표현되고 있다. 부부의 일상적인 실내 공간이 이들의 찻자리 공간임을 알 수 있다. 당자(唐煮), 송점(宋點)이란 말이 있다. 당대는 떡차로 차 솥에 찻가루를 넣고 끓이는 자다법(煮茶法)과, 송대는 연고차로 다완에 찻가루를 넣고 물을 부어 차선을 빠르게 움직여 거품을 일구는 섬나법(點茶法)을 말한다. 이 시에서는 당대의 자다법이다.

남송(南宋)의 육유(陸遊, 1125~1209)「차를 마시며 아이들에게 말하다(啜茶示兒輩)」 시에서 가정의 일상을 읊은 시다.

---

53) 조근대, 김길자 옮김, 『中國茶詩』, 현암사, 1999, pp.106~107.

둥글게 한자리에 모여 앉아 조용히	圍坐團欒且勿嘩
식후에 차 한 잔씩 나누네	飯余共擧此甌茶
도의(道義)를 알아들으면 더 무얼 바라랴	粗知道義死無憾
나 이제 늙어 삶의 끝자락에 섰구나	已迫耄期生有涯
시골 마을엔 온통 꽃으로 가득하고	小圃花光還滿眼
높은 성엔 때를 알리는 밤 북소리 들리는구나	高城漏鼓不停撾
할 일 없는 사람이라고 웃어 버리겠지만	閑人一笑眞當勉
차 마시기 힘쓴다면 가끔은 술 마신다 해도 상관없겠네	小榼何妨問酒家[54]

육유는 노년에 가족들과 함께 저녁 식사를 한 후 찻자리 공간을 마련하였다. 이 자리에서 술을 좋아하는 자손들에게 정의와 애국에 대해 훈시하며 차 마시기를 더 힘쓴다면 가끔 술을 해도 누가 탓하겠느냐며 타이르고 있다. 이는 육유가 살던 송 시대 때 가정의 일상생활에까지 차문화가 깊게 뿌리 내리고 있음과 이를 통해 각 가정에서 찻자리 공간이 생활화되었음을 알 수 있다.

이규보의 『동국이상국집(東國李相國集)』「고우가(苦雨歌)」의 한 부분을 살펴보면 다음과 같다.

지겨운 비 한 달 동안 강물을 쏟듯하여	愁霖一月如懸河
독 안의 좋은 술 향기 이미 변했으니	甕中美酒香已訛
어찌 마실 것이며 마신들 취하겠는가	詎可酣飮令人酡
상자 속의 좋은 차는 맛이 많이 변했으니	箱底芳茶貿味多
끓여 먹은들 잠을 쫓지는 못하리라	不堪烹煮驅眠魔
나는 다행히 문 닫고 양병하고 있으니	我幸杜門聊養痾
갑자기 마음 내켜 고우가를 짓는다	率然忽作苦雨歌[55]

54) 장소선주(庄昭选注), 『茶詩三百首』, 南方日報出版社, 2003, p.254.

55) 이규보(李奎報), 『동국이상국집(東國李相國集)』「동국이상국전집」 제10권, 고율시(古律詩) 고우가(苦雨歌).

이규보는 우기(雨期) 중에는 차의 성분이나 술맛이 변질되어 효능이 감소한다는 것을 체험을 통해 알고 있었다. 이처럼 차와 술은 서로에게 좋은 공덕으로 공감대를 형성하고 있었다. 지루한 장마철에 방안에서 답답함을 달래며 소중하게 상자에 넣어 보관한 차와 술의 변질을 걱정하면서 지은 시라 할 수 있다. 그만큼 차와 술은 기호음료로 사랑을 받았다. 실내 찻자리 공간에서 직접 차를 끓이며 그 과정들을 통해서 정신적인 교감을 한 편의 시로 표현하고 있다.

고려 말기 포은(圃隱) 정몽주(鄭夢周, 1337~1392)의 「돌솥에 차를 다리며(石鼎煎茶)」 시에서 차 끓는 소리를 즐기는 마음을 읊었다.

보국(報國)에 공이 없는 늙은 서생	報國無效老書生
차 마시기 버릇 되니 세정(世情)을 모르노라	喫茶成癖無世情
눈보라 휘날리는 밤 그윽한 서재에 홀로 누워	幽齋獨臥風雪夜
돌솥의 솔바람 소리 즐겨서 듣는다오	愛聽石鼎松風聲[56]

나이 들어 관직에서 물러나 한가롭게 차 마시는 일이 일과가 되어버린 정몽주의 어느 겨울밤의 느낌을 시로 표현하고 있다. 눈보라 휘날리는 깊은 겨울밤에 온기 가득한 방안에 홀로 누워, 돌솥에 차가 끓고 있는 소리를 듣는 즐거움은 당시 선비들의 운치 있는 취향 중의 하나였다. 이는 실내 찻자리에서만 찾아볼 수 있는 풍경이다.

조선 전기 매월당(梅月堂) 김시습(金時習, 1435~1493)은 「차를 끓이며(煮茶)」에서 답답한 심사를 차로 달래는 마음을 표현하고 있다.

---

56) 정몽주(鄭夢周), 『포은집(圃隱集)』 「圃隱先生文集」 卷之二, 詩, 돌솥에 차를 다리며(石鼎煎茶), 한국문집총간.

솔바람 가볍게 일어 차 끓이는 연기	松風輕拂煮茶煙
하늘하늘 간들거리며 시냇가에 나부끼네	裹裹斜橫落澗邊
동창에 달 달 떠도 아직 잠못 이루고	月上東窓猶未睡
작은 병들고 돌아가 차디찬 샘물 긷네	挈瓶歸去汲寒泉
날 때부터 세상 싫어하는 천성, 스스로 괴이하지만	自怪生來厭俗塵
문에 들어가 봉(鳳)자 찾으니 이미 청춘을 다 보냈네	入門題鳳已經春
차 끓이는 누런 잎 그대는 아시는가?	煮茶黃葉君知否
시 쓰며 숨어 사는 일 누가 알까 두렵네	却恐題詩洩隱淪[57]

어느 날 동창에 달이 밝게 비추자 잠 못 이루는 매월당은 이른 새벽 맑은 샘물을 길어오는 모습에서 사대부로서 수신의 모습을 짐작할 수 있다. 어디에도 마음을 정착하지 못하고 은둔과 방랑생활로 평생을 보낸 흔적들이 시를 통해 나타나고 있다. 그나마 차 끓이는 것이 유일한 낙이고 유일한 벗이었을 것이다. 솔바람 가볍게 일어 차 끓이는 연기를 보면 하늘하늘 간들거리며 시냇가에 나부끼는 연기 자락에 잠시 마음의 위안을 얻는다. 따뜻한 찻잔의 온기가 매월당 마음을 훈훈하게 해주는 실내 찻자리 공간이 느껴진다.

조선 후기 형암(炯庵) 이덕무(李德懋, 1741~1793), 「관헌(觀軒)에서 차를 마심」에서 보여주는 실내 찻자리 공간에서의 한가로움을 표현하였다.

청옥 안에 그대와 마주앉아	倚君青玉案
차 마시며 이야기 길어지네	茗飮話俱長
여뀌 밭에는 뭇 벌레 소란하고	蓼剩繁蟲鬧
매미 소리 온 나무 숲 차지했네	蟬專一樹涼
가을 서재에는 노는 날이 제격이요	秋齋聊暇日
비 갠 주렴엔 새 볕이 따스하다	晴箔暖新陽
갑자기 선경에 노니는 듯	忽若遊方外
속된 생각 절로 잊어 지네	形骸澹自忘[58]

57) 김시습(金時習), 『매월당집(梅月堂集)』「梅月堂詩集」 卷之五, 詩, 차를 끓이며(煮茶), 한국문집총간.

58) 이덕무(李德懋), 『청장관전서(青莊館全書)』「청장관전서」 제9권, 아정유고1(雅亭遺稿一), 시 1, 관헌(觀軒)에서 차를 마심, 고전번역총서.

자연에서 들려오는 뭇 벌레들의 소란스러운 합창이 끝나고 갑자기 적막해지는 것이 정녕 가을의 기운이 다가오고 있다. 비가 갠 후에 문발에 스미는 햇살이 유난히도 깨끗하다. 가을 서재에 벗과 마주앉아 차를 마시며 선경에 노니는 듯 청결하고 맑은 기운이 느껴지는 실내 찻자리 공간으로 잠시 직무를 벗어난 모처럼의 한가로운 시간을 즐기고 있다.

조선 후기 해거재(海居齋) 홍현주(洪顯周, 1793~1865)의 「손자 홍승억의 시에 차운하다」를 살펴보면 다음과 같다.

녹음방초 우거진 만백성의 집	綠陰芳樹萬人家
곳곳에서 생황소리 해 저물도록 들리네	幾處笙歌到日斜
낮잠에서 막 깨어나니 차가 반쯤 끓고	千夢初醒茶半熟
발은 석양빛에 석류꽃처럼 아롱지네	午簾紅映石榴花[59]

한말(韓末)의 항일운동가 이남규(李南珪, 1855~1907)는 『수당집(修堂集)』 병소서(幷小序)에서 답답한 심정을 차로 달래고 있다.

술 대신 차를 끓이고 나물로 안주를 삼아라	烹茶替酒菜爲肴
산 생활이 마치 대나무집 같다네	聞說山居似大茅
청려장을 휘저으며 찾아가고 싶지만	一杖青藜便欲往
나부끼는 백발을 어떻게 버리랴	數莖白髮那由抛
문간을 지나는 자 유심경이라 비웃겠지	過門應笑有心磬
만난 손님 무구포라 하든 말든 관계 않네	對客任稱無口匏[60]
도연명은 본래 아는 이가 적은데도	陶令本相知近隘
벼슬 버리고 돌아가 친구를 잊었다네	解官歸去息朋交[61]

59) 송재소 · 유홍준 · 정해렴 옮김, 『한국의 차문화 천년 1』, 도서출판 돌베개, 2009, p.221.

60) 아귀가 없는 호리병박. 송(宋)나라의 어진 정승 이항(李沆)이 매우 과묵했는데, 사람들이 그를 '무구포'라 했다.

61) 이남규(李南珪), 『수당집(修堂集)』 「수당집」 제1권, 시(詩), 속정원록(續貞元錄), 병소서(幷小序), 고전번역총서.

일본인의 눈을 피해 잠시 은신해 있는 상황에서 주변 사람들도 멀리하고, 가끔 지팡이에 몸을 의지하고 휘적휘적 나서고 싶지만, 그저 과묵하게 때를 기다리는 심사가 편하지는 않았을 것이다. "술 대신 차를 끓이고 나물로 안주를 삼는(烹茶替酒菜爲肴)"다는 시구에서 어두웠던 시국에 궁핍한 살림에 한 잔의 차가 위안이 되어주었고 도연명의 삶을 빗대어 잠시 자신을 위로하고 있는 것으로 추측된다.

이와 같이 「고우가」, 「돌 솥에 차를 다리며」, 「차를 끓이며」, 「관헌에서 차를 마심」, 「손자 홍승억의 시에 차운하다」, 『수당집』에서 나타났듯이 실내 찻자리 공간은 자신을 수신하는 공간이며, 휴식을 취하는 공간으로, 때로는 은거의 공간으로 다양하게 활용되었음을 알 수 있다.

3. 찻자리 공간의 구성요소를 본다

찻자리 공간의 구성요소는 실내구성에 있어 다구와 그 외의 찻자리 공간을 연출할 수 있는 다양한 장식 및 소품들이 있다. 찻자리 공간을 구성하는 요소들은 시대에 따라 약간씩 차이가 난다. 찻자리 공간에서 차 마시기에 직접적으로 필요한 기구는 차도구 또는 다구·다기 등이라 할 수 있다. 따라서 찻자리에서 차 마시기 위한 간접적으로 필요한 장식물이나 소품 등으로 구분할 수 있다. 이러한 조건들은 찻자리 공간을 구성하는 데 있어 예로부터 중요시되었다.

최근에 이르러 찻자리 공간에 있어 구성요소는 차(茶)·다수(茶水)·다기(茶器)·다탁(茶卓)·다화(茶畵)·다시(茶詩)·다악(茶樂)·찻자리꽃·

다식(茶食)·다복(茶服)·분향(焚香)·조명(照明)·색채(色彩)·장식물 등으로 이러한 조건들은 찻자리 공간을 구성하는 중요한 사항들로 다양화되어가는 추세이다. 이 중 선비들의 찻자리 공간에서 주체적 역할을 수행했던 차도구·장식물·다화(茶畵)·다시(茶詩)·찻자리꽃을 중심으로 살펴보고자 한다.

- 차도구

차도구는 광의적 의미로 차를 마시기 위해 사용되는 여러 도구를 일컫는다. 협의적으로는 다기의 의미를 뜻한다. 차도구를 시대별로 나누어 살펴보면 다음과 같다.

삼국 시대 신라의 화랑들이 산천을 유람하며 수련을 위해 차를 마셨던 다구들과 충담사가 귀정문 누에서 경덕왕에게 진다(進茶)했던 다구들은 모두 야외용 다구들임을 알 수 있다.

고려 시대 가정(稼亭) 이곡(李穀, 1298~1351)이 쓴 시 「한송정(寒松亭)에서 예천군(醴泉君)이 제한 시에 차운하다」를 보면, "선인이 떠난 뒤 철거된 한송정이요, 산이 숨겨 놓아 보존된 돌 아궁이라(仙去松亭廢 山藏石竈存)"[62]라는 대목이 있다. 한송정(寒松亭)은 신라 때 술랑(述郞) 등 네 명의 선인이 노닐었다고 하는 곳인데, 유람객이 많이 찾아오는 것을 고을 사람들이 싫어해서 그 건물을 철거하였으며, 오직 돌 아궁이(石竈)와 돌못(石池)과 두 개의 돌우물(石井) 등 사선(四仙)이 차를 달일 때 썼던 다구만 그 옆에 남아 있더라는 기록이 나온다.

62) 이곡(李穀), 『가정집(稼亭集)』「가정집」 제19권, 율시(律詩), 한송정(寒松亭)에서 예천군(醴泉君)이 제한 시에 차운하다, 고전번역총서.

신라 시대에는 대표적인 묘련사 석지조(妙蓮寺 石池竈)가 있다. “사방을 말(斗)처럼 모나게 다듬고 가운데 확(臼)처럼 둥글게 팠으니 이는 샘물을 담으려고 한 것이요, 밑에다 口자(字)모양의 구멍을 냈으니 이는 찌꺼기를 씻어낸 다음 다시 막아 맑은 물을 담는 것이었다. 또 하나는 두 개의 오목(凹)한 것인데 둥근 데는 물을 담는 것이요, 타원형인 데는 그릇을 씻는 곳이다. 둥글게 파인 곳에 바람이 통하여 이를 합하여 이름 하기를 석지조라 하였다.”[63]라 한 것으로 보아 세월은 가도 다구의 흔적만 남아 있음을 유추해 볼 수 있다.

고려 말기 목은(牧隱) 이색(李穡)의 「홍취를 풀다」에서도 돌솥에 차 끓는 소리에서 불현듯 묘련사가 생각나는 마음을 표현하고 있다.

푸른 산은 참으로 권력을 부리는구나	青山眞箇是招權
문만 열면 때때로 책상 앞에 서네그려	排闥時時立案前
모든 일이 앞에 당하면 의당 참아야 하리	萬事當頭須地忍
한 마음 스스로 만족함이 되레 천연이라오	一心自足却天然
강가 누각의 달빛은 감로사가 생각나고	江樓月色思甘露
돌솥의 차 끓는 소리는 묘련사가 기억나네	石竈松聲憶妙蓮
역력한 옛 놀이터에 푸른 이끼만 끼었어라	歷歷舊遊蒼蘚合
노파(蘇軾)는 신선 끼고 노닒을 부러워했었네	老坡曾羡挾飛仙[64]

고려 시대에 시 속에 나타난 차도구 특히 탕관을 보면 거의 돌솥을 주로 사용하고 있음을 알 수 있다. 고려 시대에는 『고려도경(高麗圖經)』「기명(器皿)」 편에 “고려 사람들은 다구를 잘 만드는데 금색 꽃무늬가 그려진 검은 잔인 금화오잔(金花烏盞), 비색의 작은 찻잔인 비색소구(翡色小甌), 은제 세발 화로인 은로탕정(銀爐湯鼎) 등이 나오고, 숙소 안에 붉은 소반을 놓고,

63) 고세연, 『차의 미학』, 도서출판 초의, 1994, p.73.

64) 이색(李穡), 『목은집(牧隱集)』「목은시고」 제8권, 시(詩), 흥취를 풀다, 고전번역총서.

그 위에 다구를 두루 진열한 다음 붉은 망사 보자기(紅紗巾)로 덮는다"[65]는 내용으로 보아 당시의 귀족들의 화려한 다구는 재질이 금・은・도자기, 나무 등이었음을 알 수 있다. 금색 꽃무늬가 그려진 검은 잔인 금화오잔과 비색의 작은 찻잔인 비색소구, 은제 세발 화로인 은로탕정, 소반 등의 등장은 다양한 다구들을 사용하고 있음을 알 수 있다.

조선 시대의 탕관(湯罐)을 보면, 그들이 남긴 시구에서 석정(石鼎)으로 돌솥을 많이 써 왔음을 알 수 있다. 여러 다시(茶詩)에 성정(省鼎)을 비롯해 철관(鐵罐)・소정(小鼎)・소관(小鑵)[66] 등이 시제로 등장하고 있는데 이러한 다구를 사용했다는 것을 알 수가 있다. 또한 임진왜란을 기점으로 분청청자에서 백자로 전환되어 발전되어 가고 있음을 알 수 있는데 여러 도자기의 유물들을 통해 나타나고 있다.

이규보 시에 '돌솥에 차를 끓이니 향기로운 젖이 희고 벽돌 화로에 불을 붙이니 저녁놀같이 붉구나(石鼎煎茶香乳白 塼爐撥火晚霞紅)',[67] 고려 말기 목은(牧隱) 이색(李穡, 1328~1396)의 시에 '돌솥에 차 끓인 게 삼절 중의 으뜸인데 아이가 대 사이의 샘물을 막 길어오누나(石鼎煎茶三絶最 小童新汲竹間泉)',[68] 조선 전기 사가정(四佳亭) 서거정(徐居正, 1420~1488)의 시에 '차 끓는 소리는 작은 솥에 시끄럽고 등불 그림자는 낡은 병을 비추누나(茶聲喧小鼎 燈影照殘缸)'[69]라고 표현했듯이 석정(石鼎)을 즐겨 사용하고 있음을 알 수 있다.

---

65) 서긍(徐兢), 조동원 옮김, 『고려도경』, 황소자리, 2005, p.384.

66) 고세연, 위의 책, p.81.

67) 이규보(李奎報), 『동국이상국집(東國李相國集)』 「동국이상국전집」 제17권, 고율시(古律詩), 잠시 감불사(感佛寺)에서 놀다가 주지(住持) 노비구(老比丘)에게 줌, 고전번역총서.

68) 이색(李穡), 『목은집(牧隱集)』 「목은시고」 제8권, 시(詩), 회포를 서술하다, 고전번역총서.

69) 서거정(徐居正), 『동문선(東文選)』 「속동문선」 제6권, 오언율시(五言律詩), 야영(夜詠), 고전번역총서.

이를 종합하면 신라 때는 어떤 꾸밈이나 형식이 없는 소수 사람만이 사용하는 찻자리 공간의 다구였음을 추측할 수 있고, 고려 때는 차문화의 황금기로 다구들의 고급화와 다양화로 차 마시는 계층의 폭이 넓었음을 알 수 있었다. 조선에 들어서는 유교 사상으로 인해 다구의 디자인도 단순해지면서 실용성이 우선시되어 갔다. 조선 중기 두 차례의 임진왜란과 정유재란으로 문화 전반에 걸쳐 침체되는 시기로 차도구 역시 다양하지 못하였다. 조선 후기 영조 때부터 정조시기에 들어와 정치 경제 사회가 안정되면서 문화가 다시 꽃피우게 되었다. 이로 인해 다양한 예술품들이 등장하게 되고 차도구 역시 실학자들을 중심으로 사랑받게 되었다.

이와 같이 다구의 변천을 통해 그 시대 역사와 문화를 읽을 수 있었다. 최근의 다구사용은 어떤 규칙에 얽매이지 않고 상황과 여건에 따라 수시로 변화하는 다양성을 지니고 있다.

- 장식물

선비들은 실내 생활 속에서도 늘 대자연을 가까이하려 하였다. 그들이 생활하는 공간에 자연의 일부를 들여 놓기를 원하였다. 꽃과 괴석, 때로는 그러한 자연물들을 화폭에 담아 방안에 걸어두며 완상하기를 즐겼다. 그뿐만 아니라 선비의 생활공간의 예술품으로 가구와 문방기물, 도자기, 선비의 정신이 담긴 글과 그림 등이었다. 그들의 찻자리는 속세의 명리와 편안함을 멀리하고 유유자적한 삶을 살아갈 수 있는 공간인 동시에 물아일체의 대상이었다.

선비들이 주로 사용하는 사랑방(舍廊房)은 찻자리 공간으로 그 기능과 역할을 하였다. 이 공간에는 서안(書案)・문갑・탁자・책장 등 대체적으로 검소하고 소박한 장식으로 선비의 정신을 간접적으로 표출하기도 하였다. 또한 지조와 절개를 상징하는 매・난・국・죽의 사군자를 통해 군자의 기품을 그림으로 표현하고자 했다.

예부터 동양 문화권에서 그림의 주된 목적은 시각매체를 통해 교훈적인 의미를 전파하는 공리적(公利的) 목적이 컸다. 특히 병풍(屛風), 가리개, 족자(簇子)는 실용성과 장식미를 겸비한 훌륭한 예술품으로 방풍효과를 높일 수 있고 선비의 품격을 나타내는 장식용 등 여러 가지 기능과 특징으로 사용되었다.

병풍은 오랜 세월 동안 선비들의 생활 속에서 꾸준히 사랑받아 왔으며 시대 흐름과 역사에 따라 여러 발전 과정을 거쳐 종이 날개 형태의 접이식 병풍으로 완성되었다. 더구나 온돌방구조를 지닌 한국은 병풍의 쓰임이 다양했다. 바람막이로 바람을 다스리는 데 사용했고, 작은 방안에서는 여인들의 자잘한 모습을 감춰주고, 옷을 갈아입을 때 외딴 자리를 마련해주는 등 그 구실은 쓸모가 많았다. 더욱이 궁중에서는 가리고 감싸는 데 쓰였던 것으로 잘 알려졌다.[70)]

병풍은 중국에서 가장 먼저 시작되었으며 우리나라는 그 전통이 삼국 시대로 거슬러 올라간다.[71)] 신라의 기록에는 신무왕(神武王, ?~839) 668년에 일본 나라(奈良) 시에 있는 궁성에 비단병풍이 보내진 것을 기록하고 있다. 또한 박물관에는 가장 이름난 것으로 고려 때에 검은 칠을 한 것으로 양쪽 면에 부처님을 금으로 그렸으며, 1307년 노영(盧英)이 그린 것이다. 1488년에 조선에 온 명대(明代)의 사신 동월(董越, 1430~1502)이 그의 기행문 『조선부(朝鮮賦)』에서 조선의 풍속이 중국과 다르다고 말한 가운데 침상이 휘장으로 가려지지 않고 8폭 병풍으로 둘러쳐졌다고 보고하고 있는

70) 이블린 맥퀸(Evelyn B. McCune), 김서영 옮김, 『한국의 병풍』, (주)보진재, 1997, pp.6~8.
71) 박정혜・황정연・강민기・윤진영, 『조선 궁궐의 그림』, 도서출판 돌베개, 2012, p.17.

것으로[72] 병풍의 상용(常用)을 엿볼 수 있다.

병풍과 가리개는 임시 병통의 기능성이 있어 방안 예술로 책거리・책장 병풍으로 감상과 장식이라는 두 가지 목적을 지니고 있었고, 그려진 그림의 성격은 덕목과 수양의 의미가 담긴 사군자 등 교육받은 선비들의 유교사상이 깃든 공부를 돕기 위한 장식의 의미가 더욱 컸다.[73] 그 예로 효제충신(孝悌忠信)을 소원하는 「문자도(文字圖)」, 「삼강행실도(三綱行實圖)」 등이 있다. 이는 청대문물에 대한 조선 후기 선비들의 호기심에서 비롯되기도 했다.

또한 공간의 멋을 깔끔하게 바꾸어주는 데는 병풍, 가리개, 족자만큼 빠르고 효과 있게 꾸며주는 것도 없다. 그 쓰임새가 다양하여 필요에 따라 위안을 주고, 꿈을 돋구어주고, 조촐하면서도 우아한 멋을 추구하는 선비들의 욕구를 채워주는 데 매우 효과적이었다.[74]

이처럼 병풍은 공간을 만들고 공간을 차단하며 그림 감상용, 실내장식용 등으로 여러 가지 효과가 있는 하나의 실용가구였다. 특히 조선 후기에 선비들의 정신세계가 담긴 문인화와 사군자가 병풍에 그려지기도 했다.

사군자는 봄의 매화(梅花), 여름의 난초(蘭草), 가을의 국화(菊花), 겨울의 대나무(竹)로 중국 명나라 진계유(陳繼儒, 1558~1639)가 「매난죽국보(梅蘭竹菊譜)」에서 사군자라 부른 데서 유래된 말이다. 유교 문화권에서 군자에 비유되어 왔으며, 동양화의 소재가 되어 왔다. 우리나라에서는 고려 시대부터 성행하여 조선 시대에 계승되어 선비의 유교 교양의 일부로 널리 펴졌고, 남종화파(南宗畵派) 중 문인화가들이 즐겨 그렸다.

---

72) 이블린 맥퀸(Evelyn B. McCune), 위의 책, p.9.

73) 박정혜・황정연・강민기・윤진영, 앞의 책, pp.109~191.

74) 이블린 맥퀸(Evelyn B. McCune), 앞의 책, pp.53~54.

선비의 찻자리 공간에 필수적인 구성으로 가구와 문방기물이 있다. 문방사우(文房四友)는 선비의 생활의 중심인 문방에서 나오게 된다. 문방이란 옛날에는 문서를 관장하는 방이라는 의미로 사용된 말이다. 이후 서화(書畫)나 기완(器玩)을 관장하는 방의 의미로 사용되었다. 송대(宋代)에 이르러 선비의 방을 문방으로 부르게 되고 남송 문인의 취미생활에 관한 서책으로 조희곡(趙希鵠)의 『동천청록집(洞天青綠集)』이 저술되어 이들의 취향이 체계가 잡히고 거문고, 벼루, 종정(鐘鼎), 괴석, 연병(硯屛), 필격(筆格), 연적(硯滴), 석각(石刻) 외에 향차화목(香茶花木)까지 합쳐서, 문방에서 청완(淸玩)의 대상으로 확대되어,[75] 밝은 창과 깨끗한 책상 아래 향을 피우고 차를 끓이며 법첩(法帖)과 그림을 완상하며, 좋은 벼루와 명묵(名墨)을 비롯한 갖가지 문방구를 애완하는 일을 문방청완(文房淸玩)이라 하여 문방사우의 주변은 더욱더 넓혀져 갔다.

문방사우라는 명칭을 살펴보면, 종이(紙)・붓(筆)・먹(墨)・벼루(硯)는 선비들의 서가에 언제나 함께하므로 벗에 비유하여 문방사우라 칭했으며 사보(四寶)・사후(四侯)라고도 하였다. 문방사우를 의인화하여 각각 벼슬 이름을 붙여 준 것으로 다음 도표와 같다.

	이름	벼슬
종이	저지백(楮知白)	호치후(好畤侯)
붓	모원예(毛元銳)	관성후(菅城侯)
먹	이현광(易玄光)	송자후(松慈侯)
벼루	석허중(石虛中)	즉묵후(卽墨侯)

75) 허인경, 「문방사우 연구」, 홍익대 석사학위논문, 2008, pp.1~3.

사보라는 말은 북송 시대 문방구의 해설서로 소이간(蘇易簡, 958~996)이 『필보(筆譜)』 2권, 『연보(硯譜)』, 묵보『(墨譜)』라는 네 가지 책을 지은 데서 유래되었다. 사보는 휘주부(徽州俯)와 흡현(歙縣)에 지, 필, 묵, 연의 문방사우만을 전문적으로 파는 사보당(四寶堂)이라는 가게가 있었던 데서 유래되었다고 한다.[76]

조선 중기 읍취헌(挹翠軒) 박은(朴誾, 1479~1504)의 「칠언고시(七言古詩)」의 한 부분을 보면, 소나무로 만든 먹과 닥나무로 만든 종이를 사랑하여 가까이 두고 다루거나 보면서 무척 즐겼음을 알 수 있다.

솔 그을음[77]과 닥나무 종이 그 무엇이 좋은지	松煤楮膚有何好
이토록 나로 하여금 손에서 못 놓게 하는가	乃獨令吾手未釋
이 마음에 욕심 있으면 모두 청렴치 않거늘	此心有欲皆不廉
이것에도 연연하니 성벽(性癖)을 어이할 수 없네	於此戀戀無奈癖[78]

이렇게 문방에서 여러 가지 예술이 창작되고, 문방 청완의 체계 속에서는 도가적인 청정함이 있고 유교적인 문아(文雅)함 면을 느낄 수 있다. 선비들은 사우를 이용하기 이전에 다루는 재료에 대한 이해가 선행되어야 훌륭한 작품을 제작할 수 있었을 것이다.

다른 한편으로는 추사의 글씨가 제가(諸家)의 법을 모아 따로 한 경지를 갖추어서 천변만화(千變萬化)의 조화가 숨어 있다는 걸 알아야 맛이 아니라, 시인의 방에 걸면 그의 시경(詩境)이 높아 보이고, 화가의 방에 걸면

76) 이겸노, 『문방사우』, 대원사, 2001, pp.8~9.

77) 당(唐)나라 말 역수(易水) 사람인 이초(李超)와 이정규(李廷珪) 부자가 흡주(歙州)에 살면서 그곳에서 많이 자라는 소나무를 태운 그을음으로 만든 먹으로, 먹 중에서도 최상품으로 일컬어져 심지어는 황금보다 더 귀하다는 평판을 받을 정도였다.

78) 박은(朴誾), 『읍취헌유고(挹翠軒遺稿)』「읍취헌유고」 제2권, 칠언고시(七言古詩), 고전번역총서.

그가 고고한 화가 같고, 그래서 누구누구 할 것 없이 갖다 거는 대로 그럴듯해 보인다.[79]는 것으로 그 자체만으로도 소장의 의미를 갖는 훌륭한 예술품으로써 완상의 즐거움에 가치를 부여하였다는 점이다.

이처럼 선비의 사랑방에서 연출되는 찻자리 공간은 문방사우를 통해서 가장 한국적인 미의식을 형성시켜나갔으며, 외적인 조건들을 이용하여 내적인 정신세계를 다듬어나가는 데 많은 비중을 두어 독특한 비례감각으로 발전하였음을 상기할 수 있다.

- 다화(茶畵)

인류 최고의 회화라 일컬어지는 구석기 시대의 동굴벽화나 고분 벽화 등을 통해 회화의 역사를 찾아볼 수 있다. 청동기 사용과 농경 발달은 사유재산 축적과 계급사회가 형성되면서 예술이 함께 발전하였다. 이 시대 그림으로 학계의 주목을 끌고 있는 것은 암각화(岩刻畵)이다.

이후 유교, 불교, 도교는 회화에 많은 영향을 끼치게 되었다. 초기 인물화 중심의 회화가 지배적이었으나, 9세기에는 회화는 인물화 중심에서 산수화 중심으로 변화되었다. 이는 인물화 자체의 한계와 함께 자연의 의미에 대한 새로운 인식에 기인한다. 산수(山水)는 작가에 의해 무한히 자유롭게 발견되고 해석될 수 있었으며, 유한에서 무한의 영역으로 통하여 정신이 자연의 도와 상통함으로써 예술의 자유와 해방에 도달하는 것이었다. 회화기법에서도 수묵산수화의 등장이라는 획기적인 변화가 나타났다. 직업 화가들과 달리 선비들은 쉽고도 간단한 표현방법이 필요하였고 세밀한 기교보다는

79) 건도홍, 『문방청완』, (주)대원사, 2006, p.199.

정신의 수양 경지를 중요시한 수묵화는 크게 환영받았다.

이러한 사회적 배경하에 문인화풍과 문인화론이 대두하면서 형사(形似)를 경시하고, 전신(傳神)이나 육법(六法)[80]에서 특히 기운생동(氣韻生動)을 중시하였다. 이것은 이른바 도학에서부터 출발하여 성리학으로 완결되는 송대의 학문체계와 문예예술이 홍성했던 당시의 사회적 상황과도 관련되어 있다.

문인화(文人畵)는 시각적인 회화에서 관념적인 회화를 추구했던, 단지 사물의 외양에 집착하지 않고 사물의 본질에 접근하려고 사의 중시(寫意重視), 형사 억제의 경향을 지닌 회화라 할 수 있다.[81] 따라서 문인화는 보통 대상의 사실적 · 구체적 묘사보다는 가슴에 품고 있는 탈속한 기상을 나타내는 데 주안점을 두는 지식인의 정신주의 그림이었다. 복잡한 기법이나 기교를 피하는 대신에 어려서부터 글씨를 수련하여 익숙하게 다루어 온 먹을 다양하게 활용하는 표현방법을 채택했다. 이러한 선비들의 고아한 취미생활은 직업 화가들과는 다른 지식인이라는 장점을 적극 활용하여 이론적 근거를 확립함으로써 문인화를 정통회화의 주류로 만들고자 하였다.

이 과정에서 시 · 서 · 화 일체라는 독특한 형태의 예술미가 강조되었고, 그림과는 직접적인 관계가 없는 문자향(文字香) 서권기(書卷氣)가 중시되었다. 송대 이후 작가의 인격과 정신적 경지, 교양의 수준 등 문인화가들에 의해 절대적 가치로 평가되었다. 중국 문인화의 정신은 송대 유학 전통과 함께 고려 시대에 받아들여졌다.[82] 당시 선비들이 여가로 그린 그림에 대

---

80) 동양화에서 그 작풍(作風)과 감상의 규범이 되는 6가지 요목. 그 내용은 ① 기운생동(氣韻生動), ② 골법용필(骨法用筆), ③ 응물상형(應物象形), ④ 수류부채(隨類賦彩), ⑤ 경영위치(經營位置), ⑥ 전이모사(傳移模寫) 이 중에서도 기운 · 골법 · 응물이 중요시되며 특히 기운은 회화의 이상(理想) 또는 평가의 기준으로 사용되어 왔다.

81) 나종면, 『18세기 조선 시대의 예술론』, 한국학술정보(주), 2009, p.226.

82) 황지원, 『중국회화의 기운론』, 계명대학교 출판부, 2006, pp.171～223.

한 문헌기록과 많은 작품에 대한 제화시(題畵詩)가 그 실상을 알려 주고 있다.

서예의 필획 자체가 쓴 사람의 인품을 반영한다고 하듯이 글과 그림에는 지은이의 정신이 들어 있다. 남종문인화풍이 부상하면서 동시에 요구된 것이 그림 속에 문인다운 기운(氣韻)이었다. 사기(士氣)란 말 그대로 선비의 기운을 말하는 것으로, 사인(士人)이란 학문과 수양을 쌓아 가치관이 분명한 지성인을 의미한다. 그림을 그릴 때는 초서(草書)・예서(隸書)・기자(奇字) 등을 쓰는 법으로써 그려야 한다. 나무는 철사를 구부린 것처럼, 산은 모래에 선을 긋는 것처럼 해서 달콤하거나 세속적인 규범을 제거해야만 사기(士氣)가 된다.[83] 서권기(書卷氣)란 글과 책의 기운이니 학식과 인격을 반영한 기운이다.[84] 따라서 정신과 인품이 담긴 그림을 그려내기 위한 노력이 오늘날 문인화의 소재로 발달하였다.

문인화의 이론적 틀을 마련한 명대(明代)의 사백(思白) 동기창(董其昌, 1555~1636)이 화풍을 남종화와 북종화로 나눈 뒤부터 문인화는 남종화로 불리게 되었다. 그림이란 일차적으로 사물을 묘사한 것이지만, 문인화는 사물의 묘사보다는 작가의 마음을 묘사하는 데 초점을 두었다. 그림을 시처럼 생각한 것이다. 시가 글자를 통해 자신의 심사를 표현했다면 그림은 붓 터치를 통해 자신의 심사를 표현한 것이라 여겨진다. 시가 청각이라면 그림은 시각으로 표현수단의 차이는 있으나 목적은 동일한 것이다. 따라서 그림은 작가적 인품과 학식, 감성과 사상이 드러나야 한다.[85]

한국회화사에서 18세기는 겸재(謙齋) 정선(鄭敾, 1676~1759)과 단원(檀

83) 동기창, 변영섭외 4인 옮김, 『화안(畵眼)』, (주)시공사・시공아트, 2004, p.39.

84) 고연희, 『그림, 문학에 취하다』, (주)아트북스, 2011, pp.260~262.

85) 박철상, 『세한도』, (주)문학동네, 2010, pp.101~102.

園) 김홍도(金弘道, 1745~?)의 시대였다. 이 시기 회화는 진경산수(眞景山水)와 속화(俗畵), 그리고 문인화풍의 한국적 정착이 실현되었다. 이 시기에 글씨는 왕희지(王羲之, 307~365) 서체의 한국적 토착화가 실현되었다. 그러므로 조선사회의 18세기는 그림과 글씨가 모두 민족적 경향이 우위를 점한 시기였다.[86)]

조선 후기 이계(耳溪) 홍양호(洪良浩, 1724~1802)에 따르면, 두 번에 걸친 연행을 통해 청조의 문사들과 교류하면서 그들의 만남에는 언제나 그림이 있고 시가 따랐다고 한다. 그림은 이미 선비들의 삶에 중요한 요소가 되어 있었음을[87)] 홍양호는 말하고 있다. 청나라 지식인들과의 교류에 서화는 필수적인 조건이었다.

조선 전기 현동자(玄洞字) 안견(安堅, 1418~1452)의 산수화풍을 계승하였던 학포(學圃) 양팽손(梁彭孫, 1488~1545)의 두 폭 「연지도(蓮芝圖)」 속에 나타난 찻자리 공간과의 상관성을 살펴보도록 한다.

학포의 「연지도 1」을 보면, 지초가 왼쪽에 있는 분(盆)에 심어져 있고

양팽손(梁彭孫), 「연지도(蓮芝圖 1)」, 16세기 전반, 견본수묵(絹本水墨), 23.7cm×36.5cm, 양성훈 소장

「연지도(蓮芝圖 2)」, 16세기 전반, 견본수묵(絹本水墨), 23.7cm×36.5cm, 양성훈 소장

86) 부국문화재단, 『완당과 완당바람』, 동산방, 2002, p.119.

87) 박철상, 앞의 책, pp.106~107.

하단에는 중국풍의 다기를 배치하여 화제(畵題)를 분과 다기에 써넣었다. 오른쪽에는 잘 익어 씨가 밖으로 터져 나온 석류 열매와 난초 꽃으로 공간미를 연출하고 있다.

「연지도 2」는 연잎을 꽃병에 꽂아 주제로 삼고 왼쪽에 연씨와 연근, 그리고 글씨가 있는 다기를 배치하고 오른쪽에 연잎과 연꽃을 가로로 하단에 배치하여 반쯤 보이는 연씨의 구성이 일품이다. 또한 학포의 자(字)인 대춘(大春)과 호를 학수(學叟)로 표기한 주문방인(朱文方印)이 찍혀 있다. 호의 학수가 늙은이 수자(叟字)로 보아 말년의 작품으로 추정된다. 두 작품의 다기에 쓰인 화제의 글은 다음과 같다.

흥이 나면 방호(신선이 사는 곳)에 와서 흰 사슴을 타	興來方壺乘白鹿
다시 함곡관(函谷關)에 이르러 시름을 없앨 수 있다	旋到函聊可消愁
오직 옥(구슬같은 물거품)의 뜻이 있으니 마음이 편안하다.	有玉浮心逸

「연지도 1, 2」는 양팽손의 직계 후손 지강(芝江) 양한묵(梁漢默, 1862~1919)이 한양의 추사 김정희의 종갓집에서 발견하고 13대손인 희암이 회철을 보내 사온 후 종가인 화순군 월곡리 사당에 보존해 오고 있다.[88] 이 그림과 화제를 통해서 학포는 찻자리 공간을 통해 자성(資性)을 찾아 나서는 자유로움을 연출하는 공간이기도 했고, 차를 통해서 마음의 시름을 잠시나마 덜어보고자 애를 쓴 공간이었다. 또한, 학포는 초의(草衣) 의순(意恂, 1786~1866)보다 약 300년 전의 인물로, 당시 선비들의 찻자리 공간이 다사를 직접 행하며 심신을 다스리는 창작의 공간으로 활용하고 있음을 유추해 볼 수 있다.

88) 박종석, 『부러진 대나무』, 도서출판 개미사, 2003, pp.135~138.

강세황(姜世晃), 「현정승집도(玄亭勝集圖)」, 지본수묵(紙本水墨), 34.9cm×50cm, 1747년, 개인 소장

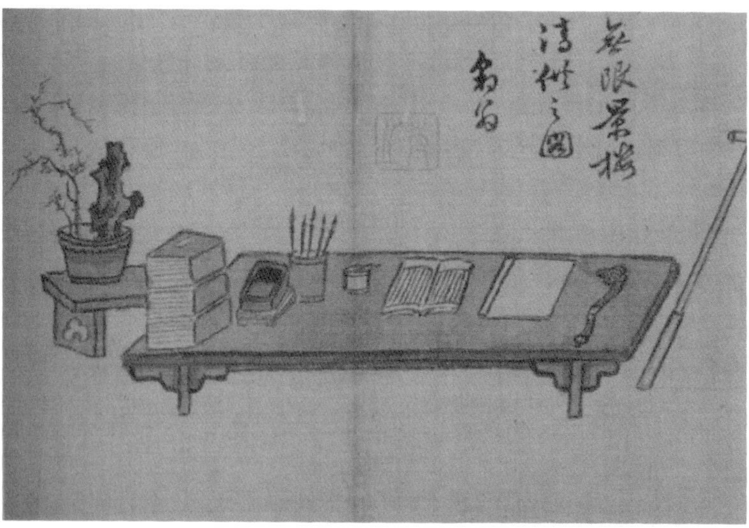

강세황(姜世晃), 「청공지도(淸供之圖)」, 견본수묵(絹本水墨), 23.3cm×39.5cm, 선문대학교 박물관 소장

조선 후기 표암(豹菴) 강세황(姜世晃, 1713~1791)이 1747년에 그린 「현정승집도(玄亭勝集圖)」는 사랑방을 배경으로 바둑과 거문고, 문방제구가 등장한 여러 명의 선비 모임을 담고 있다. 또한 「청공지도(淸供之圖)」의 청공(淸供)이란 맑고 깨끗한 용기란 의미로 선비가 세상과 타협하지 않고 의연하며 조촐한 삶을 영위하는 데 꼭 필요한 용기를 지칭한 것으로 「청공문방(淸供文房)」이라고도 불린다.[89]

이와 같이 찻자리 공간은 사랑방이자 정갈하고 차분한 삶의 공간으로 다주시화(茶酒詩畵)로 심신을 연마하고 잠깐 쉬는 파한(破閑)으로 그림을 그리거나 시를 읊조리는 작업실이며 창작의 산실이었음을 보여주고 있다.

조선 중기 화가 낙촌(駱村) 이경윤(李慶胤, 1545~1611)의 「월하탄금도(月下彈琴圖)」는 교교(皎皎)히 흐르는 달빛 아래 줄 없는 거문고를 연주하는 선비의 모습을 그린 것이다. 상당한 경지에 이른 선비의 뒷모습에서 거문고의 장중한 음률이 화폭 가득히 채워지고 있다. 자연 속에서 풍류를 즐기는 선비의 몸짓은 거침없이 넓고 큰 기개가 서려 주변을 환하게 밝히고 있는 듯하다. 다동은 뒤편에서 줄 없는 거문고를 타는 주인의 모습을 이해하고 있는지 곁눈질로 훔쳐보면서 부지런히 차를 끓이고 있다. 차향과 달빛과 거문고의 음률이 화합하는 순간이다. 경이로운 찻자리 공간으로 최고의 멋과 운치가 서려 있는 전경에서는 가정(稼亭) 이곡(李穀, 1298~1351)은 『가정집(稼亭集)』에서 다음의 시를 읊었다.

나는 꽃 마주하여 이 노래를 부를 테니	我欲對花歌此曲
달빛 아래 거문고 소리 귀 씻고 들어야 할까 보오	洗耳須憑月下琴[90]
스님은 줄 없는 거문고나 한번 타시오	請師一撫沒絃琴[91]

89) 이원복, 『홀로 나귀를 타고 미술 숲을 거닐다』, 이가서, 2008, pp.253~269.

90) 이곡(李穀), 『가정집(稼亭集)』 「가정집」 제16권, 율시(律詩), 연성사(延聖寺)의 옥잠화(玉簪花) 시에 차운하다, 고전번역총서.

이경윤(李慶胤), 「월하탄금도 (月下彈琴圖)」, 견본수묵 (絹本水墨), 31.2cm×24.9cm, 고려대학교 박물관 소장

91) 이곡(李穀), 『가정집(稼亭集)』 「가정집」 제20권, 율시(律詩), 탄(坦) 스님에게 증정하다, 고전번역총서.

또 선비들이 어떤 공간을 추구하면서 자신의 이상을 꿈꾸는지 살펴보자. 조선 중기 교산(蛟山) 허균(許筠, 1569~1618)이 1607년 정월 평양에 가 있던 화가 나옹(懶翁) 이정(李楨, 1578~1607)에게 보낸 편지 일부분에서, 자신의 꿈을 그림으로 대신하고 싶다는 내용을 보냈다. 그러나 허균은 이 그림을 받지 못했다. 이정이 술병으로 갑자기 세상을 떴기 때문이다. 그 내용을 살펴보면,

> 모름지기 산은 뒤에 두르고 시내를 앞에 둔 집을 그려주게. 온갖 꽃과 대나무 천 그루를 심어두고 가운데로는 남쪽으로 마루를 터주게. 그 앞뜰을 넓게 하여 패랭이꽃과 금잔화를 심어놓고, 괴석과 해묵은 화분을 늘어놓아 주게. 동편의 안방에는 휘장을 걷고 도서 천 권을 진열하여야 하네. 구리 병에는 공작새의 꼬리 깃털을 꽂아놓고, 비자나무 탁자 위에는 박산향로를 얹어주게. 서쪽 방에는 창을 내어 애첩이 나물국을 끓여 손수 동동주를 걸러 신선로에 따르는 모습을 그려주게. 나는 방 한가운데에서 보료에 기대어 누워 책을 읽고 있고, 자네와 한 벗은 양옆에서 웃는데, 두건과 비단신을 갖춰 신고 도복을 입고 있되 허리띠는 두르지 않은 모습으로 그려야 하네. 발 밖에는 한 오리 향연이 일어나야겠지. 그리고 학 두 마리는 바위의 이끼를 쪼고 있고, 산동은 빗자루를 들고 떨어진 꽃잎을 쓸고 있어야 하네. 이러면 인생의 일이 다 갖추어진 것일세.[92]

이것이 허균이 이정에게 부탁한 선비의 거처였다. 선비들은 복잡한 세속을 잠시 벗어나 다주시화(茶酒詩畵)를 함께하는 소소한 즐거움들을 그림을 통해 대신 얻고자 했다.

또한 조선 후기 화가 겸재(謙齋) 정선(鄭敾, 1676~1759)의 「인곡유거도(仁谷幽居圖)」를 통해서도 선비들이 추구하는 공간을 추측해 볼 수 있다. 「인곡유거도」는 인왕산 아래 옥인동 부근으로 정선의 집이다. 오동나무와 버드나무는 성하(盛夏)임을 알려주고, 자신만의 공간에서 여유롭게

92) 정민, 『미쳐야 미친다』, 도서출판 푸른역사, 2005, p.126.

겸재(謙齋) 정선(鄭敾), 「인곡유거도(仁谷幽居圖)」, 지본담채(紙本淡彩), 27.4cm×27.4cm, 간송미술관 소장

창밖을 바라보는 겸재를 만날 수 있다. 그의 공간은 찻자리 공간을 제공하는 동시에 서재이자 창작의 공간으로 충분하게 그 몫을 하고 있음을 알 수 있다.

위의 작품들을 통해서 알 수 있듯이 찻자리 공간은 삶의 생기를 회복하고, 맑은 마음을 고취시켜 에너지를 충전하는 공간이었다. 찻자리 공간의 주축이 되는 설정은 시와 그림으로 선비들의 정신적인 요소를 충분하게 채워주고 있음을 파악할 수 있다.

19세기 조선의 산수화는 직접적인 문자의 형상미를 보여주려 하였다. 고풍스러운 예서(隸書)나 달통한 분위기의 초서(草書)는 그대로 살리고 힘과 속도와 절제를 요하는 붓질로 화면을 메워 나간다.

추사(秋史) 김정희(金正喜, 1786~1856)는 서화와 관련된 서적을 탐독하며 직접 창작하기에 이른다. 추사에게 그림은 하나의 학문이었다. 이러한 맥락에서 추사의 문자향과 문자기(文字氣)가 화면에 구체화된다. 추사의 「세한도(歲寒圖)」를 살펴보자.

「세한도(歲寒圖)」는 추사가 제자 이상적(李尙迪)에게 자신을 대하는 한

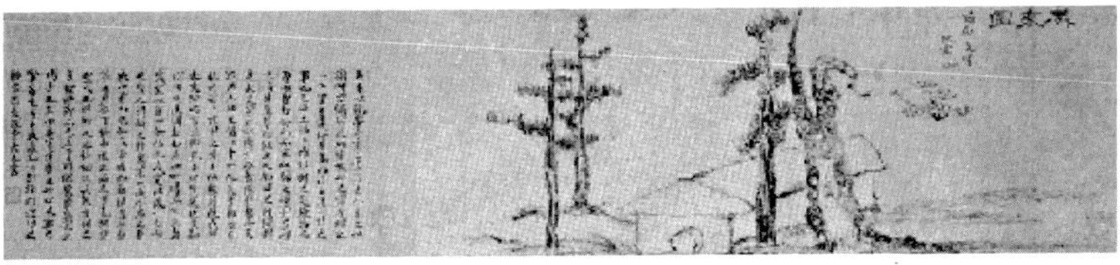

추사(秋史) 김정희(金正喜), 「세한도(歲寒圖)」, 지본수묵(紙本水墨), 1844년, 20cm×69.2cm, 개인 소장, 국보 제180호

결같은 마음에 감격하여 그려 보낸 작품이다. 창문 하나만 있는 허름한 집과 나무 네 그루, 이상적에게 준다는 내용의 글씨로 이루어진 간단한 그림이다.[93] 최대한 절제된 그림에서 추사의 극한 상황의 생활과 이상적의 의리에 감동한 마음을 읽어낼 수 있다. 한 폭의 그림과 화제(畵題)로 작가의 정신세계를 묘사해 내는 문인화의 표본이다.

세한도를 그려야겠다는 발상이 나오기까지는 찻자리가 생활의 중요한 근간이 되었다. 추사는 조선 시대의 최고의 학자로 「명선(茗禪)」, 「선탑다인(禪榻茶烟)」, 「묘용시수류화개(妙用時水流花開)」라는 서체를 보더라도 차를 얼마나 즐겼는지 알 수 있다. 제주의 유배생활 동안 초의(草衣) 의순(意恂, 1786~1866), 우선(藕船) 이상적(李尙迪, 1804~1865), 소치(小痴) 허련(許鍊, 1809~1892)이 차와 책을 종종 보내주었고 차를 마시는 동안은 마음의 울분을 삭일 수 있었을 것이다. 추사의 찻자리 공간은 절실함이 배어 있는 곳으로 괴로움 속에서의 즐거움이 있는, 붓을 들어 지식인의 고뇌를 표출하는 공간이기도 했다. 추사의 시 「유초의선(留草衣禪)」을 보면 추사와 초의의 깊은 우정을 짐작할 수 있다.

93) 박철상, 위의 책, p.134.

눈앞의 조주차를 공짜로 마시고	眼前白喫趙州[94]茶
손에는 범지의 꽃을 굳게 잡았구나	手裏牢拈梵志華
게(偈)들은 뒤, 귓문이 젖어드니	喝後耳門飮箇漸
봄바람 어느 곳인들 산가가 아니리오	春風何處不山家[95]

추사와 초의가 모처럼 만나 차를 마시며 염화미소(拈華微笑)로 회포를 나누고, 봄바람 같은 훈훈함이 승가의 게송(偈頌)을 듣는 것처럼 찻자리 공간에서도 진정한 선(禪)을 만날 수 있어 잠시나마 추사에게 위안이 될 수 있었음을 알 수 있다.

다산 정약용도 그림 「석천물로 차를 달이며(石泉煎茶)」에서 찻자리 공간의 필요성을 제화시(畵題詩)를 통해 전하고 있다.

다산은 강진 유배생활 동안 답답한 마음을 달래는 일환으로 먹을 갈아 글을 쓰거나 그림을 그림으로써 비감한 심정을 초연함의 경지로 끌어올렸다. '바람이 일어나니 차 끓이는 연기는 죽탑(竹榻)에 피어오르고 석천 가을 물로 향기로운 차를 달인다.'에서 나타나듯 유배지에서 차와 그림은 다산에게 가장 소중하고 유일한 벗이었다. 다산이 사랑한 다산사경(茶山四景)은 병풍바위에 직접 새긴 정석(丁石), 직접 수맥을 찾아 약수로 끓이던 약천(藥泉), 차를 끓이던 반석의 다조(茶竈), 연못 가운데 쌓아놓은 연지석가산(蓮池石假山) 등이다.[96]

94) 당나라 조주(曹州) 사람으로 조주화상(趙州和尙)인데 본성(本姓)은 학(郝)씨임.

95) 김정희, 『추사 김정희 詩 전집』, 도서출판 풀빛, 1999, p.468.

96) 김창배, 『茶묵화첩』, 인사동문화, 2006, p.225.

다산(茶山) 정약용(丁若鏞), 「석천물로 차를 달이며(石泉煎茶)」
견본수묵담채(絹本水墨淡彩), 개인 소장

이 그림은 산수화이지만 다산은 그림의 제목을 「석천물로 차를 달이며」라고 했다. 이는 깊은 산 생활에서 얻어낸 지혜로 바위틈에서 나오는 샘물로 끓인 차 맛이 월등하다는 것을 알고 있었기 때문이다. 외로운 유배지에 가을의 을씨년스러움 속에서 '석천 가을 물로 향기로운 차'를 마실 수 있다는 것이 그나마 다행스럽다는 애잔한 심정을 제화시를 통해 표현한 것이다.

이처럼 시는 '소리 있는 그림(有聲之畵)'이요, 그림은 '소리 없는 시(無聲之詩)'[97]라는 소동파의 말도 있듯이 시와 그림은 서로 깊은

"시 가운데 그림이 있고, 마힐의 그림을 완상하면 그림 가운데 시가 있다(味摩詰之詩 詩中有畫觀摩詰之畫 畫中有詩)."라고 한 데서 나온 말이다. 마힐은 왕유(王維)의 자로, 시화(詩畫)로 유명하였다.

연관을 지니고 있음을 알 수 있다. 특히, 한시는 마치 화가가 화폭 위에 자신의 마음을 담아 표현하는 것과 같이 '뜻을 묘사하고 정신을 전달(寫意傳神)'해야 한다.[98] 다산은 찻자리 공간을 직접적으로 표현하기보다는 소리 없는 시를 통해서 자신의 애절한 심사를 의도적으로 나타내려 하였음을 알 수 있다. 이렇게 시와 그림은 인간에게 이상과 꿈을 심어주며, 친근한 벗으로 위안을 주고 정신을 풍요롭게 하는 역할을 하였다. 차를 통해 자신의 삶을 다스리며 선비의 덕목을 충실히 지킨 차문화의 대표적인 다산과 추사는 유배지에서 찻자리 공간을 최대한 활용한 인물이었다.

- 다시(茶詩)

시의 역사는 언제부터 유래되었는지 동서양을 막론하고 정확한 근거는 없다. 그러나 농경지 시절부터라고 추측한다. 생사흥멸(生死興滅) 등에 대한 생각과 상상력은 생활 속에서 주로 구전 형식의 신화와 몸짓 등 가무의 형식으로 표현되었다. 문자가 생겨나면서 신화는 소설과 산문으로, 가무는 시와 희곡으로 전환되었다. 중국 역사상 문자로 이루어진 최초의 문학 작품은 『시경(詩經)』으로 문학적 · 사상적 · 교육적 가치를 지니고 있다. 『논어(論語)』 「위정편(爲政篇)」에 시에 대해 시삼백(詩三百)은 『시경』을 가리키는 것으로, "『시경』에 나오는 시들을 한마디로 평가하여 삿됨이 없다(詩三百 一言以蔽之 曰 思無邪)."[99]고 하였다. 삿됨이 없다는 뜻에 대해 『단종실록(端宗實錄)』의 기록을 살펴보면, 경연관(經筵官)이 석강(夕講)을 진강(進講)하는데, 사무사(思無邪)라는 말에 이르러 노산군(魯山君,

98) 정민, 『한시 미학 산책』, (주)휴머니스트 출판그룹, 2010, p.37.

99) 남회근, 송찬문 옮김, 『알기 쉬운 논어강의 上』, 씨앗을뿌리는사람, 2002, p.94.

1441~1457)이 묻기를, "사무사(思無邪)란 무슨 뜻인가?"하니, 박팽년(朴彭年, 1417~1456)이 대답하기를, "생각하는 바에 사사로움이 없는 것이니, 마음이 바름을 일컫는 것입니다. 마음이 이미 바르면 즉 모든 사물에서 모두 바름을 얻을 것입니다."[100] 하였다. 사무사란 곧 마음이 바름을 뜻한다.

이러한 바른 마음은 선비들에게 직・간접적인 영향으로 표현되었다. 흥취가 일어나면 서로 화답하거나 운을 따라 시를 짓는 시회(詩會) 갖는 것을 일상화로 풍성한 시어(詩語)를 탄생시켰다. 이는 올곧은 정신과 단아한 품격에서 우러나는 선비들의 맑은 정신의 소산이라 여겨진다.

『논어』「태백(泰伯)」에 보면, "시를 통해 감흥을 발휘하고, 예를 통해 행실을 바로 세우고, 음악을 통해 성정을 완성한다(興於詩, 立於禮, 成於樂)." 이는 첫째는 시를 통해 감흥을 발휘하는 것으로 시 교육의 중요함을 강조하고 있다. 흥은 흥취로써 사람의 정감(情感)이다. 사람은 다 정감이 있는데 속으로 억제하면 병적인 심리가 되므로 밖으로 표현하여 풀어야 한다. 정감을 발휘하는 제일 좋은 방법으로는 예술과 문학인데 시가 그 한 방법이다. 시와 음악은 서로 나누어질 수 없는 것으로[101] 사람은 기본 수양으로 시를 알아야 한다고 했다.

시는 한나라에 들어와 『시경』을 모방하면서 동진(東晋)대에 문인시(文人詩)가 등장하게 된다. 당대(唐代)에 들어와 서정시(敍情詩)의 새로운 발전과 함께 전성기를 이룬다. 특히 시(詩)와 그림(畵)과 선(禪)이 융합되어 시상(詩想)으로 나타났다.

대표적인 인물로 당대(唐代)의 시인이며 화가인 왕유(王維, 699~759)를

100) 『국역조선왕조실록』, 端宗 3卷, 卽位年(1452 壬申/명 경태(景泰) 3年) 閏9月 7日(丙寅) 1번째 기사, 「경연관이 석강을 진강하다」, 丙寅/經筵官進夕講, 至 '思無邪', 魯山問曰: "思無邪, 何也?" 朴彭年對曰: "所思無邪也, 謂心正也, 心旣正, 則於事事物物, 皆得其正."

101) 남회근, 송찬문 옮김, 『알기 쉬운 논어강의 上』, 씨앗을뿌리는사람, 2002, p.544.

들 수 있다. 왕유는 740년 수도인 장안에서 남서쪽으로 30리 정도 떨어진 섬서성(陝西省) 남전현(藍田縣)에 있는 곡천(谷川)인 망천(輞川)에 망천장(輞川莊)이란 별장을 짓고 은거하면서 참선하고 시와 그림을 짓는 풍류의 생활을 즐겼다. 모친 최씨(崔氏)가 사망한 후 망천장을 청량사(淸凉寺)로 만들고 그 벽에 『망천집(輞川集)』의 시를 그림으로 묘사한 「망천도(輞川圖)」를 그렸으나 이 그림은 845년 폐불(廢佛) 때 사찰과 함께 사라진 것으로 보인다. 왕유의 망천도는 당대(唐代)의 은자인(隱者人) 노홍(盧鴻)의 그림 「초당십지도(草堂十志圖)」와 함께 은거지를 시와 더불어 그림으로 표현하는 것이 효시가 되어 후대에 수많은 작품의 모델로 추앙되었다.[102] 왕유의 시 「사슴울타리(鹿柴)」의 작품에서 그의 삶을 살펴보면,

빈산에 사람은 보이지 않고	空山不見人
들리는 건 사람의 말소리 울림뿐	但聞人語響
석양빛은 깊은 숲속 가까이 들어와	返景入深林
다시 푸른 이끼 위를 비치네	復照靑苔上[103]

녹채(鹿柴)는 『망천집(輞川集)』 20수 중 넷째 수로 왕유의 시 가운데 자신의 불교적 정취를 자연 속에 융화시킨 시다. 이 시는 녹채부근의 산에 석양이 깃든 풍경을 묘사하는 데서 시작한다. '빈 산(空山)'의 공(空)은 속세에서 멀어진 단절과 신비의 정토(淨土)로 번뇌의 굴레를 벗어난 아주 깨끗한 세상을 표현한 시이다.[104] 시인의 고아함과 자연의 청아함이 여실히 느껴지는 은둔의 즐거움을 노래한 시이다.

이렇듯 시와 회화가 긴밀하게 결합되어 시인의 내면을 시 속에 비추었기

102) 동기창, 변영섭외 4인 옮김, 『화안(畵眼)』, (주)시공사·시공아트, 2004, p.161.

103) 김원중, 『唐詩』, (주)민음사, 2008, p.266.

104) 김원중, 위의 책, p.267.

에 북송(北宋)의 소식(蘇軾, 1037~1101)이 일찍이 "마힐의 시를 음미해 보면 시 속에 그림이 있고, 마힐의 그림을 관찰해 보면 그림 속에 시가 있다(味摩詰之詩 詩中有畫 觀摩詰之畫 畫中有詩)."라고 표현했다. 마힐은 왕유의 자이다.[105]

왕유의 산수시에 반영된 예술적 정취는 후대에 큰 영향을 주었다. 그의 창작기법은 만당(晩唐)의 사공도(司空圖, 837~908)에서 남송의 엄우(嚴羽, 1175?~1264?)와 청대의 왕사정(王士禎, 1634~1711)에 이르기까지 '신운(神運)'을 표방하는 이론의 모범으로 중국문예사상사의 중요한 미학관점이 되어 주었고[106] 시론(詩論)에서 최고의 품격으로 삼는 시화일치론(詩畫一致論)이 여기서 비롯하였다. 이러한 왕유의 시와 그림과 선의 융합은 찻자리 공간에서도 확실하게 드러내고 있음을 알 수 있다.

찻자리 공간에 있어서 시는 차를 마시는 가운데 느끼는 감정이나 정서를 글로 표현하여 차 마시는 동안의 운치를 한층 높여주는 기능을 하고 있다. 당시의 선비들은 사회의 지식층으로서 개인의 정서를 시로 표현하여, 사귐의 매개역할을 하였고, 학문의 교류나 풍류의 멋을 가하는 데 반드시 필요한 유형의 표현수단이었다. 특히 찻자리 공간에 있어서 시는 차를 마시는 분위기를 더욱 고아하고 정감 있게 전달하고, 다사의 격을 높여주는 승화된 내적 표현 방법의 하나였다. 이는 인간관계에서뿐만 아니라 자연과의 교류를 통해서도 표현되었나. 고려 말기 목은(牧隱) 이색(李穡, 1328~1396)의 시 「느낌이 있어 읊다(有感)」를 보자.

105) 빙심, 김태만 옮김, 『그림으로 읽는 중국문학 오천년』, 예담, 2000, p.121.

106) 빙심, 앞의 책, pp.122~123.

우물물 길어다 새 차를 강한 불에 달여서　　汲井新茶活火煎
창 앞에서 한잔 마시니 기분이 날 것 같네　　晴窓一啜意翛然
경쾌히 날아 밝은 달을 안기는 어려우나　　飄飄難得抱明月
탁 트인 기분은 마치 선경을 오른 듯하네　　蕩蕩却如凌紫煙
한가히 읊는 건 사물을 감촉함에 따르지만　　閑裏吟哦由觸境
병든 뒤의 출처는 모두 천명에 맡긴다오　　病餘行止摠關天
붓 빼듦은 다만 흥취를 서술하기 위함인데　　抽毫只管紓情興
봄빛이 한창 무르녹은 또 한 해이로세　　春色方濃又一年[107)]

차를 끓이는 데 가장 중요한 것이 불 다루기(烹茶旨要 火候爲先)이다.[108)] 손수 물을 길어 차를 끓인 후 밝은 달을 청하여 차를 마시고 있다. 한가하고 고요하여 속세의 번잡함에서 벗어나 선경에 오른 듯하다고 읊고 있다. 더 나아가 시흥이 일며 붓을 들어 서술하니 선비의 홍취가 이만하면 봄날이 아니겠느냐 하는 선비의 너스레가 짐짓 홍겨워 보이는 찻자리 공간이다.

차를 즐겨 마셨던 조선 중기 고봉(高峰) 기대승(奇大升, 1527~1572)의 「제공들의 기자운을 차운하다(次諸公期韻)」는 찻자리 공간의 운치를 잘 표현하고 있다.

호숫가에 홀로 와 좋은 기약 기다리니　　獨來湖上佇佳期
의자 쓸고 소요하며 날마다 일이 있었네　　掃榻逍遙日有爲
바람은 버들가지 비벼 막 늘어지고　　風撚柳條纔欲彈
눈은 매화에 소복하여 흩날리지 않네　　雪封梅萼不曾披
차 연기 올올이 처마에 닿아 흩어지고　　茶烟縷縷當簷散
달그림자 으슬으슬 창문에 들어오네　　月影微微入戶隨
높은 베개에 물시계 소리 들으면서　　高枕細聽寒漏永
아침 해 발에 오르도록 꿈을 꾸었네　　夢回晴旭上簾時[109)]

107) 이색(李穡), 『목은집(牧隱集)』 「목은시고」 제16권, 시(詩), 느낌이 있어 읊다, 고전번역총서.

108) 초의선사, 강우석 옮김, 『다신전(茶神傳)』, 사회교육연구원, 2003, p.69. "차를 끓일 때는 文火(은근한 불)와 武火(성급한 불)로 조화롭게 끓여야 한다고 한다."

깊어가는 겨울밤 찻자리 공간의 한가로운 풍경을 묘사하고 있다. 바람도 버들가지와 깊은 잠에 빠지고, 눈 속에 덮인 매화의 암향(暗香)에 꽃 핀 줄 알아, 차 끓이는 운치는 차 연기와 밤을 채운다. 늦은 아침잠에 빠져 따뜻한 아랫목에 누워 듣는 물시계 소리가 꿈속에서 찻잔에 찻물 따르는 소리인양 행복을 배가시키는 소리로 들린다. 높은 베개를 사용할 정도로 여유로운 삶을 누리는 선비의 일상을 보여준다. 여기서 생활의 한 단면을 시로 표현하는 선비들의 취미와 함께 찻자리 공간이라는 충전 장소의 필요성을 엿볼 수 있다. 기대승의 「유거잡영(幽居雜詠)」 시의 부분을 보면, 지극히 작은 일상사에서 행복을 찾아가는 모습이 사뭇 부럽다.

작은 집 깨끗하고 시원한데	小堂淸且爽
꽃과 대나무 성긴 발에 비치네	花竹映疎簾
취한 뒤에 시정이 발동하니	醉後詩情發
미친 듯이 읊기에 붓끝이 닳네	狂吟筆退尖
바람은 구름길을 따라 사라지고	風從雲徑息
달은 대나무 가지에 내려앉네	月向竹枝添
학을 길들이는 사이 세월이 흐르고	調鶴光陰換
차를 달이며 시냇물을 더하네	烹茶澗水添110)

어느 한적한 여름날 오후, 시원한 댓바람 소리를 들으며 누추한 집에서 작은 행복을 누리는 은일처사의 찻자리 공간을 통한 생활을 엿볼 수 있는 한 부분이다. 마당 한편의 꽃과 대나무의 성긴 발을 통해 일렁이는 그림자를 안주 삼아 술을 마신다. 시정(詩情)이 일어 붓 가는 대로 써 내리니 어느 사이 어둠이 내려 달이 대나무 가지 위에 내려앉았다. 돌솥에 덩이차를 넣

109) 기대승(奇大升), 『고봉집(高峯集)』「高峯先生文集」 제1권, 시(詩) 제공들의 기 자 운을 차운하다(次諸公期韻), 고전번역총서.

110) 기대승(奇大升), 『고봉집(高峯集)』「高峯先生文集」 제1권 시(詩) 유거잡영(幽居雜詠), 고전번역총서.

고 달이는 동안 찻자리 공간은 차향으로 가득해진다. 붓을 들어 일필휘지(一筆揮之)로 써가니, 대숲에 놀던 학은 졸기를 더하고, 끓고 있는 찻물이 어느새 줄어 물 붓기를 재촉하는 즐거움이 솔솔 일어나는 한여름의 찻자리 공간의 정취이다. 이와 같이 선비들은 직접적인 풍경보다는 간접적인 운치를 더 선호했던 것으로 '연못의 달은 그림자 기이하여라(池月影初奇)'[111] 등의 표현에서 찻자리의 멋을 한층 높여주고 있음을 유추해 볼 수 있다.

조선 중기 옥담(玉潭) 이응희(李應禧, 1579~1651)의 「산촌의 저물녘 눈(山村暮雪)」에서 추운 어느 겨울날 차를 끓이면서 차의 훈기를 통해 겨울나기의 모습을 보여주는 시이다.

북풍은 초가지붕을 뒤집고	北風捲蔀屋
흰 눈은 황혼녘까지 내린다	白雪到黃昏
산객은 솥에 찻물을 끓이고	山客燃茶鼎
행인은 석문을 두드리누나	行人扣石門
솔숲에는 흰 학이 서 있고	松林停素鶴
바위굴엔 검은 원숭이 숨었다	巖竇伏玄猿
몇 집 따뜻한 온돌방에서	幾處烟床暖
거문고 뜯으며 술을 마시는고	古琴對綠樽[112]

북풍은 불고 눈은 종일 내리는 인적도 드문 겨울 어느 날이다. 이럴 때는 돌솥에 차를 듬뿍 넣고 온종일 차를 끓이니 지나던 행인도 차향에 반해 스스럼없이 문을 두드리며 차 마시기를 청한다. 차의 훈훈함이 느껴지는 찻자리 공간이다. 그 당시에 선비들은 애완동물로 학과 원숭이를 키우는 것이 고상한 취미의 한 가지였다. 흰 눈 속에 서 있는 흰 학의 모습은 진정 신선의 세계를 연출하고 있다. 어느 집에서는 거문고를 타면서 바람에 흔들리어

---

111) 기대승(奇大升), 『고봉집(高峯集)』 「高峯先生文集」 제1권, 시(詩), 또(又), 한국문집총간.

112) 이응희(李應禧), 『옥담시집(玉潭詩集)』 「옥담유고」, 우수고전번역서.

내는 소나무의 맑은 소리(松韻)와 합주를 즐기고 있다. 여유 있는 선비의 한가로운 겨울나기의 어느 날이다. 잠시 추위도 비껴가는 시간이다.

조선 후기 다산(茶山) 정약용(丁若鏞, 1762~1836)이 유배지에서 느낀 쓸쓸한 일상을 노래한 「다산팔경 노래(茶山八景詞)」이다.

죽죽 뻗은 칡덩굴 부드러운 햇살 아래	山葛萋萋日色姸
화로에는 차 달이던 연기마저 끊겼는데	小爐纖斷煮茶煙
어디선가 깍깍대는 세 마디 꿩소리가	何來角角三聲雉
구름 속 들창 아래 잠시 든 잠 깨워대네	徑破雲牕數刻眠[113]

다산은 정약용이 차를 즐겨 마시면서 붙인 초당을 이른다. 쓸쓸한 유배의 심경을 다산초당에 팔경(八景)을 붙여 노래하는 자탄의 위로는 차 한 잔의 맛이 상심한 마음에 녹아든다. 우리나라 차 성지의 최고라 할 수 있는 다산을 배경으로 한 정약용의 공간은 오늘날에도 그 역사적 기운이 고스란히 전해져오고 있음을 알 수 있다.

칡덩굴이 자생하는 한적한 유배지에서 자유롭지 못한 심신의 답답증을 풀어주던 몇 조각 차마저도 떨어진 군색한 상황을 잘 드러내고 있다. 졸음에 겨우 잠을 청했는데 그마저도 꿩의 깍깍대는 울음에 심란함을 더한다는 내용이다. 차를 마시면 위안이 될까 하는 마음에 뜨거운 물을 빈 찻잔에 부어 베인 차향이나마 음미하고자 했을 궁핍한 찻자리 공간이 느껴진다. 더구나 다산이 팔경을 노래하며 '온 집이 차갑도록 천풍이 불어오네(天風吹作滿堂寒)'[114]라고 하였듯이 가을의 스산한 바람 소리를 만학(萬壑)의 소나무 물결 등으로 표현하며 달관한 다산의 유배 생활에 한 잔의 차는 위안이 되었을 것임이 틀림없다.

113) 정약용(丁若鏞), 『다산시문집(茶山詩文集)』「다산시문집」 제5권, 시(詩), 고전번역총서.

114) 정약용(丁若鏞), 『여유당전서(與猶堂全書)』「第一集詩文集」第五卷, 詩, 茶山八景詞. 한국문집총간

- 찻자리꽃

일반적으로 한국의 전통예술 속에는 정신적 가치관으로 인한 심성이 근저를 이루고 있는 것이 많다. 시각적인 조건을 미의 기준으로 생각지 않고, 인간의 삶의 지표라고 할 수 있는 가치관으로 형성되는 조건을 미로 인식한 것이다. 이러한 경향은 꽃에 있어서도 예외가 될 수 없었다. 꽃 자체의 아름다움보다는 그 꽃이 지니고 있는 상징적인 가치를 더 존중했다는 것이다. 그 꽃의 내면에 담겨 있는 덕(德)・지(志)・기(氣)를 취한 것이다. 이러한 경향은 유학을 국가통치의 이념으로 삼았던 조선 시대에 특히 두드러졌다. 전통적인 유교사회에서 선비들의 생활과 그 정신세계는 유학의 세계관과 밀착되어 있었다. 이처럼 선비들의 사상은 모든 일상생활에 영향을 미쳤다. 결국 그들의 눈에 비친 자연도 그들의 지조와 성정(性情)은 화초에까지도 도덕적인 관념을 주입시켰다. 인간 본래의 정서와 꽃의 타고난 미감 사이에서 미적인 것과 윤리적인 것이 하나로 혼재했을 때 비로소 사랑받는 꽃이 될 수 있다는 점이다.[115] 한국인의 꽃에 대한 독특한 미의식이라 할 수 있다.

한 예로 고려 시대 쌍명재(雙明齋) 이인로(李仁老, 1151~1220)의 『파한집(破閑集)』「청학동기(靑鶴洞記)」에서 보면, 청학동은 희망을 상징하는 곳으로 자신의 이상과 꿈을 복사꽃이 지닌 성정을 통해 찾고 있다.

두류산(지리산의 별칭)이 깊어 저녁구름 나직한데	頭流山逈暮雲低
만학 천암이 회계와 비슷해라	萬壑千巖似會稽
막대를 짚고 청학동(지리산에 있는 선경)을 찾으려는데	策杖欲尋靑鶴洞
건너편 수풀에 흰 납의 울음이 들리네	隔林空聽白猿啼

115) 이상희, 『꽃으로 보는 한국문화 1』, 넥서스BOOKS, 1999, pp.118~120.

누대는 아득한데 삼산(신선이 산다는 삼신산)은 멀고	樓臺縹渺三山遠
이끼 낀 넉자 글씨 아직도 희미하네	苔蘚依俙四字題
도원이 어디냐 물어 보렸더니	始問仙源何處是
낙화만 흘러내리어 어딘지 모르겠네	落花流水使人迷[116]

시・서・화에 능해 삼절이라 불리는 비해당(匪懈堂) 안평대군(安平大君, 1418~1453)도 꿈에 복사 밭을 거닐었다. 안평대군은 자신의 꿈을 화가 현동자(玄洞子) 안견(安堅, ?~?)에게 말했고, 안견은 그 꿈을 화폭에 담았다. 이것은 일본 덴리(天理)대학교 중앙도서관에 소장하고 있는 우리나라 최고의 산수화 「몽유도원도(夢遊桃源圖)」이다. 이렇게 자연은 소리 없이 다가와 인간에게 이상과 꿈을 심어주며, 정신을 풍요롭게 하는 역할을 했다는 것이다.

그렇다면 찻자리에 필요한 구성요소 중에 찻자리꽃의 역할을 살펴보자. 꽃꽂이의 기원은 인간과 꽃이 서로 관계를 갖기 시작하면서 비롯된다. 구약성서에서 선악과를 따먹은 아담과 이브는 에덴동산에서 쫓겨난 후 갑자기 수치심을 느끼게 되면서 무화과 나뭇잎으로 몸을 가린 행위는 인류역사상 최초의 '몸장식(Body Flower)'의 기원이라 할 수 있다.[117]

언어가 발달하지 않을 때부터 인간은 희・노・애・락을 표현하는 수단으로 꽃을 사용하게 되었으며 식물을 이용한 화훼어(花卉語)도 어쩌면 최초의 통신 수단이라 할 수 있다. 석가모니가 영취산에서 설법할 때 꽃을 들어 대중에게 보이니 십대제자 중 한 사람인 가섭(迦葉, ?~?)만 그 진의를 깨닫고 미소 지었다고 하는 염화미소의 고사는 꽃말의 시작으로 보는 설이 있다.[118]

---

116) 서거정(徐居正), 『동문선(東文選)』「동문선」 제13권, 칠언율시(七言律詩), 유지리산(遊智異山), 고전번역총서.

117) 한국플라워디자인협회(사단법인), 『Flower Design』, 탑출판, 2006, p.6.

이처럼 꽃은 종교적인 색채로 혹은 인간의 정신과 육체의 건강을 돌보는 존재로, 자연신앙에서 기원하여 불전공화(佛前供花)로 그 표현영역은 확대되어 실질적인 용도 이외의 감상의 대상으로 생활공간의 장식으로 자리를 잡아가게 되었다. 이에 인격과 동등한 화격(花格)으로서 시대에 부응하면서 꽃 예술의 정신으로 이어져 나가고 있다. 꽃이 찻자리 공간의 구성요소 중의 한 부분에 지나지 않는 것 같지만 인간에게 주는 메시지가 얼마나 많은 의미를 지니고 있는지 이해가 될 것이다.

꽃이 지닌 특성 중의 하나로 꽃은 그들만의 언어로 편안하고 완벽한 균형미(좌우대칭)를 갖추고 있다는 점과, 꽃잎의 피보나치수열(Fibonacci sequence)[119]에서 나타나는 완벽한 황금비율(1:1,168)로 이루어져 있다는 점이다. 이것은 인류가 발견한 가장 완벽한 비율[120]이기 때문에 찻자리 공간에서 꽃의 미를 발견하는 순간, 꽃은 그냥 아름다운 것이 아니라 아름다울 수밖에 없다는 것이다. 그것은 인간에게 가장 편안하고 자연스러움을 주는 완벽한 비율이 한 송이 꽃 속에 담겨 있어 인간의 마음을 무시로 즐겁게 한다는 것이다. 이처럼 인간은 식물과 함께 있을 때 가장 행복하고 편안한 기분을 느낀다. 그것은 영적인 충만감에 젖어 있는 식물들의 신비적 진동을 인간이 본능적으로 느끼기 때문이다.

이러한 깊은 속뜻을 알아차린 선비들의 높은 심미안은, 자연과 소통하며 현실을 초월하는 수단으로 자연을 축소해서, 마당 한 편에 아담한 화단(花壇)이나 화계(花階)를 만들거나 분재(盆栽), 분화(盆花), 분경(盆景), 병화

118) 나카무라 고이치(中村公一), 조성진 · 조영렬 옮김, 『한시와 일화로 보는 꽃의 중국문화사』, 도서출판 뿌리와이파리, 2004, pp.18~19.

119) 첫 번째 항의 값이 0이고 두 번째 항의 값이 1일 때, 이후의 항들은 이전의 두 항을 더한 값으로 이루어지는 수열을 말한다. 즉, 0, 1, 1, 2, 3, 5, 8, 13, 21, 34, 55, …… 인 수열이며 이것은 황금분할의 비로 잘 알려진 수로, 자연계에서 많은 생물의 구조가 이를 따르는 것으로 밝혀졌다.

120) 신동환, 『꽃의 비밀』, 도서출판 가치창조, 2009, pp.115~116.

(瓶花), 람화(籃花) 등을 실내에 가까이 들여놓고 화목(花木)이 지닌 성정을 닮고자 했다. 그러한 분위기에서 한 잔의 차와 더불어 마음이 빠져들게 하는 것이야말로 유운(幽韻)한 찻자리 공간의 즐거움이라 여겼다. 이에 실외에서도 좋지만 실내에서 즐기는 방법을 착안해내기 시작했고, 이것이 찻자리꽃의 시작으로 새로운 의경(意境)을 탄생시켜나갔다.

일반적으로 서양꽃꽂이가 색과 양을 강조한 동적 표현이라면, 우리의 찻자리꽃은 선과 공간을 강조한 정적 표현에 중심을 두어, 생략과 단순화를 추구하는 가운데 공간의 기능을 살리고 곡선의 아름다움에 대한 표현을 으뜸으로 한다. 결국 찻자리꽃은 선비들의 즐거움의 표상이 되어 주었다.

한 예로 조선 후기 이유원(李裕元, 1814~1888)의 『임하필기(林下筆記)』에 보면, '사시향관(四時香館)'에는 꽃나무가 수백 종이나 된다. 개중에 백장미(白薔薇), 백모란(白牡丹), 백련화(白蓮花)는 소동파(蘇東坡)의 세 가지 흰 음식인 쌀밥, 무나물, 소금에 비길 만하다. 격자(格子) 곁에 석상(石床)이 있는데 이러한 글이 새겨져 있다.

좋은 꽃들 삼백 그루나 심었더니	多種好花三百本
나지막한 울타리 비바람에 사시로 향기롭다	短籬風雨四時香
삼백육십 일에	三百六十日
꽃은 사시로 향기로우리라	花應四時之香[121]

꽃의 성정이 인간의 심성을 무시로 즐겁게 하는 대목을 표현한 글이다. 많은 꽃을 심어 피고 지는 사계절을 통해, 항상 꽃향기 속에 사는 삶이 내내 향기로워 꽃을 찬탄하고 있다. 이는 꽃이 단순한 식물이 아니라 감정을 표현하는 상징이기 때문이리라.

---

121) 이유원(李裕元), 『임하필기(林下筆記)』 「임하필기」 제35권, 벽려신지(薜荔新志), 고전번역총서.

그렇다면 선비들이 꽃에 대한 미적 특성에서 운치를 얼마나 중요하게 생각하고 있는지 살펴보자, 조선 중기 교산(蛟山) 허균(許筠, 1569~1618)의 『한정록』 「아치(雅致)」를 보면, …… 매년 늦봄 꽃이 만발할 때 그 아래에서 손님들에게 잔치를 베풀면서 약속하기를, "만일 꽃잎이 술잔 가운데 떨어진 사람은 대백(大白, 술잔의 이름)으로 한 잔씩 마셔야 합니다." 하였다. 담소(談笑)하고 떠드는 사이에 미풍(微風)이 지나가면 그 자리에 참석한 모든 사람의 잔에 빠짐없이 꽃잎이 떨어졌다. 그래서 당시 사람들이 이를 비영회(飛英會)라 불렀는데 사방에 전해져서 모두 미담(美談)으로 여겼다.[122]라는 글에서 꽃의 운치를 즐기고 있음을 알 수 있고, 이러한 즐거움을 조선 후기 귤산(橘山) 이유원(李裕元, 1814~1888)의 『임하필기(林下筆記)』에서는 '향기는 멀리 풍기는 것을 취하고, 차는 빛깔을 취하고, 술은 냄새가 향기로운 것을 취하고, …… 대는 그림자를 취하고, 달은 빈 것을 취하고, ……눈은 나부끼는 것을 취하고, 꽃은 은은한 향기를 취한다.'[123]라고 했다.

강희안의 『양화소록』 「꽃을 취하는 법(取花幷法)」에서도, 무릇 화훼 재배하는 것은 오직 마음과 뜻을 더욱 닦고 덕성(德性)을 함양하고자 함이다. 그 운치와 격조, 절조(節操)가 없는 꽃은 완상할 것이 못 되니 울타리가에나 담장 밑에 아무 곳이나 심어서 가까이하지 않을 것이다. 가까이하면 열사(烈士)와 비부(鄙夫)가 한집에 같이 사는 것 같아서 풍격(風格)이 전연 없다.[124]고 하였다. 이와 같이 꽃을 취하는 법에 있어서 고아한 품위와 단아한 모습에서 높고 뛰어난 운치를 발견했던 것이다.

따라서 선비들의 꽃에 대한 새로운 문예환경이 조성되면서, 화훼재배와

---

122) 허균(許筠), 『성소부부고(惺所覆瓿藁)』 「한정록」 제6권. 아치(雅致). 고전번역총서.
123) 이유원(李裕元), 『임하필기(林下筆記)』 「임하필기」 제35권, 벽려신지(薜荔新志), 고전번역총서.
124) 강희안, 위의 책, p.135.

정원경영이 확산되고 생활 속에 필수적인 품목으로 꽃을 선택하여 아담하고 격에 맞는 풍류를 찾고자 했다. 식물을 완상하며 한 송이 꽃에도 애정의 손길을 보내며, 찻자리 공간에 다소곳하게 자리하고 있는 소담한 꽃의 중요성을 선비들은 역력히 알아차렸다는 것이다.

살펴본 대로 찻자리 공간은 다시를 통해 분별과 조화로 차의 정신을 고취시켜 찻자리 공간에 대한 개념을 확장시켰다. 실제에서는 개인의 취향에 따라 새로운 공간을 형성하여 사교나 교류의 의미로 발전하는 찻자리 공간의 시원이 되고 있음을 알 수 있다. 따라서 찻자리 공간의 구성요소에 여러 가지가 있지만 주체적 역할을 하는 차도구・장식물・다화(茶畵)・다시(茶詩)・찻자리꽃을 통해서 물질과 정신을 교합시킨 새로운 창조를 낳았다. 차도구에서는 차의 기능성을 살리는 과학적인 방법으로 차도구 선택에 신중하였고, 차를 끓이는 과정을 즐기는 경향이 시를 통해서 가끔씩 엿보였다. 찻자리 공간을 장식했던 물품들에서는 정신적인 성정을 중시하여 장식성과 실용성을 겸비한 격에 맞는 멋을 찾고자 하였다. 그림에서는 마음을 묘사하여 감성과 사상이 교류하는 그림도 하나의 학식으로 생각했음을 알 수 있다. 시에서는 인품과 정신이 드러났으며, 찻자리꽃에 있어서는 화목이 지닌 물성을 가까이 두어 심미관을 고취시켜 운치를 배가시키고자 하는 의도가 보였다.

선비들이 바라는 최고의 풍미는 찻자리 공간에서 차도구・장식물・다화(茶畵)・다시(茶詩)・찻자리꽃을 통해 문화적 즐거움을 고양시키는 매개체로 삼았다는 점이다. 따라서 차를 끓이고 마시는 일이 자연과 연결시키는 역할로 귀거래 할 수 있는 동기를 부여해주고 선비들의 덕목을 지킬 수 있는 버팀목이 되어 정신의 위안이 되었음을 살펴볼 수 있었다.

제3부

찻자리 공간에서 사군자(四君子)를 만나다

1. 사군자의 형성동기

조선 시대 선비들은 후원이나 사랑채를 꾸며 자랑하였지만 그들이 어떻게 꾸몄는지는 구체적으로 언급하지 않고 그 안에서 신선이나 은자처럼 살아가는 운치만을 드러냈을 뿐이다. 특히 사의(四宜)는 조선 선비들이 좋아하던 단어이다. 인왕산 아래 김상용(金尙容, 1561~1637)의 집에 있던 사의정(四宜亭)은 사계절 꽃・폭포・단풍과 눈(雪)을 즐기기에 알맞다는 뜻을 취하였고, 낙산 아래 인평대군(麟坪大君, 1622~1658)의 사의정은 충(忠)・효(孝)・우(友)・신(信)의 네 가지 덕목을 취한 것이고, 정약용이 강진 유배 때 머물던 사의재(四宜齋)는 맑은 생각(澹思), 장엄한 용모(莊貌), 과묵한 말(訒言), 신중한 움직임(重動)의 뜻을 빌린 것이다.[125] 또한 홍만희(洪萬熙, 1625~1670)는 꽃・돌・거문고・바둑을 즐겼는데 네 가지를 즐기기에 마땅한 집이라는 뜻으로 사의당(四宜堂)이라 한 듯하다. 그 후 사의당

125) 홍경모, 이종묵 옮김, 『사의당지, 우리집을 말하다』, 청아문화사, 2009, pp.21~22.

은 홍중성(洪重聖), 홍진보(洪鎭輔), 홍양호(洪良浩), 홍낙원(洪樂源), 홍경모에 이르기까지 6대 150여 년 동안 명성을 떨치게 되었다. 관암(冠巖) 홍경모(洪敬謨, 1774~1851)의 『사의당지 우리 집을 말하다』를 통해 당시의 구체적인 찻자리 공간 환경을 찾아볼 수 있다.

사의당의 조경은 남쪽과 서쪽에 각기 정원이 있었고 다양한 조경수가 심어져 있었다. 분재와 화분도 이곳저곳에 놓아두었다. 중국에서 구입한 태호석과 아름다운 괴석도 여럿 있었다. 홍양호는 서화에 많은 관심이 있어 중국 고대 탁본들과 우리나라 역대 명필의 글씨를 두루 수집하였다. 이와 같은 조건들은 실내에서만이 아닌 실외 찻자리 공간의 확장과 품격을 높였고, 선비들이 차를 마시면 안목을 즐길 수 있는 부수적인 역할도 하였다.

실제로 선비들의 문예취미는 지인(知人)을 통한 경우가 대부분이고 이때 함께 감상우(鑑賞友)의 존재는 매우 중요하였다. 이처럼 일체의 즐기려는 벽(癖)은, 늘 만나는 대상을 실용성에서만 이해하는 것이 아니라 그 대상의 본질에 투과하여 아름다움을 찾으려는 심미감의 발로라 할 수 있다.[126] 이런 입장은 이 시기의 문인층이 명・청 시대의 문예적 성과를 선택적으로 수용하는 요소뿐만 아니라 외부적인 자극 외에 내부적인 발전의 계기를 찾을 수 있다는 점[127]을 중요시 생각했다는 점이다.

소장한 기물에는 특이한 술잔으로 군자배(君子杯)[128]・마류배(瑪瑠杯)[129]가 있었다. 다구는 선비의 필수품인 동시에 완상으로 쓰였다. 이 기물들은 홍양호가 청대 학자 기윤(紀昀, 1724~1805)으로부터 받은 것이었다. 다주

---

126) 나종면, 『조선 시대의 예술론』, 한국학술정보(주), 2009, p.35.

127) 나종면, 위의 책, p.23.

128) 도자기로 만든 술잔으로 높이는 3촌, 길이는 2촌임. 가운데 바닥에 구멍을 뚫어 술이 반쯤차면 세지 않고, 가득 차면 새어나오게 되어 있어 술이 가득 찬 것을 경계하는 마음을 담았다.

129) 자황색의 조그마한 술잔으로 양 손잡이에 원숭이의 형상이 새겨져 있다.

(茶注)는 의홍(宜興)의 갈운첨(葛雲瞻)이 새의 형상을 흙으로 빚은 것으로 황색이 났다. 호로완(葫蘆盌, 술잔)과 호로호(葫蘆壺, 찻잔)는 강희제 때 만든 것이며, 위두(威斗)[130]라는 청동색의 동으로 만든 7~8촌의 찻그릇도 있었다.[131]

위에서 알 수 있듯이 군자배나 마류배는 계영배(戒盈杯)와 같이 특별한 기능을 갖춘 술잔으로, 『논어』「선진(先秦)」편에 "지나치는 것은 모자라는 것이나 같다(過猶不及)"[132]는 비유로 술을 즐기면서 경계하는 지혜로운 마음이 엿보인다. 이는 술과 차를 함께 애호하면서 차가 지닌 정신적·물질적인 면을 찻자리 공간에서 손수 다사를 통해서 체득하고 있었음을 알 수 있다.

찻잔에서도 평범함을 넘어 황실의 분위기를 느껴보고자 하는 마음으로 강희제 때의 복제품을 즐겨 사용하였고, 찻자리 공간의 찻그릇들을 완상의 도구로 사용할 정도로 고대의 유물을 구비하는 것이 아취를 더하는 방법이라 여겼다. 중국풍인 시누와즈리(chinoiserie) 기풍이 선호되고 있음을 짐작할 수 있다.

찻자리 공간에 대한 귀족과 선비들의 관심이 높아지면서 정원에는 많은 꽃으로 넘쳐나게 되었다. 선비들은 도성과 인근에 저택을 짓고 책과 서화, 골동품을 진열하였다. 또 아름다운 꽃과 나무를 국내외에서 구하여 운치를 더하였다. 귀족과 선비들의 문자향과 서권기의 아취가 이루어지면서 찻자리 공간의 운치도 상승되었다.

경화사족들의 집의 후원이나 사랑채, 안채의 거실에서도 자연스럽게 취

130) 위두는 인두처럼 생겼지만 실제로는 술이나 차를 담는 주전자로 사용하던 것이다.

131) 홍경모, 위의 책, pp.21~37.

132) 남회근, 송찬문 옮김, 『알기 쉬운 논어강의 下』, 씨앗을뿌리는사람, 2002, p.700.

미의 '벽(癖)'에 대한 관심이 높아져, 찻자리 공간도 활성화되어 부수적으로 아름다운 정원을 꾸미기 시작했다. 따라서 찻자리 공간의 형성과 함께 선비들은 한 그루의 예스러운 분재를 바라보며, 혹은 늦은 밤 한 송이 꽃으로 그림자 감상놀이를 하다가 거문고를 연주하기도 하면서, 술과 차에 취하고 흥에 겨워 직관적으로 붓을 들어 자신의 고취된 정신의 즐거움을 표현했다.

도성 가까운 곳에 전원주택을 짓고 가꾸며, 그 안에서 한가로운 삶을 즐기는 형태로 찻자리 공간이 자리 잡아가고 있었다. 이러한 경향은 식물 자체의 아름다움보다는 그 식물이 지니고 있는 상징적인 가치를 더 존중하는 것으로 표현되었다.

조선 중기 정희맹(丁希孟, 1536~1596)은 식물 가운데서도 비슷한 속성을 지닌 것을 특히 사랑했다. 「사은도서(四隱圖序)」에 보면, '용암에는 매화나무와 대나무, 소나무와 국화가 있다. ……나는 호(號)를 스스로 죽은(竹隱)·송은(松隱)·매은(梅隱)·국은(菊隱)이라 부르기도 하고 장소에 따라 호를 고쳐 부른다. ……모든 것이 얼어붙은 추운 겨울에 서리와 눈이 하늘에서 내릴지라도 또 무더운 한여름에 불같이 뜨거운 기운이 공중을 녹일 듯하여도 송죽은 다른 나무와는 달리 꿋꿋하게 홀로 빼어났으니 이는 군자의 절개를 상징하는 것이다. 또 돌이 갈라지고 얼음이 언 언덕에 모든 꽃이 시들어지고 서리가 천지에 가득 내려 모든 생물이 초췌하게 되어도, 매화와 국화는 추위를 무릅쓰고 홀로 아름답게 지키고, 가난하고 천한 곳에서도 바꾸지 아니하고 무력으로 위협을 당하는 경우에도 결코 굴하지 않으니 ……변치 않는 자와 같다고 믿게 되는 것이다.'[133]

이처럼 선비들의 생활과 그 정신세계는 유학의 세계관과 밀착되었던 까닭에 곧은 정신으로 상징되는 식물들을 선호했던 것이다. 이처럼 찻자리 공

133) 정희맹(丁希孟), 『선양정집(善養亭集)』「善養亭文集」 卷之三, 序, 사은도서(四隱圖序), 한국문집총간

간에서 놀이의 한 방법으로 품격을 지닌 식물을 택해 시나 그림으로 표현하면서 자신들의 멋을 찾아내려 하였다.

또한 꽃의 품격과 운치에 대하여도 꽃의 품계와 등수를 매겼다. 화품에 대한 논의로 가장 오래된 것은 설총(薛聰, ?~?)의 화왕계(花王戒)로써 모란을 화왕(花王)으로, 장미를 미인으로, 할미꽃을 백두옹(白頭翁)으로 비유했다. 본격적인 화품론은 조선 전기 인재(仁齋) 강희안(姜希顔, 1417~1464)의 「화목구품(花木九品)」과, 부록 『화암수록(花菴隨錄)』에서는 「구등품제(九等品第)」로 꽃의 품격을 구분하고 있다.[134]

강희안의 『양화소록』 「꽃을 기르는 뜻(養花解)」에서는 "천지간에 가득히 차 있는 만물들이 힘차게 자라고 씩씩하게 이어가며 저마다 현묘한 이치를 갖추고 있는 것이오. 비록 한 포기 풀이나 한 그루의 나무라 할지라도 마땅히 그것들이 지닌 이치를 생각하여 그 근원까지 파고 들어가서 그 앎을 두루 미치지 않음이 없고 그 마음을 꿰뚫어 통하지 않음이 없게 되면 나의 마음이 자연히 만물에 머물지 않고 만물 밖에 뛰어넘어 있을 것이니 그 뜻이 어찌 잃음이 있으리오? ……저들 화목이 지닌 물성을 법도로 하여 나의 덕으로 삼아 가면 그 유익함이 어찌 많지 않으리오?"[135]라고 했다.

조선 중기 양심당(養心堂) 조성(趙晟, 1492~1555)은 『청강선생후청쇄어(清江先生鯸鯖瑣語)』에서, ……일찍이 심병을 앓게 되어서는 못을 파서 '양심지(養心池)'라 하고, 연을 심어 '양심화(養心花)'라고 하여, 모두 시를 지어 스스로 경계로 삼았다고 한다. 이처럼 선비들은 양심에 도움이 되는 꽃이라야 가까이할 수 있는 꽃으로 여겼다.[136]

---

134) 이상희, 『꽃으로 보는 한국문화 1』, 넥서스BOOKS, 1999, pp.128~129.

135) 강희안, 앞의 책, pp.141~142.

136) 이제신(李濟臣), 『청강선생후청쇄어(清江先生鯸鯖瑣語)』 「청강선생 시화(清江先生詩話)」, 고전번역총서.

조선 중기 퇴계(退溪) 이황(李滉, 1501~1570)은 『퇴계집(退溪集)』 「도산기(陶山記)」에서, 당사의 동쪽 구석에 조그만 못을 파고, 거기에 연(蓮)을 심어 정우당(淨友塘, 맑음의 벗)이라 하고, 또 그 동쪽에 몽천(蒙泉)이란 샘을 만들고, 샘 위의 산기슭을 따서 추녀와 맞대고 평평하게 쌓아 단을 만들고는, 그 위에 매화・대나무・소나무・국화를 심어 절우사(節友社, 절개의 벗)라 불렀다.[137]

이처럼 퇴계는 도산에 와서 살만한 집터를 발견하고 "기뻐서 끼니조차 잊었다."고 했으며, 도산에 대해서는 "이런 장수지처(藏修之)가 여기에 있을 줄이야" 하며 감격했다. 집터 찾기에 고심한 퇴계에게는 최고의 가거지지(可居之地)였다.[138] 도산서당은 천인합일의 정신을 모습으로 연출한 현장이었다.

이처럼 우리의 선비들은 꽃마저도 유교적 기품에 따라 평가하기를 생활화하였음을 알 수 있다. 화려한 꽃보다는 소박한 꽃을, 겹꽃보다는 홑꽃을, 기화이초(奇花異草)보다는 주변에서 흔히 볼 수 있는 소박한 꽃나무를 심어 그 아취를 즐겼다. 꽃송이가 많은 것보다는 듬성듬성한 여백이 있는 단순미를 추구했고, 홍매보다는 백매를, 홍련보다는 백련을 더 추구했다. 이처럼 붉은색보다는 흰색에서 더욱 기품을 느꼈다.

강희안의 『양화소록』 「치자화(梔子花)」에서 치자의 아름다움이 있으니, 꽃빛깔이 희고 기름진 것이, 꽃향기가 풍부한 것이, 겨울에 잎이 변하지 않는 것이, 열매가 노란빛으로 물든 것이다.[139] 여기에서도 흰색의 아름다움을 최고로 쳤다. 또한, 꽃향기에 있어서도 강렬한 향기보다는 은은하고

---

137) 이황(李滉), 『퇴계집(退溪集)』 「퇴계선생문집」 제3권, 시(詩), 도산잡영(陶山雜詠), 도산기(陶山記)에서. 고전번역총서.

138) 이성원, 『천년의 선비를 찾아서』, 도서출판 푸른역사, 2008, p.171.

139) 강희안, 위의 책, p.147.

그윽한 향기의 꽃을 더 선호하였다. 우리 선조들이 읊은 시가에서는 매화・난초・수선화 등에서 그윽이 풍기는 향기는 암향(暗香), 약하게 풍기는 향기는 미향(微香), 맑고 깨끗한 향기는 청향(淸香) 등이 있을 뿐이다.[140]라고 하면서 향기를 맡는 것을 취향(臭香)이라 하지 않고 문향(聞香, 향내를 맡음)이란 표현을 썼다. 즉 향기는 코로 맡는 것이 아니라 귀로 듣는다고 한 것이다.

허균의 『한정록』「아치(雅致)」편에 보면, 소리(聲)의 운치에 대해서 논하는 자들이 계성(溪聲)・간성(澗聲)・죽성(竹聲)・송성(松聲)・산새 소리(山禽聲)・그윽한 골짜기에서 나는 소리(幽壑聲)・파초에서 듣는 빗소리(芭蕉雨聲)・낙화성(落花聲)・낙엽성(落葉聲)을 말하는데, 이런 것들은 다 천지의 맑은 소리로 시인의 가슴을 울리는 것들이다. 그러나 참으로 심금을 울리는 소리로는 마땅히 매화성(賣花聲)으로 으뜸을 삼아야 할 것이다.[141]라고 했듯 조선 전기 면재(勉齋) 손조서(孫肇瑞, ?~?)의 『격재집(格齋集)』「춘설(春雪)」에서도 향기를 귀로 듣는다고 표현하고 있다.

원림에는 봄눈이 내렸는데	園林春雪來
아름다운 꽃은 한꺼번에 피어났네	瓔艶一時開
눈인지 꽃인지 분간을 모르겠더니	見色難能辯
향기로 매화가 피었는 줄 알겠네	聞香占實梅[142]

매화가 피었지만 봄눈이 내려서 가지를 덮고 있으니 꽃과 눈이 한 빛이다. 분간하기 어려운데 은은히 풍겨오는 향기로 매화가 피어났음을 알 수

140) 이상희, 『꽃으로 보는 한국문화 1』, 넥서스BOOKS, 1999, p.150.

141) 허균(許筠), 『성소부부고』「한정록」 제6권, 아치(雅致), 고전번역총서.

142) 손조서(孫肇瑞), 『격재집(格齋集)』「格齋先生文集」 卷之二 賡詩 五言, 次唐詩韻, 七言, 次宋詩韻, 春雪, 한국문집총간.

있다. 그 향기가 강렬해서 코에 와 닿는 것이 아니라 저 멀리서 눈 속을 뚫고 피어나는 희미한 소리가 겨우 귀에 와 닿는 듯하다는 것이다. 작자 미상인 다음과 같은 시도 있다.

향기는 귀에 들려도 소리가 없는데	香聞無聲
꽃은 떨어지니 그 자취가 남는구나	花落有痕[143]

살펴본 바와 같이 선비들은 사물이나 식물에 대해서도, 시각적인 형태보다는 상징성을 나타내는 내면의 정신을 더 중시 여기는 경향이 사군자(四君子)의 형성 동기가 되어 주었고, 찻자리 공간에 있어 매난국죽(梅蘭菊竹)은 선비들이 지향하는 군자의 상징이 되어 시와 그림으로 표현하기에 이른다.

2. 사군자의 의미

사군자는 매화(梅花), 난초(蘭草), 국화(菊花), 대나무(竹) 등을 일컫는 말이다. 각 식물이 지닌 특유의 장점을 인품에 비유하여 덕목을 갖춘 사람을 군자(君子)라 하여 칭한다. 따라서 유교문화권의 선비들이 삶의 최종적 이상과 지표를 군자에 둔 것은 당연한 일이었다. 때때로 인간이 아닌 동식물에서도 군자의 품성과 덕성을 발견하고 상찬하며 자신의 지향과 이상을 담아내기도 하였다. 매화, 난초, 국화, 대나무 등 네 가지 식물을 사군자로 통칭하거나 소나무, 대나무, 매화를 일러 세한삼우(歲寒三友), 혹은 삼청(三淸)으로 부르는 것 등이 대표적인 예이다.[144]

---

143) 이상희, 『꽃으로 보는 한국문화 1』, 넥서스BOOKS, 1999, pp.151~152.

매화는 매서운 추위 속에서도 송죽과 함께 변치 않은 벗으로, 맑은 꽃과 은은한 향기와 기고(奇古)한 나무의 형태로, 선비들이 이상으로 삼고 있는 성리학의 이념과 군자의 이미지에 가깝다.[145]

난초는 높고 깨끗한 인격과 그윽한 정절을 상징한다. 또한 좋은 향기를 지녔어도 적막함을 달게 견디며, 궁벽한 산야에서 자라지만 온갖 꽃과 아름다움을 다투지 않고 세상에 구차하게 이름 얻는 것을 바라지 않는다. 고상한 인품을 갖춘 인물을 군자라고 했듯이, 고결한 인격을 잃지 않는 난초를 군자의 상징으로 소중히 여겼다.[146]

국화는 가을을 대표적으로 상징하는 꽃이다. 늦가을 서리에도 굽히지 않는 꿋꿋한 절개로 만향(晩香)이나 오상고절(傲霜孤節)로 상찬하기도 하고, 단아한 자태와 기품은 굴하지 않는 선비의 지조를 말해 주는 듯하다. 유교의 이상적인 인물인 군자 혹은 충신을 표상하기에 적합한 대상이다.[147]

대나무는 절개와 의지의 상징이다. 대나무가 선비들에게 사랑받는 이유는 눈서리에 굽히지 않는 의연한 선비의 기상을 갖고 있기 때문이다. 늙어도 시들지 않고 폭설이 와도 의젓이 홀로 빼어난 모습을 유지한다. 사계절을 통해 올곧게 서서 굽히지 않는 것은 선비가 지향하는 모습으로 평가되었다.[148]

이들 사군자를 가리키는 식물이나 계절 상징성이 어느 때 일시에 정해진 것은 아니다. 오랜 세월 여러 면에서 애호되다가 어느 때인가 춘하추동 사계절을 상징하며 자연스럽게 네 식물을 함께 생각하게 되었고 이를 사군자

---

144) 국사편찬위원회, 『그림에게 물은 사대부의 생활과 풍류』, 두산동아, p.249.

145) 이어령, 『매화』, (주)도서출판 종이나라, 2006, p.20.

146) 이어령, 『난초』, (주)도서출판 종이나라, 2006, p.60.

147) 이어령, 『국화』, (주)도서출판 종이나라, 2006, p.46.

148) 이어령, 『대나무』, (주)도서출판 종이나라, 2006, pp.56~57.

라 부르게 되었다.[149)]

여러 면에서 모범이 되는 선비를 군자라 하는 만큼 사군자라는 용어는 원래 뜻이 높은 네 사람을 일컫는 말로 춘추전국시대 중국에서 유행하였다. 당시 제(齊)나라 맹상(孟嘗, ?~BC 279?), 조(趙)나라의 평원(平原, ?~BC 251?), 초(楚)나라의 춘신(春申, ?~BC 238), 위(魏)나라의 신릉(信陵, ?~BC 243) 등 네 군자는 모두 밝은 지혜가 있으면서 충성스러운 믿음이 있었고, 관대하고 후덕하면서도 사람들을 사랑하는 마음이 있었으며, 현자를 존경하면서도 선비를 중히 여겼다고 하여 사람들은 이들을 사군자라 불렀다 한다. 이러한 전통에 의해서 우리나라도 덕이 있는 네 사람을 지칭하여 사군자라 부른 예가 종종 있었다. 조선 시대 함허정(涵虛亭) 홍귀달(洪貴達, 1438~1504), 점필재(佔畢齋) 김종직(金宗直, 1431~1492), 매계(梅溪) 조위(曺偉, 1454~1503), 허백당(虛白堂) 성현(成俔, 1439~1504) 등이 의(義)로써 교류하여 세상 사람들이 이들을 사군자라 불렀다.

'삼우(三友)'에 대한 전통은 『장자(莊子)』에서 자상호(子桑戶), 맹자반(孟子反), 자금장(子琴張)의 절친함을 들어 이들을 삼우라 한 것을 비롯하여 특별한 관계가 있는 세 사람을 삼우라 했던 것과 관련이 있다.[150)] 삼우의 개념을 『논어』「계씨(季氏)」 편 붕우의도(朋友之道)에서는 "유익한 세 종류의 벗이 있고, 해가 되는 세 종류의 벗이 있다. 곧은 말을 하는 사람, 아량이 있는 사람, 견문이 많은 사람은 유익한 벗이다. 편벽한 사람, 의타적인 사람, 말을 잘 둘러대는 사람은 해가 되는 벗이다(益者三友, 損者三友. 友直・友諒・友多聞, 益矣; 友便辟・友善柔・友便佞, 損矣)."[151)]라고 했다.

---

149) 이선옥, 『사군자』, 도서출판 돌베개, 2011, p.23.

150) 이선옥, 위의 책, p.24.

151) 남회근, 송찬문 옮김, 『알기 쉬운 논어강의 下』, 씨앗을뿌리는사람, 2002, p.1066.

사군자나 세한삼우 외에도 매화와 수선을 아취 있는 두 가지 식물이라 하여 이아(二雅), 매화와 대나무를 절개가 굳은 두 식물이라는 의미로 쌍청(雙淸), 매화와 눈과 백로를 이들의 고고한 성격과 흰색이 주는 순결의 상징을 더하여 삼백(三白), 난초, 연꽃, 국화, 매화를 네 가지 사랑하는 식물이라는 의미로 사애(四愛), 또한 소나무, 대나무, 난초, 매화를 사우(四友), 이 사우에 돌(石)을 더하여 오청(五淸)이라 하였으며, 조선 중기 고산(孤山) 윤선도(尹善道, 1587~1671)가 「오우가(五友歌)」에서 물, 바위, 소나무, 대나무, 달을 친근한 다섯 친구로 노래한 것도 유명하다. 이렇게 사군자는 뜻이 높은 네 선비를 뜻하는 말에서 점차 군자에게 비견될 만큼 칭송받을 만한 특징을 지닌 사물로 확대되어 가고 있음을 알 수 있다.[152)]

사군자가 그림의 소재가 되기 이전에 『시경(詩經)』「위풍(衛風)」 편에 "기수 가를 바라보니 푸른 대 싱싱하다. 위엄 있고 너그러우며 빛나고도 뚜렷하다(瞻彼淇奧 綠竹青青. 瑟兮僩兮 赫兮咺兮)"[153)]라 했다. 이는 주나라 무공의 높은 덕과 학문을 대나무에 빗대어 칭송한 시다. 이것이 대나무가 군자로 지칭된 최초의 기록이라 할 수 있다.

사군자가 함께 그려진 것은 명나라 후기에 이르러서였다. 1621년에 간행된 회화 기법을 도해한 황봉지(黃鳳池)의 화보 『매죽난국사보(梅竹蘭菊四譜)』에서 네 가지 식물을 함께 다루었다. 이 무렵부터 사군자를 함께 그렸던 것으로 추측할 수 있다. 세한삼우를 함께 그린 것으로는 조맹견(趙孟堅, 1199~1264)의 「세한삼우도(歲寒三友圖)」가 유명하다. 조맹견은 송나라 왕가의 한 사람으로 몽골족에 의해 나라를 빼앗긴 설움을 여러 폭의 세한삼우도에 쏟아냈다. 조맹견은 세한삼우를 통해 역경 속에서도 지조를 지켜나가는 유교적

152) 이선옥, 위의 책, p.26.

153) 이기동(李基東), 『시경강설』, 성균관대학교 출판부, 2004. p.151.

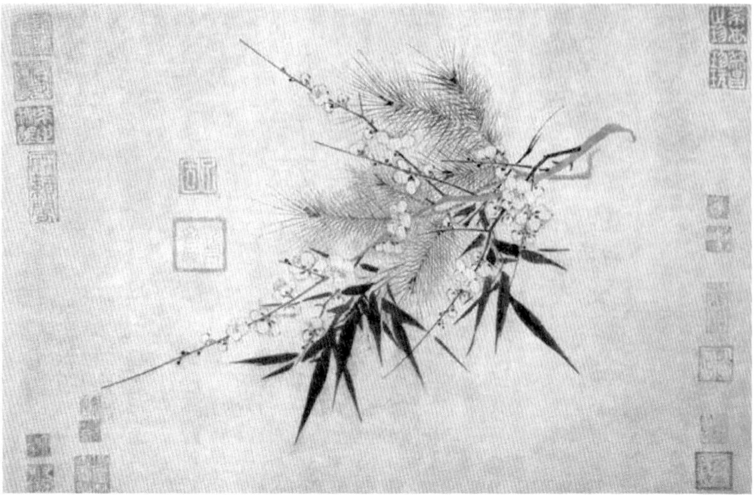

조맹견,「歲寒三友圖」, 남송, 지본수묵(紙本水墨), 32.2cm×53.4cm, 대북 고궁박물관 소장

미덕을 표현했다.[154)]

조선 중기 옥담(玉潭) 이응희(李應禧, 1579~1651)의 시「집 앞의 네 벗(堂前四友)」에서 식물의 사우(四友)를 읊조리고 있다.

고아한 벗들이 내 집을 둘렀으니	高標環我屋
그 맑은 아취 온통 끝이 없어라	淸趣渾無涯
옥이 부딪치는 소리는 바람 앞의 대나무[155)]	軋玉風前竹
옥을 머금은 것은 달빛 아래 매화일세	含瑛月下梅
노란 국화꽃 서리 내린 뒤에 피고	菊黃霜後嫩
푸른 소나무는 눈 속에서 아름다워라	松翠雪中佳[156)]

154) 이어령, 『매화』, (주)도서출판 종이나라, 2006, p.110.

155) 대나무를 짙은 녹색 또는 청백색을 띤 낭간(琅玕)이란 옥에 비기므로 이렇게 말한 것이다.

156) 이응희(李應禧), 『옥담시집(玉潭詩集)』, 「옥담사집」, 집 앞의 네 벗(堂前四友), 우수고전번역서.

3. 매 · 난 · 국 · 죽(梅蘭菊竹)

- 매화

매화의 원산지는 중국 사천 등지로 되어 있다. 이미 2000년 전 중국 의약서인 『신농본초경(神農本草經)』에 그 기록이 등장한다. 실제로 호북 강륙(湖北 江陸)의 전국묘(戰國墓)에서 매실이 발견되어 3000년 전부터 재배되어 왔음을 보여준다. 매화가 한국으로 들어온 것은 선사 때부터라고 한다.[157] 매화는 비교적 따뜻한 남쪽 지역에 분포되어 왔기에 삼국이 공유하고 있는 특수하고 다양한 문화를 만들어냈다.

매화가 알려진 가장 오래된 문헌은 『삼국사기』 제14권 고구려 본기 제2 대무신왕(大武神王) 24년에 보면 "8월에 매화가 피었다."[158]고 했다. 한겨울에 피어야 할 매화가 8월에 피니 이상하다는 뜻이다. 『삼국유사』 제3권 아도(阿道) 맨 끝에 "모랑(毛郞)의 집 매화는 먼저 꽃 피웠네."[159]라는 시의 한 부분도 볼 수 있다. 이렇듯 오랜 세월을 두고 매화만큼 사랑을 받아 온 꽃도 없을 것이다. 이에 분매(盆梅)를 화목류 가운데 가장 으뜸으로 여긴다.

조선 시대 이전부터 매화는 대나무와 더불어 선비들이 가장 좋아하는 식물이었다. 매화가 사랑받는 이유를 강희안은 "높은 풍치와 뛰어난 운치" 때문이라 하였다. 또 이황의 제자 한강(寒岡) 정구(鄭逑, 1543~1620)는 스승의 뜻을 좇아 매화 백 그루를 심어 놓고 '백매원(百梅園)'이라 이름 지었다. 그런데 이 매화를 본 그의 친구 수우당(守愚堂) 최영경(崔永慶, 1529~1590)

157) 이어령, 『매화』, (주)도서출판 종이나라, 2006, p.6.

158) 김부식, 『삼국사기 1』, (주)도서출판 한길사, 2011, p.327.

159) 일연, 김원중 옮김, 『삼국유사』, (주)민음사, 2010, p.284.

이 이 매화는 따뜻한 봄에 피는 춘매(春梅)라고 하자 모조리 베어 버렸다는 일화가 있다. 선비들이 추구하는 매화의 고상한 운치는 눈보라의 시련을 이겨낸 꿋꿋한 덕목이었다는 것이다. 더구나 홍매보다 백매에 더 가치를 두었다.

몇몇 성급한 사람들은 매화꽃을 일찍 보기 위해 채 피지 않은 매화 가지를 꺾어다 더운 수증기를 쐬어 꽃이 피게 하기도 하고, 유황가루를 섞어 끓인 물을 채운 병에 꽂아 꽃을 피우기도 하였다. 또한 밀랍을 이용하여 인조매화를 만들기까지 하였다. 또 문인 7~8인이 모여 겨울밤이면 얼음덩이를 잘라내 그 속에 촛불을 밝혀 놓고 매화를 비추며 시를 짓는 이른바 '빙등조빈연(氷燈照賓宴)'을 했다고도 한다. 얼음을 비워 그 속에 촛불을 켜 넣어 마치 달처럼 보이게 하고 매화를 감상하는 것은 매우 운치 있는 정경으로[160] 문인들의 홍취를 고조시켰다.

조선 후기 자하(紫霞) 신위(申緯, 1769~1845)의 『경수당전고(警修堂全藁)』「이매입난각(移梅入煗閣)」에 보면, 승지 박사해(朴師海, 1711~?)는 "눈보라 치는 겨울에 매화가 얼까 걱정되어 덮고 자던 하나뿐인 이불로 매화를 칭칭 둘렀다. 그리고 벌벌 떨며 아내에게 이젠 안 춥겠지?"라고 말했다. 당시 문인들의 화훼벽이 잘 나타난 유명한 일화다(朴蒼巖承旨師海有梅癖 嘗內齋夜遇大風雪 蹴夫人起 相與攬衣 以衾護梅曰 得無寒乎).[161]

매화와 관련된 그림에는「매화서옥도(梅花書屋圖)」가 있다. 그 계기는 무엇보다도 추사 김정희에 의한 영향이 컸다. 추사의 문하에 있던 사람들은 여항인(閭巷人)들로 모두 매화를 좋아했고 매화서옥도를 즐겨 그렸기

---

160) 이선옥, 앞의 책, pp.35~37.

161) 신위(申緯), 『경수당전고(警修堂全藁)』「警修堂全藁」冊十四, 倉鼠存藁二, 丁亥七月,至十月, 移梅入煗閣, 吟成二絶, 한국문집총간.

조희룡, 「매화서옥도(梅花書屋圖)」, 지본채색(紙本彩色), 45.4cm×106.0cm, 간송미술관 소장

때문이다. 우봉(又峰) 조희룡(趙熙龍, 1789~1866), 고람(古藍) 전기(田琦, 1825~1854), 북산(北山) 김수철(金秀哲, ?~?) 등 매화서옥도를 그린 인물들 모두 중인이었다는 공통점 이외에도 스승 추사를 지극히 따랐던 사람들이다. 이들이 지향했던 세계는 선비들이 누렸던 군자의 세계였지만 중인으로서는 결코 누릴 수 없었다.[162] 그래서 이들 작품에는 현실상황과 떨어진 채 나름의 이상향을 표현하고 있다. 조선 말기 우봉 조희룡의 「매화서옥도(梅花書屋圖)」를 본다.

조희룡은 19세기 대표적인 문인화가이며 추사의 문하생으로 시·서·화에 뛰어난 사람이다. 그는 글씨에 있어서 추사체를 본받았고 그림은 사군자화를 잘 그렸으며 그 가운데 매화를 특히 잘 그렸다. 기록에 보면, "나는 매화에 대한 편벽이 있다. 스스로 매화대병(梅花大屛)을 그려 침실에 둘러

162) 조희룡, 한영규 옮김, 『매화 삼매경』, 태학사, 2009, p.119.

전기(田琦), 「매화서옥도(梅花書屋圖)」, 지본채색(紙本彩色), 29.4cm×33.2cm, 국립박물관 소장

치고 벼루는 매화를 읊은 시가 새겨진 매화시경연(梅花詩鏡硯)을 쓰고, 먹은 매화서옥장연(梅花書屋藏硯)을 쓴다. 매화백영(梅花百詠)을 본 따 시를 짓고 내가 거처하는 곳을 매화백영루(梅花百詠樓)라 편액을 단 것은 매화를 사랑하는 내 뜻에 흔쾌히 마땅한 것이지 갑자기 이룬 것이 아니다. 시를 읊다가 목이 타면 매화편차(梅花片茶)를 달여 마셨다."[163] 조희룡 「매화서옥도」에서 보듯이 창을 통해 보이는 서재는 책상과 그 위에 쌓인 가지런한 책들, 매화가 꽂힌 화병과 두세 가지 문방구, 찻잔 등 사뭇 조촐하기만 하다. 소박한 찻자리에서 문방사우와 함께 차를 즐기는 선비들의 아취를 읽어낼 수 있다.

다음은 조선 후기 화가 고람(古藍) 전기(田琦)의 '매화서옥도'이다. 벗을 찾아가는 즐거움을 그림으로 표현한 것으로 전기(田琦)의 '매화서옥도'를 들 수 있다. 초옥의 주인인 역매(亦梅) 오경석(吳慶錫, 1831~1879)과 그를 찾아가는 전기(田琦) 자신을 표현한 것이다. 눈이 소복이 쌓인 날, 매화가 눈꽃처럼 휘날린다. 매화꽃이 가득하여 보는 이로 하여금 향설해(香雪海) 속에 들어가게 하고 있다. 이것은 숨 막힐 듯 고요한 아름다움, 선가(禪家)의 예술에서는 꽃은 깨달음의 상징 혹은 현화의 매개체로 중시되는 주제였다.[164]

---

163) 안형재, 『한국의 매화』, 북랜드, 2001, p.95.

그림의 화제(畵題)에, '역매 오경석이 초옥에서 피리를 불고 있다(亦梅仁兄草屋笛中).'라고 적혀 있는 것으로 보아, 오경석의 피리 소리를 들으며 저만치에서 거문고를 메고 다리를 건너는 선비의 붉은색 옷에서 조급한 마음을 읽을 수 있다. 고람의 그림은 맑고 고원(高圓)하여 '시로써 그림에 들어가고 그림으로써 시에 들어가는 것'이 한 가지의 이치와 같다. 이렇게 실외에 있는 매화경치를 잠시 차경 삼아 두 사람의 우정을 음악과 함께 표현하는 소박한 홍취를 누리는 선비들의 생활에서[165] 찾아오는 친구를 위해 따끈한 차를 준비해 두었을 것이다. 사계절의 정경을 충분히 즐기는 식견이 한 폭의 그림에 잘 나타나 있다. 요즈음 현대인들의 삭막한 생활과 비교해 볼 때 무척 부러운 생활상이다.

조희룡의 『매화 삼매경』에 보면, "차는 사람을 상쾌하게 하고, 향은 사람을 그윽하게 하고, 술은 사람을 초연하게 하고, 돌은 사람을 준수하게 하고, 거문고는 사람을 고요하게 하고, 대나무는 사람을 차갑게 하고, 달은 사람을 외롭게 하고, 바둑은 사람을 한가롭게 하고, 지팡이는 사람을 가볍게 하고, 미인은 사람을 어여삐 여기게 하고, 중은 사람을 담박하게 하고, 꽃은 사람을 운치롭게 하고, 금석정이(金石鼎彝)는 사람을 예스럽게 한다. 그런데 매화와 난은 거기에 참여시키지 않았다. 그것은 평범한 꽃에 운치를 비할 수 없기 때문이었다."[166]라고 기록하고 있다. 이것은 찻자리 공간에 구비되는 모든 조건으로 높은 견식을 갖춘 자들만이 누릴 수 있는 운치와 멋의 집합체라 여겨진다.

매향을 수식하는 말 가운데 가장 많이 사용해 온 것이 암향(暗香)이다.

---

164) 고연희, 『조선 시대 산수화, 아름다움 필묵의 정신사』, 도서출판 돌베개, 2011, p.278.

165) 조희룡, 위의 책, p.146.

166) 조희룡, 위의 책, p.64.

어몽룡, 「월매도(月梅圖)」, 족자비단에 수묵, 53cm×119.2cm, 국립중앙박물관 소장

매화의 향기는 강하지 않다. 그래서 밤이 깊어 적막할 때 비로소 먼 곳에서도 스며드는 은은한 향기를 암향이라고 한다. 월황혼(月黃昏)이라 하여 매화의 향기는 대낮보다 으스름한 달빛과 잘 어울린다. 은은하고 청아한 매화의 후각적요소를 어렴풋하고 차가운 달빛의 시각적 특성으로 전환시킨 것이 바로 「월매도(月梅圖)」이며 「야매도(夜梅圖)」이다. 또한 매창(梅窓)이라고 하면 달빛에 매화 그림자가 창문에 비치는 것을 뜻하며, 소영(疎影)이라고 하면 매화가 바람에 흔들리는 어렴풋한 그림자의 이미지를 가리킨다.[167] 그윽한 향기와 성긴 그림자라는 뜻으로 암향소영이라고도 한다. 조선 중기 화가 설곡(雪谷) 어몽룡(魚夢龍, 1566~?)의 그림 「월매도(月梅圖)」를 보자.

어몽룡의 그림 「월매도」는 일반적인 매화 그림과는 다른 매우 특이한 구도이다. 그림에서는 매화나무의 밑동이 생략된 채 굵은 가지와 잔가지가 대나무처럼 꼿꼿이 솟아올라 선비의 기풍을 드러내고 있고, 듬성듬성 매화꽃과 봉우리가 달려 있다. 구도를 변형한 작품으로 가늘게 솟은 맨 윗가지 옆으로 엷게 달무리 진 둥근 달은 달밤에 핀 단출한 매화의 정취를 그윽하

167) 이어령, 『매화』, (주)도서출판 종이나라, 2006, p.24.

게 표현하고 있다.

조선 중기 퇴계(退溪)의 시 「도산의 달밤에 매화를 읊다(陶山月夜詠梅)」에서 매화와 달의 조화를 칭송하고 있다.

산창에 홀로 기대 밤빛은 차가운데	獨倚山窓夜色寒
매화가지 끝에서 둥근달이 떠 오르네	梅梢月上正團團
이제 새삼 실바람을 불러올 것 없나니	不須更喚微風至
맑은 향기 저절로 온 동산에 가득하네	自有淸香滿院間[168]

찻자리 공간의 운치로 자연에서 찾아내는 '매화가지 끝의 둥근달'을 차경 삼아 옛 선비들은 차 맛의 향기를 더했으며 향기의 후각, 달빛의 시각 그리고 꽃가지의 그림자가 불러일으키는 촉각적인 이미지들은 서로 조응하여 공감각적인 시너지 효과를 준다.[169] 찻자리 공간은 '맑은 향기가 가득해' 암향소영(暗香疎影)에 저절로 취한다.

조선 전기 서거정(徐居正)의 시 「한가로이 읊다」에서도 달빛과 함께 매화의 그윽한 향기를 벗 삼아 욕심부리지 않고 조용히 살고 싶다는 표현을 하고 있다.

달빛 아래선 차를 달이며 앉았고	月下煎茶坐
포전에는 매화를 반쯤 심어서	開圃半栽梅
세상일을 모두 잊어버리고	世事都忘了
남은 생애를 술잔에 붙이노라	殘生付酒杯[170]

선비들은 환한 낮보다 어둠이 깔린 밤의 정취를 더 선호했던 것이다. 세

168) 이황(李滉), 『퇴계집(退溪集)』「퇴계선생문집」 제5권, 시(詩). 「도산의 달밤에 매화를 읊다(陶山月夜詠梅)」, 고전번역총서.

169) 이어령, 『매화』, (주)도서출판 종이나라, 2006, p.24.

170) 서거정(徐居正), 『사가집(四佳集)』「사가시집」 제42권, 시류(詩類). 한가로이 읊다. 고전번역총서.

상의 추한 것들은 어둠으로 가리고 잠시 맑은 마음으로 달빛을 벗 삼아 차를 마시며 심상을 다스리는 순간이다. "매화를 반쯤 심어서"라는 표현에서 보면, 욕심부리지 않고 스스로 가꿀 수 있을 정도로 만족하면서, 은은하고 그윽한 매화향기처럼 은일처사(隱逸處士)로 가끔씩 차와 술의 격(格)을 함께 하는 여유도 부리며 조용히 살아가고 싶다는 것이다.

이처럼 찻자리 공간은 차만 마시는 것으로 끝나는 것이 아니라 차를 음미하는 공간이었다. 차를 음미하기 위해 잠시 달빛과 매화 향을 빌려 공간을 설정하는 낭만적인 요소는 식견이 없이는 행할 수 없는 선비들만이 누리는 고아한 정취이다.

그러면 매화예찬에 관한 단어들을 찾아보도록 하겠다. 매화는 모든 생명이 잠들어 있는 한겨울 추위 속에서도 송죽과 함께 변치 않는 벗으로 우리들 곁에 다가온다. 그래서 '청우(淸友)', '청객(淸客)'이라 불렀고 이른 봄에 피는 것은 '고우(故友)'라 하고, 봄철에 피는 것은 '기우(奇友)'라고 이름했다. 그러나 '설중군자(雪中君子)'는 선비가 이상으로 삼고 있는 성리학의 이념이나 군자의 이미지와 가까운 느낌이다. 또한, 매화는 군자나 선비의 유교적 상징만이 아니라 '매은(梅隱)', '매산(梅仙)'이라는 말에서 나타나듯 도교적인 이미지도 지니고 있다. 희고 고결한 꽃모양이나 깊은 산 눈 속에 숨어 향기를 내뿜는 매화는 중국 마고산(麻姑山)에 사는 신선에 비유되기도 하고, 평생을 고산에 숨어 사는 임포(林浦, 967~1028) 같은 '은사(隱士)'를 상징하기도 했다. 눈 내리는 산중으로 매화를 찾아다니는 탐매(探梅), 심매(尋梅)에서는 신선이나 은자를 찾아 나서는 구도의 상징성을 엿볼 수 있다.[171] 이처럼 실내 찻자리 공간에서 누리는 호사를 떠나서 눈 속에 핀 매화를 찾아 나서는 색다른 운치를 찾고자 하는 방랑벽에서 실외 찻자리 공간의 확장이 예고되고 있다.

---

171) 이어령, 『매화』, (주)도서출판 종이나라, 2006, pp.19~22.

- 난초

우리나라에서는 조선 전기 주로 왕공사대부들 사이에서 드물게 그려졌고, 18세기 이후에 널리 유행하였다. 18세기 문인화가 표암(豹菴) 강세황(姜世晃, 1712~1791), 능호관(凌壺觀) 이인상(李麟祥, 1710~1760), 수월당(水月堂) 임희지(林熙之, 1765~?) 등의 묵란(墨蘭)이 있고, 19세기 추사(秋史) 김정희(金正喜, 1786~1856), 석파(石坡) 이하응(李昰應(興宣大院君), 1820~1898) 등 묵란으로 특히 이름난 문인들에 의해 근대기에 더 유명해졌다. 중국에서도 묵란의 역사는 대체로 원나라 때 문인 조맹견(趙孟堅, 1199~126?)과 정사초(鄭思肖, 1241~1318)의 난화에서 시작했다고 봐야 할 것이다. 원・명대 문인들 사이에서 그려지다가 청대 양주팔괴(揚州八怪)[172] 화가들에 이르러 크게 유행하였다. 우리나라에서도 조선 후기에 추사 난법을 이은 조희룡, 이하응, 운미(芸楣) 민영익(閔泳翊, 1860~1914), 소호(小湖) 김응원(金應元, 1855~1921) 등 묵란으로 유명한 화가는 모두 19세기 이후 사람들이다.[173]

난초(蘭草)를 매화, 국화의 명칭과는 달리 난초라 일컫는 이유는 '난'은 꽃과 향기도 좋지만 그 잎이 사철 청정하고 수려한 데서 화(花)가 아니라 잎을 강조하는 초(草)를 붙여 쓰게 되었을 것이다. 난초는 옛사람들이 일컫

172) 괴(怪)란 정통에서 벗어났다는 뜻이며, 보통 왕사신(汪士愼)・황신(黃愼)・김농(金農)・고상(高翔)・이선(李鱓)・정섭(鄭燮)・이방응(李方膺)・나빙(羅聘) 등 8인을 이르나, 고상 대신 고봉한(高鳳翰), 이방응 대신 민정(閔貞)을 드는 경우도 있어 반드시 고정되어 있지 않다. 또 화암(華嵒)도 8괴에 준하여 취급된다. 8괴의 공통적인 특색은 전통적인 화법이나 기교에 구애되지 않고 독창적・개성적인 표현으로, 화훼(花卉)・인물을 즐겨 다룬 점이다. 정섭과 이선이 일시 관계에 나간 일이 있으나 대부분 관리의 길에는 들지 않고 시와 서화를 즐기며 자유인으로 지냈다. 화풍상으로는 명나라의 서위(徐渭)에 이어지며, 청나라 말기의 조지겸(趙之謙)・오창석(吳昌碩)에 큰 영향을 끼쳤다.

173) 이선옥, 위의 책, pp.164~165.

기를 "꽃 가운데 군자"라고 해서 소나무, 대나무, 매화의 세한삼우보다 상위에 그 가치를 매겼다.

대나무는 절개가 있지만 꽃이 없고, 매화는 꽃은 있지만 잎이 없다. 소나무는 잎은 있지만 꽃향기가 없다. 오직 난초만이 잎과 꽃이 있고 향기가 있다. 난초의 꽃은 소박하면서도 천박하지 않고, 아름답지만 요염하지 않다. 난초의 잎은 시원하면서 일 년 내내 푸르고 그 자태를 바라보면 수양이 될 뿐만 아니라 공들여 잎을 닦는 일도 마음을 정화시켜 준다.

난초의 향기를 "천하제일의 향"이라 하는 것도 난초꽃 하나만 두어도 고아한 향기가 방 전체에 그득하여 같이 오래 있으면 그 향기를 맡을 수 없지만 향기는 몸에 배기 때문일 것이다. 이는 세상의 흐름에 휩쓸리지 않은 고결한 군자의 덕행과 일치한다고[174] 하였다. 이러한 이유로 선비들이 찻자리 공간에서 난분을 키우며 난초의 고아한 기품을 닮고자 했음을 예측할 수 있다.

죽림칠현의 한 사람으로 유명한 산도(山濤)는 친구 혜강(嵇康)・원적(阮籍)과 한 번 만난 것만으로 금란지교(金蘭之交)를 맺었다고 한다. 또한 아주 친한 친구와 의형제를 맺을 경우 「금란보(金蘭譜)」라 하여 조그마한 책자를 만들어 생년월일 출신지, 계도(系圖) 등을 기입하고 '대해에 물이 마르더라도 두 사람의 우정은 영원히 변치 않는다.' 고 맹세하고 서로 교환했다. 그 후 난초는 평생 변치 않는 굳은 교제라고 하는 꽃말이 생겨나서 난우(蘭友)・난형(蘭兄)・난객(蘭客)・난교(蘭交)・난언(蘭言)・금란(金蘭)・금란지교(金蘭之交)・금란호(金蘭好)라고 하며 군자의 교제를 의미한다.[175]

고려 말기 도은(陶隱) 이숭인(李崇仁, 1347~1392)의 시 「이씨의 정원에

---

174) 이어령, 『난초』, (주)도서출판 종이나라, 2006, pp.37~62.

175) 이상희, 『꽃으로 보는 한국문화 3』, 넥서스BOOKS, 2004, p.329.

서 소나무와 대나무와 매화와 난초를 노래하다(李氏園中松竹梅蘭四詠)」에서 선비의 덕이 난초의 향기와 같기를 염원하고 있다.

난파 아래 주위를 거니노라면	步繞蘭坡下
바람결에 실려 오는 한 움큼 향기	揚揚一掬香
비와 이슬 맞고 자라나는 싹이로다	芽從雨露長
훈도하는 유익한 벗인 줄을 알겠노니	薰陶知有益
기우(器宇) 태평하여 천광을 발하도다[176]	泰宇發天光[177]

바람결에 실려 오는 난초의 은은한 향을 통해 금란지교의 덕성을 강조하고 있다. 두 사람이 마음을 하나로 하면 그 날카로움이 쇠를 끊고, 마음을 하나로 하여 말하면 그 향기가 난초와 같다는 의미를 담고 있다(二人同心 其利斷金 同心之言 其臭如蘭). 즉, 선비의 본분이 군자와 같이 한결같기를 기대하고 있다. 이런 의미를 더욱 상징적으로 나타내고자 찻자리 공간에 있어서도 난초를 시와 그림으로 표현하는 데 여력을 아끼지 않았음을 알 수 있다.

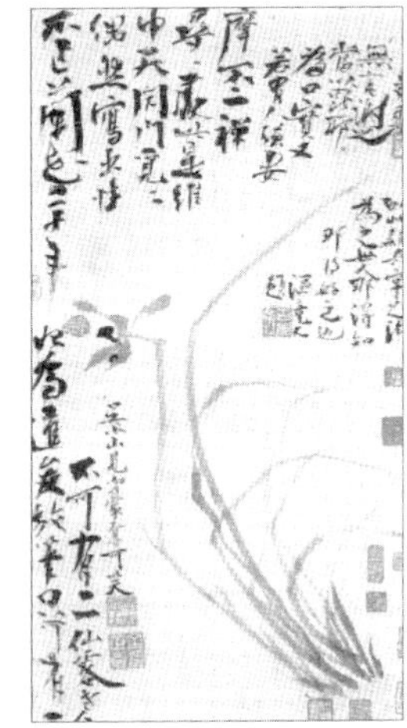

「불이선란도(不二禪蘭圖)」, 조선 19세기, 지본수묵(紙本水墨), 55cm×33.1cm, 개인이 소장

한 예로 추사의 시 「제란(題蘭)」과 그림 「불이선란도(不二禪蘭圖)」를 살펴본다.

176) 『장자』 「경상초(庚桑楚)」에 "기우가 태평하고 안정된 자는 하늘의 빛을 발한다(宇泰定者 發乎天光)"라는 말이 나온다.

177) 이숭인(李崇仁), 『도은집(陶隱集)』 「도은집」 제2권, 시(詩), 이씨의 정원에서 소나무와 대나무와 매화와 난초를 노래하다. 양촌의 시에 차운하였다(李氏園中松竹梅蘭四詠 次陽村韻), 고전번역총서.

난 그림을 그리지 않은 지 20년	不作蘭花二十年
우연히 하늘의 본성을 그렸구나	偶然寫出性中天
문을 닫고 깊이깊이 찾아드니	閉門覓覓尋尋處
이 경지가 바로 유마[178]의 불이선[179]일세	此是維摩不二禪[180]

묵란도 「불이선란도」는 '둘이 아닌 불법으로 피운 난'이라는 뜻으로 중심이 되는 사란(寫蘭)과 화제(畵題)인 추사체의 글씨가 절묘하게 어우러진 그림으로 문인화의 또 하나의 전형을 보여 준다. 정제미가 탁월한 이 작품은 담묵(淡墨)으로 운필의 묘를 살려 난 줄기와 몇 가닥 잎에 무수한 변화를 담아냈다.

정련된 지성미와 맑고 투명한 한국성을 일치시킨 것으로 선미(禪味)와 높은 정신성을 발휘한 점에서 조선 시대 문인화 정신의 최고 경지를 대표하는 작품이다.[181] 그림과 글씨에 있어서 추사는 개성적인 신문인 화풍의 리더였고, 예술론은 글씨나 그림 모두 높은 정신성을 요구하는 것이었다.[182]

추사가 24세 되던 해에 아버지 유당(酉堂) 김노경(金魯敬, 1766~1837)이 청의 동지사(冬至使)로 갈 때 함께 갔다. 추사는 그곳에서 당대의 금석학(金石學)인 옹방강(翁方綱, 1733~1818), 완원(阮元, 1764~1849) 등과 교분을 맺었는데, 옹방강의 아들 옹수곤(翁樹崑)과는 동갑내기라 형제의 의까지 맺고 네 번의 방문을 통해 청의 금석학, 시문, 전각을 깊이 연구하고

---

178) 인도 비사리국의 장자(長者). 석가의 재가(在家) 제자로서 속가에서 보살 행업을 닦았다. 대승 불교의 경전인 유마경의 주인공이다.

179) '不二禪'은 『維摩經(유마경)』의 내용을 바탕으로 하고 있다. 유마거사를 주인공으로 하여 불법의 높은 경지를 알려주는 대승불교의 경전이다. 여기서 말하는 '不二'란 불법에서 말하는 분별없는 불법으로 나뉘지 않는 참된 존재를 말한다. 어둠과 밝음, 착한 것과 못된 것, 행위와 생각 등… 그 경계가 매우 뚜렷해 보이는 것들, 그러나 높은 경지의 법문에 들려면 이들의 구별과 경계를 허물고 넘어서야 한다는 생각들로 열거된다. 고연희 지음, 『그림, 문학에 취하다』, 파주: (주)아트북스, 2011, p.283.

180) 김정희(金正喜), 『완당집(阮堂集)』「완당전집」 제10권, 시(詩), 제란(題蘭), 고전번역총서.

181) 진홍섭・강경숙・변영섭・이완우, 『한국미술사』, 문예출판사, 2006, pp.669~671.

182) 정무연 옮김, 유홍준 작품해설, 『완당과 완당바람』, 부국문화재단, 2002, p.123.

많은 영향을 받았다. 차에 대한 식견도 높았던 인물로서 차를 좋아하여 초의선사와도 친분이 두터웠다. 스스로 다사를 행하며 한 잔의 차로 마음을 다스리며 붓을 들어 자신의 이상을 표현했음을 인지할 수 있다.

이 그림을 자세히 보면, 추사는 언덕과 바위 등 계곡의 배경을 그리는 대신 바람을 그렸다. 바람은 난초의 모든 잎이 휘어질 만큼 강풍이다. 그러나 화가의 깊은 내면에는 오직 한 송이로 응집된 힘이 솟아올라 흔들림 없는 강인한 자유로움이 있으며 그림 속 난의 '성중천(性中天)'이 있다. 갖은 고비를 넘긴 그의 성품의 강건함이 무의식적으로 표현되고 있는 듯하다.[183] 당시 추사의 올곧은 성정을 잘 나타낸 것으로 찻자리 공간의 강인한 정취가 느껴진다.

이 그림은 추사가 그의 노복 달준(達俊)에게 주려고 했다는 것이다.

추사는 여러 가지 생각과 회포를 적으며 화제(畵題)를 네 번이나 추가했다. 정확한 제작 시기는 알 수 없다. 이 작품의 독특한 묘미는 화면을 꽉 채운 글씨와 낙관이 다섯 개나 빼곡히 찍혀 있다는 점이다.

여백을 중시하는 난 그림에서 이런 구성은 매우 낯설다. 추사는 아들 상우(商佑)에게 보낸 편지「우아에게 써서 보이다(書示佑兒)」에 보면, "난초 그리는 법은 예서(隸書)에 가까우니 가슴속에 고아한 뜻이 있지 않으면 손에서 나올 수 없고, 가슴의 고아한 뜻은 문자향과 서권기가 들어 있지 않으면 능히 팔뚝과 손끝에 발현되지 않는다."[184]라고 했다.

추사의「불이선란도」는 그림은 글씨 같고 글씨는 그림 같아, 글씨를 쓰고 그림을 곁들인 것인지 분간이 잘 되지 않는다. 추사가 추구했던 글과 그

183) 고연희,『그림, 문학에 취하다』, (주)아트북스, 2011, p.282.

184) 김정희(金正喜),『완당집(阮堂集)』「완당전집」제7권, 잡저(雜著), 우아에게 써서 보이다(書示佑兒), 고전번역총서.

림과 글씨가 어울린 문인화의 경지일 것이다.[185] 글의 정신이 담긴 그림과 학식과 인품이 담긴 그림을 그려내기 위하여 형상을 요하는 글자의 기운을 담아 표현하려 했던 것이다.[186]

조선 시대에 들어서면서 관념적인 사유세계가 나타나기 시작한다. 매죽헌(梅竹軒) 성삼문(成三問, 1418~1456)은 「오설란(傲雪蘭)」이란 시에서 유학의 관념세계에 깊이 빠져 있음을 알 수 있다.

공자는 거문고로 난의 곡조를 타고	彈入宣尼操
대부는 난초 수(繡) 놓인 띠를 차고 있네	紉爲大夫佩
난초 하나가 열 가지 향기와 맞먹으니	十蕙當一蘭
그래서 다시 보고 사랑하리라	所以復見愛[187]

공자가 천하를 주유하다가 수풀 속에 숨어 향기를 뿜고 있는 난초를 발견하고 그 의연한 자태를 상찬하며 거문고를 탄주하여 곡을 붙였다는 「의란조(猗蘭操)」와 굴원(屈原, 기원전 340?~기원전 278?)의 시[188]에 의탁하여 성삼문은 자신의 의지를 난초의 상징성에 비유했다.[189]

조선 후기 담헌(湛軒) 홍대용(洪大容, 1731~1783)의 『담헌서(湛軒書)』 「아문제관(衙門諸官)」에서는, ……11일, 서종현이 종을 시켜 무늬 놓인 자기 찻잔 한 쌍과 주란차(珠蘭茶) 두 병을 선물로 보내왔는데…… 부채 한 자루를 상으로 주었더니 머리를 조아리고 나갔다.[190]

난은 다른 꽃들처럼 아름답지도 요염하지도 않다. 곧, 난초는 외모보다는

---

185) 이선옥, 앞의 책, p.187.

186) 고연희, 『조선 시대 산수화, 아름다운 필묵의 정신사』, 도서출판 돌베개, 2011, p.264.

187) 성삼문(成三問), 『성근보집(成謹甫集)』 「成謹甫先生集」 卷之一, 詩, 匪懈堂四十八詠, 한국문집총간

188) 굴원의 초사(楚辭)에서 "추란을 꿰어서 노리개 만드노라"는 구절을 참고로 한 것이다.

189) 이어령, 『난초』, (주)도서출판 종이나라, 2006, p.78.

190) 홍대용(洪大容), 『담헌서(湛軒書)』 「외집」 7권, 연기(燕記), 아문제관(衙門諸官), 고전번역총서.

보이지도 잡히지도 않는 내심에서 사람을 매혹시켜 왔다. 옛 선비들 자신의 정신적 수법이요, 흩어지지 말아야 할 그 정신의 감시자로 방 안이나 찻자리 공간에 난초 화분이나 난초를 그린 묵란도를 걸어 두는 것이 관례였다. 난이 지닌 정신에 자신을 동일화하기 위해서다. 난이 사군자 가운데 으뜸이요, 속칭 군자란(君子蘭)으로 불린 데서 알 수 있듯이 바로 군자의 표상이다. 곧, 난은 유교정신의 꽃이다. 이처럼 난을 수용하는 문화가[191] 찻자리 공간과 함께 발달해 왔음을 유추해 볼 수 있다.

- 국화

사군자는 원래 물아일체(物我一體)의 자연관에 의해 자연물을 이상화·의인화시키는 데에서 나왔다. 그것은 역사와 함께 예술화·종교화·문학화되면서 단순히 매·난·국·죽의 생태적 범주를 넘어 다양한 상징성을 내포하게 된다. 자연을 지배하는 것이 아니라 자연과 벗이 되고 더 나아가 하나가 된다는 생각에서 나온 것이다. 감정이입과 의인화 형태를 띠고 있기 때문에 사군자는 형상이 아닌 본질이 된다. 산천에 자생하는 수많은 꽃과 식물이 있는데 왜 매·난·국·죽을 군자라 말했는가. 그것은 하나의 상징체계이기 때문이다.

사군자의 이상화, 상징화된 자연체계 속에서도 국화는 유독 현실 가까이에 있다. 그것이 지닌 육성(肉性)과 토성(土性) 때문이다. 국화의 상징적인 황(黃)색은 땅(土)의 현실색이다. 이 황색은 대지의 색이면서 동시에 높은 것, 고귀한 것의 상징이 된다. 모든 고귀한 것, 높은 것은 대지와 멀리 있지

191) 이어령, 『난초』, (주)도서출판 종이나라, 2006, pp.192~194.

만 유독 황색만은 땅과 결부되어 있다. 가을이 깊어 갈 때를 황화지절(黃華之節)이라 하듯이 만개한 국화꽃 핀 계절이라는 뜻이다. 이렇게 황색이 고귀한 의미를 띠는 까닭은 황실의 용문양은 청룡이 아닌 황룡을 쓰고 있다는 점이다. 이른바 색의 가차(假借)가 일어나고 있는 셈이다. 황화(黃華)가 황화(皇化)가 되는 셈이다.[192] 국화는 그 상징성 또는 시제(詩題) 등과 관련하여 은군자(隱君子) · 은일화(隱逸花) · 중양화(重陽花) · 오상(傲霜) · 상하걸(霜下傑) · 황금갑(黃金甲) · 동리(東籬) · 동리가색(東籬佳色)등으로 불린다.[193] 조선 후기 겸재(謙齋) 정선(鄭敾, 1676~1759)의 「동리채국도(東籬採菊圖)」를 살펴보자.

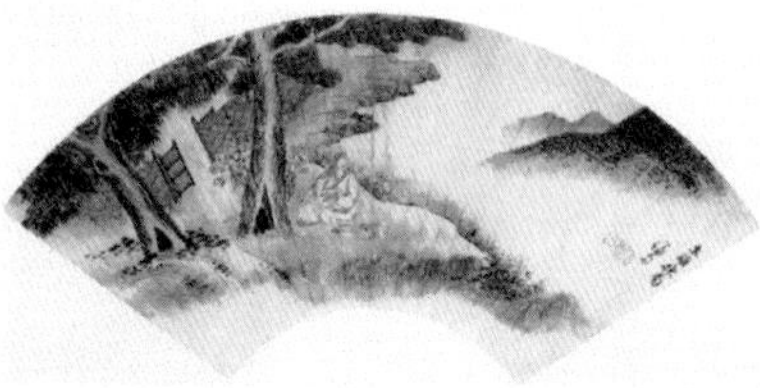

「동리채국도(東籬採菊圖)」, 「지본수묵담채(紙本水墨淡彩)」, 22.7cm×59.7cm, 국립중앙박물관 소장

현존하는 조선 시대 회화 작품 중에는 국화를 소재로 한 대표적인 작품으로 정선(鄭敾)의 「동리채국도」가 있다. 도연명(陶淵明, 365~427)의 시 「음주(飮酒)」에 "동쪽 울타리 밑에서 국화를 따다가 유연히 남쪽 산을 바라보네(採菊東籬下 悠然見南山)."라고 한 것을 차용하였다. 사립문이 열려 있는 동쪽 울타리(東籬)가 있고, 그 울타리 밑에는 도연명이 채국(採菊)

192) 이어령, 『국화』, (주)도서출판 종이나라, 2006, pp.19~20.

193) 이상희, 『꽃으로 보는 한국문화 3』, 넥서스BOOKS, 2004, p.233.

했을 국화가 자라고 있다. 나무 그늘 밑 바위 위에 한 선비가 앉아 있는데, 그 옆에 방금 꺾은 국화 송이가 놓여 있다.[194] 산중에 오두막을 짓고 열린 문밖 울타리 아래에 핀 국화를 바라보며 잠시 시적 세계에 빠져 야일(野逸)한 국화의 생태를 닮고 싶었을 선비의 마음이 그대로 읽힌다. 이것이 바로 시화일체(詩畵一體)의 세계이다.

조선 전기 사숙재(私淑齋) 강희맹(姜希孟, 1424~1483)의 시「우국재부(友菊齋賦)」중에서 국화와 벗한 이유를 다음과 같이 말하고 있다.

너는 아는가, 저 국화의 굳은 절개	爾知夫玆菊之所以貞堅
꽃다운 향기, 은일이면서[195] 피어나는 모습을	芳烈隱逸而披拂者乎
맑은 향내 뼛속까지 스며드누나	香淸冷兮逼骨[196]

이 시에서 다른 꽃 다 지고 늦게 핀 꽃의 향기가 뼛속을 파고들고 세속적 욕망을 뛰어 넘어 세상을 맑게 한다고 감탄했다. 이는 인고의 역경을 넘어서서 마침내 세상을 맑게 지켜주는 국화의 환유세계를 본 것이다. 조선 후기 삼주(三洲) 이정보(李鼎輔, 1693~1766)의「국화」에서도 추운 날에 홀로 피어 있는 국화는 굴하지 않는 선비의 지조를 말해 준다고 했다.

국화야 너는 어이 삼월동풍(三月東風) 다 지내고
낙목한천(落木寒天)에 네 홀로 피었느냐?
아마도 오상고절(傲霜高節)은 너뿐인가 하노라.

---

194) 이어령,『국화』, (주)도서출판 종이나라, 2006, p.96.

195) 은일(隱逸)로 살아간 도연명(陶淵明)이 국화를 매우 사랑하였고, 주무숙(周茂叔)의 애련설(愛蓮說)에, "국화는 꽃 중에 은일(隱逸)이다." 하였다.

196) 강희맹(姜希孟),『동문선(東文選)』「속동문선」제1권, 부(賦), 우국재부(友菊齋賦) 중에서 일부분, 고전번역총서.

오상고절이란 서리를 무서워하지 않은 꿋꿋한 절개다. 무서리 내리는 늦가을에도 단아한 자태와 기품을 간직한 국화는 유교전통이 강한 한국에서 유교의 이상적 인물인 군자 혹은 충신을 표상하기에 적합한 대상이다. 잎이 다 떨어진 추운 날에도 홀로 피어 있는 국화는 굴하지 않는 선비의 지조를 말해 주는 듯하다.[197)]

조선 중기 옥담(玉潭) 이응희(李應禧, 1579~1651)의 「가을날에 불성사를 유람하며(秋日遊佛性寺)」에서 국화의 가치를 예찬하고 있다.

맑은 서리 내리는 구월에 산행을 하니	霜淸九月作山行
눈에 가득한 가을빛이 곳곳마다 환하여라	滿目秋光處處明
가는 국화는 알록달록 돌 틈에 피었고	細菊班班榮石縫
샘물을 시험하러[198)] 물병 가지고 노승을 따르고	試泉甁挈隨殘衲
반쯤 둥근 달이 이미 동쪽에서 떠올랐네	半輪新月已東生[199)]

차를 끓이기 좋은 물은 샘물이다. 노승과 함께 국화가 만개한 가을의 깊은 산속의 샘물을 찾아 나선다. 특히 감국(甘菊) 포기 밑에서 나오는 샘물은 국화수라 하여 일부러 찾아 나서는 길이다. 해는 기울고 저편 하늘에 둥근 달이 떠올라 서둘러 샘에서 물을 담아 내려가야 한다. 차 끓이는 물의 소중함을 강조하는 시로써 당시에도 차 마시는 일을 중시하였음을 알 수 있다.

서거정(徐居正, 1420~1488)의 시 「달을 대하여 차를 마시다」에서도 달빛 아래 차 마시는 운치를 즐기는 순간을 읊은 시이다.

---

197) 이어령, 『국화』, (주)도서출판 종이나라, 2006, p.46.

198) 샘물을 떠서 차를 달이는 것이다. 소식(蘇軾)의 「惠山謁錢道人烹小龍團登絶頂望太湖」에 "홀로 천상의 약간 둥근 달을 가지고 와서, 인간 세상 제이의 샘물을 시험한다(獨攜天上小團月 來試人間第二泉)." 하였다. 인간 세상 제이의 샘물이란 당(唐)나라 때 사람으로 차에 조예가 깊었던 육우(陸羽)가 차를 달이기에 둘째로 좋은 물이 샘물이라 했기 때문에 이렇게 말한 것이다.

199) 이응희(李應禧), 『옥담시집(玉潭詩集)』「옥담유고」, 가을날에 불성사를 유람하며(秋日遊佛性寺), 우수고전번역서.

앉아서 반 바퀴쯤 된 달을 마주해	坐對半輪月
조용히 석 잔의 차를 기울이노니	爲傾三椀茶
어떻게 하면 두 날개를 달고 가서	何由揷兩翼
천상의 계수나무 꽃을 완상할꼬	去賞天桂花200)

차는 홀로 마시는 것이 최상이라 하였다. 청명한 밤하늘의 반달을 보면서 홀로 앉아 차 맛에 흠뻑 젖어 있다. 석 잔째 차를 마시면서 노동(盧仝)의 「칠완다가」 시를 생각한다. 삶의 구차함을 잠시 놔 버리는 순간이다. 한결 가벼워진 마음에 양쪽 겨드랑이에 날개를 달고 훨훨 날아 달에 있는 계수나무 꽃을 볼 수 있을 거라는 은일처사의 순박한 마음에서 차 맛의 극치가 느껴진다.

다산 정약용의 「국영시서(菊影詩序)」에는 국화에 대한 낭만적인 풍류가 잘 나타나 있다. 국화의 뛰어난 점 네 가지가 있는데 늦게 피는 것, 오래 견디는 것, 향기로운 것, 고우면서도 화려하지 않고 깨끗하면서도 싸늘하지 않은 것이라고 하였다. 그는 국화를 촛불 앞에 놓고 벽에 나타난 국화 그림자의 기이한 무늬와 이상한 모습(奇紋異形)을 좋아했던 것이다. 벽에 나타난 그림자 가운데 가까운 그림자는 꽃과 잎이 서로 어울리고 가지와 곁가지가 정연하여 마치 묵화를 펼쳐 놓은 것 같고, 그다음 그림자는 너울대고 어른거리며 춤추듯 하늘거려 마치 달이 동쪽에서 떠오를 때에 뜨락의 나뭇가지가 서쪽 담장에 걸친 것 같았다.

멀리 있는 그림자는 산만하고 흐릿하여 가늘고 엷은 구름이나 노을 같았다. 사라지고 없어지거나 소용돌이치는 그림자는 질펀하게 뒤치는 파도 같았다. 번쩍번쩍 엇비슷해서 어떻게 형용할 수 없었다. 이때 자리를 같이 했던 다산의 외척이자 죽란시사의 사백(詞伯)으로 추대된 남고(南皐) 윤규범

200) 서거정(徐居正), 『사가집(四佳集)』 「사가시집」 제28권, 시류(詩類), 달을 대하여 차를 마시다, 고전번역총서.

(尹奎範, 1752~1846)이 “기이하구나, 이거야말로 천하에 빼어난 모습일세.”라고 큰소리를 하며 뛸 듯이 기뻐하면서 손으로 무릎을 치며 감탄하였다고 한다.[201]

이와 같이 옛 선비들은 하찮게 지나칠 수 있는 사물들까지도 찻자리 공간의 긴긴 밤을 즐거운 유희로 바꾸어, 운치를 배가시키는 상상력은 최고조의 학식을 지닌 자만이 찾아내는 작은 즐거움의 한 부분이라 할 수 있다. 이러한 풍경은 오감이 교류하는 움직이는 풍경화이다.

- 대나무

대나무는 일찍부터 유교의 이상적인 인격체인 선비로 표상되어 많은 시인의 소재로 널리 활용되었다. 이는 대나무에 빗대어 선비의 본분을 표현한 것이다. 이른바 ‘대쪽 같은 절개’로 대나무의 품성은 유교의 관념적 가치와 부합하고 있다. 대나무는 맑은 바람결에 바스락거리는 소리를 내며, 달빛 아래에서는 그림자를 드리우고, 눈보라 치는 겨울에도 푸른빛을 잃지 않고 고결한 기품을 보인다. 대나무는 모란 같은 화려함이 없고, 소나무 같은 위용도 없으면서 고아하게 제자리를 지키는 선비의 품성을 갖추고 있다.[202]

서거정(徐居正) 『사가집(四佳集)』「竹」 시의 한 부분에 ‘굳은 절개 곧은 맘은 덕에 짝해야거니와(勁節貞心宜配德)’의 의미는 향산거사(香山居士) 백거이(白居易, 772~846)의 「양죽기(養竹記)」를 비유한 것이다. “대는 현자와 비슷하니 어째서인가? 대의 뿌리는 단단하니 단단함으로써 덕을

201) 정약용(丁若鏞), 『여유당전서(與猶堂全書)』 第一集詩文集第十三卷 文集, 菊影詩序, 국화꽃 그림자 감상하는 법, 한국문집총간.

202) 이어령, 『대나무』, (주)도서출판 종이나라, 2006, pp.56~57.

세우는 것이요, …… 대의 성질은 바르니 바름으로써 몸을 세우는 것이요, …… 대의 속은 텅 비었으니 텅 빈 마음으로써 도를 체득하는 것이요, …… 대의 절개는 곧으니 곧음으로써 뜻을 세우는 것이다(竹似賢 何哉 竹本固 固以樹德 …… 竹性直 直以立身 …… 竹心空 空以體道 …… 竹節貞 貞以立志).”[203]라고 백거이는 대나무를 아끼는 이유를 네 가지로 들었다. 이 글에서도 대나무를 선비의 가치관에 비유한 것임을 알 수 있다.

대나무의 애호 역사가 오랜 만큼 대나무가 그림으로 표현된 것은 중국 한대(漢代, 기원전 206~서기 220)에 세워진 산둥 성 곡부현의 죽엽비에서 찾을 수 있을 만큼 오래되었다. 삼국 시대(220~280)에 유명한 대나무 화가가 있었다고는 하나 묵죽화는 당나라(618~907) 중기 명황(明皇 玄宗, 685~762)이 대 그림자를 보고 그린 데서 시작되었다고 한다. 오대(五代, 907~960)에 이부인(李婦人)이 창문에 비친 대 그림자를 보고 이를 그림으로 그렸다고 전한다. 오랜 전통을 가진 묵죽화는 북송대에 문동(文同, 1018~1079), 소식(蘇軾, 1037~1101) 등에 의해 기법 이론이 비약적으로 발전하였다.

우리나라에서는 고려 시대에는 고려의 문인과 송나라 문인들의 문화교류양상으로 보아 많이 그려졌을 것이다. 쌍명재(雙明齋) 이인로(李仁老, 1152~1220)의 『파한집』에 그가 묵죽을 배워 그렸다는 기록과 이규보의 『동국이상국집』, 동산수(東山叟) 최자(崔滋, 1188~1260)의 『보한집』, 근재(謹齋) 안축(安軸, 1282~1348)의 『근재집』, 목은(牧隱) 이색(李穡, 1328~1396)의 『목은집』 등에 문인서화가들의 묵죽화에 관한 제발문이 다수 실려 있다.

조선 시대에는 전 시기를 통해 묵죽에 대한 애호가 성하였다. 묵죽화를 잘하였던 화가로는 박팽년(朴彭年, 1417~1456), 정앙(鄭穰, ?~?), 강희맹

203) 서거정(徐居正), 『사가집(四佳集)』 「사가시집」 제4권, 시류(詩類), 영물(詠物) 43수, 고전번역총서.

이정(李霆), 「풍죽도(風竹圖)」, 조선, 견본수묵(絹本水墨), 127.8cm×71.4cm, 간송미술관 소장

(姜希孟, 1424~1483), 손순효(孫舜孝, 1427~1497), 석경(石敬, ?~?), 이종준(李宗準, ?~1499), 안정(安珽, 1494~?), 유진동(柳辰仝, 1497~1561), 신사임당(申師任堂, 1504~1551) 등이 있다. 그러나 우리나라 묵죽을 대표하는 인물은 조선 중기의 문인화가 탄은(灘隱) 이정(李霆, 1541~?)의 「풍죽도(風竹圖)」라 할 것이다.

종실로 태어나 부러울 것 없는 삶을 살았으나 임진왜란 중에 오른팔을 다쳤으나 곧 회복하여 이전보다 더 뛰어난 품격의 작품을 그렸다. 이것은 그림은 비록 손으로 그리나 가슴으로 느껴지는 것을 그릴 때 더욱 훌륭한 그림이 된다는 뜻이다. 이정의 「풍죽도」는 바람결에 흔들리는 세 그루의 대나무를 그린 것으로 불어오는 바람을 맞아 휘는 듯 버티고 있는 대나무의 탄성(彈性)이 절묘한 필법으로 묘사되어 있다. 전경에는 진한 먹색과 배경 역할을 하는 두 그루의 대나무는 옅은 먹색으로 은은하게 처리하는 방법이 화면에 그윽한 공간의 느낌을 불어넣었다. 뒤편 그림자 진 대나무 때문에 앞쪽 호리호리한 대나무의 기세가 더 당차게 보인다.[204]

또한, 대나무 잎을 그릴 때 한자의 필획 '개(介)' '분(分)' 자를 가져다 쓰는 것은 동양의 서화일체사상과 직접적인 관련을 맺고 있다. 대나무 잎의 묘사에서 보이는 세련된 운필 뒤에는 기교를 초월한 '문자향'이 배어 있다.

---

204) 손철주, 『옛 그림 보면 옛 생각 난다』, (주)현암사, 2011, p.102.

추사는 묵죽에서 서예의 기법을 적용할 것을 강조하여 예서의 획과 대나무의 획을 동일시했다. 이것은 서예의 필력 자체가 쓴 사람의 인품을 반영한다는 원리의 연장선상에서 나온 것으로 「풍죽도」가 그 모범을 보여주고 있다. 「풍죽도」는 지조나 절의보다는 이정의 단정하고 엄숙함 속에서도 부드럽고 모나지 않은 한국적 정서를 머금고 있다. 선비의 교양과 인품 그리고 그가 일체 되기를 염원했던 대자연의 운치가 짙게 용해되어 있는 그림이다.[205]

위 분석에 따르면 우리의 선조는 대나무의 풍정 가운데 특히 바람에 흔들리고 있는 대나무 모습과 대숲을 지나가는 바람 소리에 가장 깊은 관심을 보였고, 다음에는 눈을 이고 있는 대숲과 대숲에 비가 내리고 있는 정경을 사랑했던 것이다. 그리고 달빛 아래 일렁이는 대나무 그림자에 대해서도 많은 정감을 나타냈던 것이다.[206]

조선 전기 태재(泰齋) 유방선(柳方善, 1388~1443)의 「김장관 댁 죽헌기(金場官宅竹軒記)」에서, 절의에 대해서 읊은 작품 일부를 살펴보자.

"세상이 굳이 도리(桃李)나 연꽃을 봄 · 여름의 아름다운 구경거리로 삼고 국화나 매화를 가을 · 겨울의 뛰어난 완상거리로 삼지만, 왕왕 죽(竹)에 대해서는 귀하게 여기지 않는다. 그러나 도리나 연꽃은 그 꽃됨 것이 부귀한 사람에게 알맞고, 국화나 매화는 똑같은 꽃으로서 풍영(風詠)하는 데에 소중할 따름이지만, 대는 곧고 화사하지 않으며 고고(孤苦)하여 속되지 않으며, 차거나 더우나 한결같은 절개로 예나 지금이나 한 빛으로, 가까이서 보면 잠깐이라도 떠날 수 없는 것을 어느 누가 알리요."[207]라고 기록하고 있다.

---

205) 이어령, 『대나무』, (주)도서출판 종이나라, 2006, pp.126~127.

206) 이상희, 『꽃으로 보는 한국문화 3』, 넥서스BOOKS, 2004, p.523.

207) 서거정(徐居正), 『동문선(東文選)』「동문선」 제81권, 기(記), 유방선(柳方善), 김 장관 댁 죽헌기(金場官宅竹軒記), 고전번역총서.
世固以桃李與蓮荷爲春夏之美賞 以菊與梅爲秋冬之勝翫 往往不以竹爲貴也 蓋桃李與蓮荷 其爲花也富貴焉 宜菊與梅均是花也 風詠焉重 孰知竹之直而不華 苦而不俗 寒暑一節 古今一色

삼봉(三峰) 정도전(鄭道傳, 1342~1398)의 문집 「죽창명(竹窓銘)」에 보면, "선생의 호를 죽창(竹窓)이라 한다는데 대나무는 그 속이 비고 그 마디가 곧으며 그 빛이 차가우며 겨울을 지나도 변하지 아니하여 ……옛사람들은 대나무에서 얻은 바가 많다고 보는데 무엇을 택하셨습니까?" 그러자 죽창이 담담하게 대답했다.

"아닙니다. 그러한 고상한 지론은 없습니다. 다만 대가 봄에는 새들에게 알맞아 그 울음소리가 드높고, 여름에는 바람 부는 데 알맞아 그 기운이 맑고 상쾌하며, 가을이나 겨울에는 눈과 달에 알맞으며 그 모양이 상쾌합니다. 그리하여 아침 이슬, 저녁연기, 낮 그림자, 밤 소리에 이르기까지 무릇 이목에 접하는 것치고는 한 점도 진속(塵俗)의 누(累)가 있는 것이 없습니다. 그래서 나는 일찍 일어나서 세수하고는, 죽창에 앉아 탁자를 정돈하고 향을 피운 다음 글을 읽기도 하며 거문고를 타기도 합니다. 그리고 때로는 온갖 생각을 떨쳐 버리고 묵묵히 꿇어앉아서 죽창에 자신이 기대고 있는 것조차 잊기도 합니다."[208]라고 하였다.

정도전은 이언창(李彦暢)의 정신세계가 대나무에 있는 것이 아니라 마음이 얻은 것을 대나무에 의탁했을 뿐이라고 경탄했다. 그의 호를 명(銘)하여 「죽창명(竹窓銘)」 시를 지어 주었다. 이언창은 삶 그 자체가 대나무의 은유 세계를 완벽하게 살아가는 천상의 시인이었던 것이다.

可近觀而不可須臾離也耶.

208) 정도전(鄭道傳), 『삼봉집(三峯集)』「三峯集」卷之四, 銘, 竹窓銘, 한국문집총간.
無甚高論 且竹 春宜鳥 其聲高亮 夏宜風 其氣淸爽 秋冬宜雪月 其容灑落 至於朝露夕煙 晝影夜響 凡所以接乎耳目者 無一點塵俗之累 予於是早起盥濯 坐竹窓淨几焚香 或讀書或彈琴 有時撥置萬慮 默然危坐 不如吾身之寄於竹窓也 噫 先生之樂不在竹 但得之心而寓之於竹耳 請以是銘之.

그 창을 여니 무성한 대가 있네
군자가 사시는 곳 그 정조 옥과 같네
좌우에 책 놓고 아침저녁 펼쳐 보니
물에 쏠려서가 아니라 그 즐거움 즐기네

有闢其窓 有鬱者竹
君子攸宇 其貞如玉
左圖右書 閱此朝夕
物於物 維樂其樂[209]

매월당(梅月堂) 김시습(金時習, 1435~1493)은 시「죽견(竹筧)」에서 죽견에서 흐르는 물로 끓이는 차의 맛이 최상이라는 것을 표현한 것이다.

대를 쪼개 찬 샘물 끌어 왔나니
한밤 내 졸졸졸 우는 그 소리
가느다란 그 소리는 꿈속처럼 흐느끼고
맑은 운치는 차를 넣어 끓이네

刳竹引寒泉
琅琅終夜鳴
細聲和夢咽
淸韻入茶烹[210]

대를 쪼개어 간짓대를 만들어 샘물을 끌어들였다. 이는 맑고 차가운 기운이 있는 물을 얻기 위한 것이다. 고요한 밤에 잠결에 들리는 죽견을 타고 졸졸 흐르는 물소리는 마냥 꿈속에서 듣는 것 같다. 그 여운이 마음에 맴돌아 평상시 찻자리 공간에서도 그 맑은 정취가 함께하니 차 맛 또한 그지없다는 뜻이다. 죽견에서만 얻어낼 수 있는 물의 기운을 김시습은 알고 있었다는 것이다.

이상으로 찻자리 공간에서 문인들이 매화・난초・국화・대나무 등 사군자를 통해 시와 그림으로 표현한 특징을 간략하게 나열해 보았다. 우리 선비들은 높은 식견으로 사물을 관찰하면서, 그 정경에서 특별한 운치를 찾아냈다. 운치는 시간대, 장소, 자연현상에 따라 천태만상으로 달라지고, 보는 사람에 따라 각기 다른 느낌으로 받아들여진다. 그것은 일반적인 아름다움보다는 격조 높은 운치를 그곳에서 발견할 수 있기 때문이다.[211]

209) 정도전(鄭道傳),『삼봉집(三峯集)』「三峯集」卷之四, 銘, 竹窓銘, 한국문집총간.

210) 김시습(金時習),『매월당집(梅月堂集)』「梅月堂詩集」卷之四, 한국문집총간.

매화는 한설에도 홀로 꽃을 피워 암향을 피워내며, 난초는 깊은 산중에 홀로 피워 은은한 향기를 멀리까지 퍼뜨려 덕과 인격을 지닌 선비를 난의 향기에 비유했다. 국화는 절개와 지조의 상징으로 서리 내리는 계절에도 고고하게 꽃을 피워 인고를 가르쳤다. 대나무는 소나무와 같이 풍설을 견디어 절개를 지키는 표상이 되었다. 이처럼 운치를 소중하게 여겼던 선비들은 찻자리 공간에서 차를 즐겨 마시기 위한 일환책으로, 혹은 내면의 세계를 표현하는 방법으로 시와 그림으로 직접 창작하면서 안목을 높였다. 더불어 찻자리 공간의 아름다운 환경조성을 위하여 분재나 분경의 제작도 선비들이 창작해 낸 작품들이라 여겨진다.

4. 청사(淸事)

그동안 선비들이 공유했던 찻자리 공간의 생활상을 두루 살펴보면서 의・식・주의 부담에서 벗어났거나, 경제적으로 성공했거나, 학식을 많이 갖추었거나, 관직에서 물러났거나 등 비교적 삶에 성공한 사람들이 주체를 이루고 있음을 알 수 있었다. 이에 이들이 한가로울 때 찻자리 공간을 울타리 삼아 무엇을 하며 시간을 채웠는지를, 한가한자의 즐거움인 다사(茶事)와 화사(花事) 등을 청사(淸事)로 여겨 놀이 문화로 승격시킨 부분들을 살펴보고자 한다.

선비들은 기본적으로 차와 꽃과 어우러지는 생활을 했다. 조선 중기 사재(思齋) 김정국(金正國, 1485~1541)이 황모(黃某)에게 부친 편지에서 밝

211) 이상희, 『꽃으로 보는 한국문화 1』, 위의 책, pp.170~174.

힌 선비가 갖추어야 할 열 가지 물건에 차 화로(煎茶一爐)가 들어 있다.[212]

> 한가로이 살며 구차스러운 가운데에서도 없어서는 안 될 것은 오직 책 한 시렁, 거문고 한 틀, 벗 한 사람, 신 한 켤레, 지팡이 한 개, 차 달이는 화로 하나, 등을 대고 따뜻하게 할 기둥 하나, 서늘한 바람을 끌어들일 창 하나, 잠을 맞이할 베개 하나, 타고 봄 경치를 찾아다닐 나귀 한 마리면 그만이다. 이것이 열 개의 버리지 못할 하나들이다. 늘그막을 보내는 데 이 밖에 또 무엇이 필요하랴[213]

조선 중기 이준(李峻, 1560~1635)의 「청품계 십이절(淸風溪 十二絶)」은 심화(尋花)・양죽(養竹)・상련(賞蓮)・전다(煎茶) 등이 포함되어 있다.

조선 후기 문성(文城) 유중림(柳重臨, 1705~1771)의 『증보산림경제(增補山林經濟)』에 가정에 준비해 두어야 할 기구 중에서도 '재실(齋室) 안에 있어야 할 기구들'에 '화병(花甁)・다관(茶罐)・다종(茶鐘)'이 들어 있다.[214] 또한 "차(茶) 10여 근을 우물 속에 넣어 두면 물이 맑고 달다고 했다."[215] 이처럼 차를 생활 가까이 두고 활용했음을 짐작할 수 있다.

조선 후기 장혼(張混, 1759~1828)의 「이이엄집(而已广集)」도 다사와 화사를 평생지(平生志)로 기록하였다. "청공(清供) 80종으로 명차(名茶), 차솥(茶鼎), 차 광주리(茶籯), 해묵은 매화나무(古梅), 명국(名菊) 등이 있고, 「청과(淸課)」 34가지 일에는 분향(焚香), 차 달이기(烹茗), 꽃 심기(種花), 대나무 옮기기(移竹), 샘물 긷기(汲泉), 소나무 어루만지기(撫松), 연꽃 완상(賞蓮), 국화 줍기(掇菊) 등이 있다."[216]

---

212) 김명배, 『다도학 논고』, 대광출판사, 1996, p.335.

213) 권별(權鼈), 『해동잡록(海東雜錄)』「海東雜錄(二)」本朝(二) 김정국(金正國), 국학원전 '居閒處約之中 所不可無者 惟書一架 琴一張 友一 四履一雙 扶老一笻 煎茶一爐 負暄一 楹 納涼一窓 迎睡一枕 尋春一驢而已 此二五不可去一 送了老境 此外何求.'

214) 유중림(柳重臨), 『증보산림경제(增補山林經濟)』, 민족문화추진회, 1985, p.156.

215) 유중림(柳重臨), 『증보산림경제 1』, 농촌진흥청, 2003, p.49.

216) 김명배, 『다도학 논고』, 위의 책, p.336.

조선 후기 오주(五洲) 이규경(李圭景, 1788~1856)의 「일년 사시(四時)」와 「하루 열두 시간의 청취(淸趣)에 대한 변증설」에도 다사와 화사(花事)에 관한 대목이 보인다.[217] 이 모든 일이 건강한 신체적 조건을 우선으로 여길 것이나, 중요한 것은 그 사람의 정취가 스스로 깨달을 수 있어야 능히 행할 수 있는 일이다.

조선 중기 교산(蛟山) 허균(許筠, 1569~1618)의 『한정록(閑情錄)』 「정업(靜業)」 편에 보면, "1만 권의 책을 모아 비단으로 싸고, 서화첩 1천 축(軸)을 수집하여 귀한 비단으로 싼다. 그리고 거문고 1대, 피리 1대, 칼이나 창, 자기 술그릇, 좋은 향, 오래된 솥, 비단으로 장식한 탑상(榻床)·소병(素屛)·다구(茶具)·묵품(墨品) 등을 갖춰 두고 여가가 있는 날 그 속에

---

217) 이규경(李圭景), 『오주연문장전산고(五洲衍文長箋散稿)』 분류 「오주연문장전산고 인사편1- 인사류 2」 섭생(攝生)일년 사시(四時)와 하루 열두 시간의 청취(淸趣)에 대한 변증설(고전간행회본 권 36). 고전번역총서.

「四時의 淸趣」

봄철에는 새벽에 일어나 말린 매화를 끓여 茶를 만들며, ……장미(薔薇露)이슬로 손을 씻고 옥유향(玉蕤香)을 피운 다음, ……정오에……샘물을 길어다가 새로 난 차(茗)를 달인다. 오후에 ……꾀꼬리의 노랫소리를 들으며, ……땅거미가 지면 지름길로 돌아와서 洛花를 주워 물고기에게 먹인다.

여름철에는 새벽에 일어나 ……꽃나무 옆에 앉아서 이슬을 받아 마셔 폐장(肺臟)을 윤활시킨다. ……오후에 야자배(椰子盃)에 오이(瓜)와 오얏(李)를 띄어놓고 연꽃을 찧어서 벽방주(碧芳酒)를 마신다.

가을철에는 새벽에 일어나 휘장을 내린 뒤에 ……옹중에 거문고를 뜯고 학을 길들이며, ……정오에 蓮房 위의 이슬로 벼루를 씻으며, 茶具를 정리하고 梧竹을 씻는다. ……새로 빚은 술을 따라 취한 뒤에 퉁소 두어 곡조를 부른다. 땅거미가 지면 사립문에 기대어 초부(樵夫)·목동의 노래를 들으며, 半月香을 피워 놓고 국화를 가꾼다. 겨울철에는 새벽에 일어나 순료(醇醪)를 마시고 양지쪽에 앉아 머리를 빗는다.……오후에 도통롱(都統籠)을 메고 묵은 소나무와 깎아지른 듯한 낭떠러지 사이에 가서 물을 길어다가 건명(建茗)을 달인다. 申時에 베옷(布衣)과 가죽 모자(皮帽) 차림으로 시풍등(嘶風鐙)에 올라 발 저는 나귀(蹇驢)를 채찍질하여 雪梅의 소식을 탐방한다.

「열두 시간의 淸趣」

辰時에 일찍 일어나 옷깃을 여미고 앉아 마음을 명랑하게 한 뒤에 호흡을 조절하고 天氣를 흡수하여…… 양치질을 마치고 …… 午時에는 線香 한 개비를 피우고 일정한 곳을 맴돌아 氣와 神을 안정시키고 나서 비로소 식사, 소탕(素湯)을 들며, 배가 고픈 뒤에 식사하되, 배부르지 않아서 그만두며, 차는 입안을 먼저 씻어낸 뒤에 마시고……卯時에는 첫새벽에 일어나 옷을 걸치고 평상 위에 앉아 ……맑은 마음으로 조용히 앉았는가 하면, 益友와 함께 청담을 나누고 적게 마셔 반절쯤 취하며, 꽃에 물 주고 대나무를 심으며, 거문고 소리를 듣고 학을 관상하며, 향을 피우고 차나 달이며 성에 올라 산을 관망하고 뜻을 바둑에 붙이기도 한다. 이상을 보면 세속의 온갖 번뇌를 제거할 수 있고, 또 너무 고원해서 수행하기 어려운 일도 아니니.

서 시를 읊으며 속된 세속의 일로 인한 누가 없다면 이런 경지야말로 동방의 정토요, 인간세상 중의 선경이다."[218]라고 하였다.

『한정록(閑情錄)』「정업(靜業)」에서는 주변생활에서 들려오는 자잘한 소리를 작은 기쁨으로 표현한 글이다.

> 소나무에 바람이 지나가는 소리, 시냇물 흘러가는 소리, 산새 우는 소리, 들에 벌레 우는 소리, 학이 우는 소리, 거문고 소리, 바둑돌 놓는 소리, 비가 층계에 떨어지는 소리, 눈이 창밖을 스치는 소리, 차를 끓이는 소리들은 매우 맑은 소리이다. 그러나 그중에 독서하는 소리가 가장 좋다. 그리고 남이 독서하는 소리를 들을 때는 그렇게 기쁘지 않지만 자기 자제의 독서하는 소리는 그것을 들을 때 기쁘기가 이루 말할 수 없다.[219]

『한정록 2』「유사(幽事, 동쪽 울타리에 국화를 심고)」에서도 애완동물에 대한 기록이 보인다.

> 맑은 마음으로 고요히 앉아 유익한 벗과 청담을 한다. 몇 잔술로 얼근해지면 화초에 물을 주고 대나무를 심는다. 거문고를 듣다가는 학을 가까이 불러 노닐고, 향을 피우다 차도 끓인다. 배를 띄워 산수를 구경하고 장기와 바둑에도 뜻을 붙인다. 비록 다른 즐거움이 있다 하더라도 나는 바꾸지 않으리라.[220]

옛날 선비들의 찻자리 공간에는 거문고와 학이 꼭 필수종목으로 들어가는 경우가 많다. 이것은 도교와의 합류와 연관되는 부분으로 거문고와 학은 신선처럼 살기를 지향하는 일반적인 배경이라 할 수 있다. 위의 글에서 학과 함께 논다는 것은 길들여진 학을 말한다. 학을 기를 때는 오직 울음소리

---

218) 허균, 『성소부부고(惺所覆瓿藁)』「한정록」 제12권, 정업(靜業), 고전번역총서.

219) 허균, 『성소부부고(惺所覆瓿藁)』「한정록」 제12권, 정업(靜業). 예 문절공(倪文節公 문절은 송(宋) 예사(倪思)의 시호)이 말하였다. 고전번역총서.

220) 허균, 『한정록(閑情錄) 2』, 제10권, 「유사(幽事, 동쪽 울타리에 국화를 심고)」, 솔출판사, 2004, p.60.

가 맑은 것이 제일이다. 부리가 짧고 목이 길며 가는 다리가 우뚝한 놈이 볼 만하다. 암컷과 수컷이 마치 북두칠성 모양으로 발자취를 서로 쫓아가다가 알을 품는다. 수컷은 바람이 불어오는 쪽에서 울고 암컷은 바람이 불어가는 쪽에서 울며, 우는 소리가 교차하면 알을 품게 된다고 한다.[221]

학에게 춤 가르치기의 한 방법은, 학을 굶겼다가 아득히 먼 곳에 먹을 것을 두고 손바닥을 쳐서 유인하면(거문고를 타거나 혹은 피리를 불어도 된다) 날개를 치켜들며 울며 마치 춤추는 모양을 오래한다. 박수 치는 소리를 들으면 반드시 일어나니 이때에 학에게 먹이를 준다. 학의 병(鶴病)에는 뱀과 쥐 그리고 삶은 보리를 먹인다. 학은 전복을 먹으면 죽는다.

또 한 방법으로는 방안에 온돌을 아주 뜨겁게 하여 둥근 표주박을 온돌 위에 올려놓고, 학을 몰아 방안으로 들어가게 한 다음 학이 온돌의 뜨거움을 피하려 표주박위로 올라앉으면 표주박이 둥글기 때문에 구르니, 학은 똑바로 설 수 없어 마치 날듯이 날개를 펴지만 날아가지는 않는다. 이때에 북과 거문고로 그 박자를 맞추어 은근히 학에게 춤추는 모양을 이해시킨다.[222] 이는 많은 시간을 요구하는 것으로 선비들의 인내심을 시험하는 한 방법이기도 하다.

고대로부터 아시아권에서는 새를 영물(靈物)로 생각하였다. 하늘과 땅을 왕래하며 사자(死者)와 현세를 연락하는 역할을 한다고 믿어 숭배하였다. 건국시조의 난생설화가 많은 것으로 신라의 시조 박혁거세와 탈해왕 그리고 가야국의 시조들도 알에서 태어났다는 설화가 있다. 새 중에서도 학은 깨끗하게 오래 살면서 하늘을 날아다니므로 선인과 비슷하며 사람과 친할 수 있도록 있으므로 자연 속에서 선인과 더불어 지낼 수 있다고 본

---

221) 유중림(柳重臨), 『증보산림경제 1』, 농촌진흥청, 2003, p.321.

222) 유중림(柳重臨), 『증보산림경제 1』, 농촌진흥청, p.321.

것 같다. 조선 말엽의 민화에서는 차 끓이는 동자와 악기류와 학을 흔히 볼 수 있다.[223] 이와 같이 찻자리 공간에서 거문고와 학이 자주 등장하는 것은 차를 마시면서 자연의 세계로 잠시 귀의하고픈 선비들의 맑은 마음이라 생각된다.

또한 우리 선조는 음악을 매우 사랑하였고 통달하였는데, 특히 금(琴, 거문고와 비슷한 현악기)을 타고 노래 부르기를 즐긴 경우가 많았다. 보덕(寶德)이라는 마한(馬韓)출신의 여선(女仙)은 그 용모가 가을 물 위에 핀 연꽃 같았는데, 금(琴)을 껴안고 다니며 그것을 타고 노래를 불렀다고 한다. 율곡(栗谷) 이이(李珥, 1536~1584)는 말하기를 "영랑등 사선(四仙)이 노닐던 경포대에서는 달밤이면 생소(笙簫)의 소리가 구름 사이에서 들려온다고 하니 이상하다"고 하였다. 이 글로 보아 민간인들, 사선들, 선인들도 음악을 몹시 즐겼다고 인식했음을 알 수 있다.[224] 가야금의 명수로 알려진 가야국의 우륵(于勒, ?~?)도 선인으로 지목되었는데, 그의 가야금 연주가 진흥왕을 감탄케 했다는 이야기가 『삼국사기』에 실려 있다.[225] 거문고의 창제자 옥보고(玉寶高, ?~?)는 신라 경덕왕(景德王: 재위 742~765) 때의 사람으로 옥부선인(玉府仙人)이라고 불렀다. 지리산의 운상원(雲上院: 雲峰)에 들어가 50년 동안 거문고의 기법을 닦고 30여 곡의 새로운 거문고 가락을 지어 연주하자 검은 학(玄鶴)이 날아와 춤을 추었으므로 그 금을 현금(玄琴), 즉 거문고(검은 금)이라 명명했다고 했다. [226]이렇게 선인과 화랑들이 추구하는 바는 인간의 무한한 정신적 자유라는 공통점이 있기 때문이다.

이와 같이 한가로운 일상에서도 시를 쓰거나, 책을 읽거나, 악기를 연주

223) 정영선, 『다도철학』, 도서출판 너럭바위, pp.139~141.

224) 정영선, 『다도철학』, 도서출판 너럭바위, p.138.

225) 김부식, 이강래 옮김, 『삼국사기 1』, (주)도서출판 한길사, 2011, p.124.

226) 정영선, 『다도철학』, 도서출판 너럭바위, p.139.

하거나, 차를 끓이거나, 꽃을 가꾸거나, 애완동물을 길들이거나 등으로 무척 바쁜 일상이 엿보인다. 진정한 한가로움이란 쉽게 얻어지는 것이 아니고 부지런한 생활의 달인들만이 누릴 수 있는 찻자리 공간에서의 청사임을 유추해 볼 수 있다.

조선 중기 상촌(象村) 신흠(申欽, 1566~1628)의 『상촌집(象村集)』 전원에서 뜻 가는 대로 살아가는 야인(野人)의 야언(野言)을 들어보자. 인간 생활의 세 가지 즐거움을 말하고 있다.

> 어느 쾌적한 밤 편안히 앉아 등불 빛을 은은히 하고 콩을 구워먹는다. 만물은 적요한데 시냇물 소리만 규칙적으로 들릴 뿐, 이부자리도 펴지 않은 채 책을 잠깐씩 보기도 한다. 이것이 첫째 즐거움이다. 사방에 비바람이 몰아치는 날 문을 닫고 소제한 뒤 책들을 앞에 펼쳐놓고 흥이 나는 대로 뽑아서 검토해 보는데, 왕래하는 사람의 발자국 소리 끊어져 온 천지 그윽하고 실내 또한 정적 속에 묻힌 상태, 이것이 두 번째 즐거움이다. 텅 빈 산에 이 해도 저무는데 분가루 흩뿌리듯 소리 없이 내리는 눈, 마른 나무 가지 바람에 흔들리고 추위에 떠는 산새들은 우짖는데, 방 속에 앉아 화로 끼고 차 달이며 술 익히는 것, 이것이 세 번째 즐거움이다.[227)]

자유로운 전원생활에서 한가롭게 생활하는 어느 야인이 유유자적하며 은둔생활의 흥(興)을 실컷 누르는 생활의 맛이 드러나는 글이다.

찻자리 공간에 있어 흥취의 한가지로 「자자회문시(字字廻文詩)」라 해서 둥근 찻주전자에 돌려가며 쓴 글이 있다. 사실 어느 글자부터 읽어야 할지 알 수가 없다. 그래서 아무 글자부터 읽더라도 뜻이 통하도록 한 것이다. 한 예로 글자를 하나씩 밀려서 읽는 것도 있다. 흔히 써넣은 「다호시(茶壺詩)」로 '가이청심야(可以淸心也)'라는 다섯 글자가 쓰여 있는데 이를 한 글자씩 밀면서 읽으면 이렇게 된다.

---

227) 신흠(申欽), 『상촌집(象村集』 「상촌선생집」 제47권 외집 7, 야언(野言) 1, 고전번역총서.

마음을 맑게 할 수가 있고	可以淸心也
맑은 마음으로 마셔도 좋다	以淸心也可
맑은 마음으로도 괜찮으니	淸心也可以
마음도 맑아질 수가 있고	心也可以淸
또한 마음을 맑게 해 준다	也可以淸心

이처럼 돌려 읽거나 가로 세로로 읽거나 대각선으로 읽거나 건너뛰어 읽는 등 여러 가지 방법으로 읽어 무려 200여 수의 아름다운 시를 얻을 수 있다.[228] 찻자리 공간에서 선비들이 즐길 수 있는 기발한 아이디어이다. 둥근 찻주전자를 들어 차를 따를 때마다 마음을 맑게 하라는 교훈을 심어주니 다관 또한 스승이다.

조선 중기 간이(簡易) 최립(崔岦, 1539~1612)의 「희년록(稀年錄)」에는 비록 생활은 넉넉하지 못하더라도 누구의 간섭도 받지 않고 자기 분수껏 자유롭게 살아가겠다는 의지를 밝히고 있는 글이다.

……산속의 거처와 바닷가의 거처는 사람들이 자신의 취향에 따라 내세우는 두 가지의 대표적인 생활공간이라고 할 것이다. 산속을 유달리 좋아하는 사람은, 푸르게 우거진 수풀과 맑게 고인 계곡물에 우뚝 솟은 산 하나만으로도 자신의 눈과 귀를 깨끗이 씻어낼 수 있으니 다른 것은 원하지 않을 것이다. 바닷가를 유달리 좋아하는 사람은, 언뜻 연하(煙霞)로 가리어졌다가 금세 공활해지는 풍경 속에서 물새들과 어울려 노닐며 자신의 삶을 빈 배처럼 띄워 놓고 즐길 수가 있을 것이다. 따라서 산속이든 바닷가이든 간에 각자가 그 낙을 한껏 누리기만 하면 그만일 텐데[229]

이와 같이 각자의 취향에 따라 삶을 즐기고 싶지만, 자신의 의사와는 전혀 상관없이 극한의 한계에 봉착했을 때는 세상과 등지고 잠시 휴식을 취

228) 정민, 『한시미학 산책』, 앞의 책, pp.370~371.

229) 최립(崔岦), 『간이집(簡易集)』 「간이집」 제9권, 희년록(稀年錄) 미강(迷江)의 소축(小築)에 대한 전말을 기록하여 최 사문(崔斯文)에게 돌려준 글, 고전번역총서.

하고 싶을 것이다. 이럴 때 자신을 수신하는 공간으로 찻자리 공간이 환영받기에 이르렀음을 알 수 있다.

『한정록』「청공(淸供)」에 차와 먹(墨)을 통해 선비들이 흠모하는 현인과 군자의 정신을 나타내고 있다.

온공(溫公, 宋 司馬光의 봉호)이 자첨(子瞻 宋 소식의 자)과 차와 먹(墨)에 대해 말하기를, "차와 먹 두 가지는 성질이 꼭 서로 반대이다. 차는 흰 것을 좋은 것으로 치는데 먹은 검은 것을 치고, 차는 무거운 것을 치는데 먹은 가벼운 것을, 차는 새 것을 치는데 먹은 오래 묵은 것을 친다."라고 하자, 소자첨(蘇子瞻)이, "상품의 차와 뛰어난 먹은 다 함께 향기로우니 이는 그 덕이 같은 것이고, 모두 성질이 견고하니 이는 그 지조가 같은 것이다. 비유컨대 현인과 군자가 그 지혜와 아름다움의 정도가 같지는 않지만 그 덕과 지조는 한 가지인 것과 같다." 하니, 온공이 매우 옳게 여겼다.[230]

몇 가지 예를 들어 한가한 자의 즐거움을 찾아보니 결코 부지런하지 않으며 그 무엇도 누릴 수 없다. 즐긴다는 것은 어떠한 경지에 이르러야만 할 수 있는 최고의 놀이문화라 할 수 있다.

이에 찻자리의 한 구성요소로 찻자리꽃도 중요하게 여겼음을 「병화사(甁花史)」의 청상(淸賞) 편과 감계(監戒) 편을 살펴보면 알 수 있다.

> 차를 곁들여 꽃을 감상하는 것은 최상이고 이야기를 곁들여 꽃을 감상하는 것은 그 다음이고 술을 곁들여 꽃을 감상하는 것은 최하이다. 그러므로 술만을 위주로 하고 차를 멀리하거나, 일체 용렬하고 속된 말을 지껄이는 짓은 화신(花神)이 몹시 싫어하고 배격하는 바이니, 아예 입 다물고 죽은 듯이 앉아서 화신의 짜증을 자아내지 않는 편이 훨씬 낫다.[231]

230) 허균, 『성소부부고』「한정록」 제14권, 청공(淸供), 고전번역총서.

이와 같이 꽃에 대한 허균의 기록을 통해서 선비들의 꽃에 대한 애정 어린 관심과 정신적 추구를 찾아볼 수 있고, 아담한 멋으로 찻자리 공간을 채우고 있음을 알 수 있다.

이상으로 전통사회에 나타난 찻자리 공간을 살펴본바 선비나 경화사족들에 의해 도시문화의 혁신이 문예행위로 이어지고, 찻자리 공간의 몫은 선비들의 특별한 공간으로 문·사·철·예(文史哲藝)를 갖춘 선비들의 지조와 절개를 상징하는 사군자인 매·난·국·죽을 통한 문인화를 탄생시킨다. 여기에 큰 영향력을 준 것은 유·불·도의 정신이었다.

선비들이 지향하는 목표가 겉치레도 중시했지만 정신적인 자유를 무척이나 선망했던 부분들을 위의 글들에서 드문드문 발견하고 우리 민족의 소박한 정서가 엿보이기도 한다. 강렬한 색보다는 은은한 색을 선호했듯이 말이다.

선비들의 청사에서도 한사코 자연과 벗하며 살아가는 유유자적한 모습에서 현대인들의 생활과 대비를 이룬다. 그 당시 선비들의 즐거움은 의·식·주 걱정이 없는 상황에서 이루어졌지만, 바쁘게만 돌아가는 현재 우리가 바라보는 관점은 삶의 모습을 한 템포 늦춰보는 여유를 가져보자는 마음이다. 잠시 나무 벤치에 걸터앉아 하늘에 떠 있는 구름도 한 번쯤 쳐다보고, 아파트 놀이터에서 깔깔대며 노는 아이들의 웃음소리에도 귀를 기울이며, 골목 아저씨 뻥튀기는 소리에서 향수를 찾아보는 것도 선비들이 누린 청사만 못하겠는가 말이다.

---

231) 허균, 『성소부부고』 「한정록」 제17권, 병화사(瓶花史), 청상(淸賞), 고전번역총서. 이하 20권까지는 허균(許筠)이 원굉도(袁宏道)의 병화사(瓶花史)와 상정(觴政), 오영야(吳寧野)의 서헌(書憲), 진계유(陳繼儒)의 서화금탕(書畫金湯)을 그대로 옮겨다 놓은 것이다.

제4부
한 · 중 · 일 찻자리 공간의 특징을 찾아서

동북아시아 삼국(한국, 중국, 일본)문화는 공통적으로 한자・한문을 매개로 하여 유교 및 불교의 의례방식과 가치관이 삼국의 지식층들의 공통의 문화로 오랫동안 이어왔다. 따라서 삼국의 사상적 기반이 유교・불교・도교에서 공통적으로 나타난다. 불교의 추상적이며 형이상학적인 면이 강하고, 유교의 현실적이며 이지적이며 남성적이고 행동적이며 지배적인데 반하여, 도교는 은둔적이고 직관적이며 여성적이고 신비적이며 순응적인 면을 가진 바와 같이 서로 상당한 차이를 보인다.[232)]

그럼에도 삼국의 문화 속에는 공통성이 있었다. 중국을 중심으로 철학사상과 생활문화에 있어서 나란히 자연을 강조하는 것이 삼국이 전형적인 농경 국가라는 점이었다.[233)] 이러한 요소는 동북아시아 삼국문화에서 유구한 역사와 함께 존재해 왔음을 인식할 수 있었다.

삼국이 주고받는 여러 문화 중에서 차문화는 연연히 이어져 왔었다. 이후 찻자리 공간이라는 새로운 양식이 형성되고, 찻자리 공간은 미와 예술을

---

232) 권영걸(權寧傑), 『한・중・일의 공간조영』, 도서출판 국제, 2008. p.30.

233) 주칠성(朱七星), 『동아시아의 전통철학』, 예문서원, 1999. p.112.

창조하는 장소로 고급문화를 잉태하기 시작했다. 그 조건 안에서 여가에서 얻어낸 최고의 표현을, 차나 술을 즐기면서 시・서・화・화훼(詩書畵花卉) 등을 기본적으로 지닌 지식인들과 예술가들의 퍼포먼스(performance)는 독특한 문화양식을 꽃피우기 시작했다.

1. 한국의 찻자리 공간

한국에서 찻자리 공간의 개념은 신라 시대 차의 전래와 함께 시작되었다고 볼 수 있다. 차는 중국 당(唐) 시대에 이미 문화 음료로 자리매김하고 있었기 때문이다. 삼국 시대 유교와 불교의 전래로 왕실과 사대부가와 승가 및 화랑도들 사이에서 점차 유행하기 시작하였다. 유행을 이끌었던 계층들 사이에서 찻자리 공간도 상황에 따라 자연스럽게 형성되어 나갔다.

7세기 원효(元曉, 617~686)와 사포(蛇包)의 이야기가 있다. 원효를 모시는 사포는 낭떠러지의 동굴 속 암자인 원효 방에서 수행하였는데, 바위틈에서 젖같이 단 샘물이 나와 늘 차를 달여 마셨다는 내용[234]으로 보아 찻자리 공간은 동굴 속의 암자 원효 방에서 수행과 함께 이루어진 공간임을 알 수 있다. 화랑도(花郎徒)들은 명산과 대천(大川)을 찾아 멀리까지 돌아다니며 호연지기를 기르고 차생활을 통해 심신을 수련하였다. 이처럼 신라 시대의 찻자리 공간은 실내뿐만 아니라 명산과 대천 등지도 찻자리 공간이 되었다. 충담사(忠談師)가 귀정문((歸正門) 누(樓)에서 경덕왕에게 차를 올린 진다의식[235]을 통해 찻자리 공간은 '누'에서 이뤄지고 있음을 알 수 있다.

234) 정영선, 『다도철학』, 앞의 책, p.145.

고려 시대에 들어오면서 불교의 번성으로 차문화 역시 국가적 차원에서 장려되기도 하였다. 찻자리 공간은 자연 속에서, 왕실 안에서, 사찰 안에서, 선비들의 저택에서, 때로는 일반 백성의 거주지에서도 자연스럽게 형성되었다.

특히 다방(茶房)이라는 관청을 통해 차 마시는 공간은 매우 광범위했음을 알 수 있다. 팔관회나 연등회 등 조정의 의식 때와 정월 초하루나 추석 등의 주요 명절 행사 및 종묘제사뿐만 아니라 사신을 맞을 때, 왕의 행차 시에 찻자리 공간은 가변적 공간으로 그 역할을 수행하였다. 궁중 밖에서 왕족들에게 차를 올리거나 준비하는 일을 위해 다구들을 나르던 다군사(茶軍士)제도에서 찻자리 공간은 야외였다. 사헌부(司憲府)의 다시(茶時)제도나 중형주대의(重刑奏對儀)와 원회의(元會儀)와 연회(宴會) 같은 행사의 찻자리 공간은 왕실 내 사헌부 또는 대관전(大觀殿)과 같은 관련된 부서의 장소였다. 다원(茶院)이나 다점(茶店)을 통해 찻자리 공간은 상업성을 지닌 영업적 공간으로 나타나고 있다. 또한 연등회(煙燈會)나 공덕재(功德齋) 같은 불교 행사인 경우 찻자리 공간은 사찰이나 사찰 주변의 경관이 좋은 장소를 택하였다.

이처럼 고려는 전반에 걸쳐 각 계층 사이에서 차문화를 꽃피웠다. 그 가운데 특히 초기에는 주로 귀족중심의 차문화였으나, 무신 난 이후부터 선비들 중심의 차문화로 빌진하였다. 이들은 숲 속이나 물가보다는 풍광이 수려하고 물 좋은 곳에 위치한 정자나 재실(齋室) 및 초당이 그들의 찻자리 공간이 되었다. 그리고 이러한 찻자리 공간을 마련하여 서로 초대하여 시와 글을 짓고 때론 모임을 만들어 소요자적(逍遙自適)하였다. 이는 이규보가 칙명(勅命)을 받들어 지은 글 속에서 책사(冊使)를 찻자리 공간에 초대하

235) 일연, 앞의 책, p.172.

여 읊은 시를 통해 살펴볼 수 있다.[236]

이규보의 「월수좌가 시랑 조충에게 보낸 운을 잇다(次韻月首座贈趙侍郎冲)」의 시를 보면,

설날 어찌 비둘기 놓아 줄 필요 있으리	正日何須手放鳩
그대의 가문 대대로 음덕 쌓았네	君家陰德世曾修
높은 재주와 귀한 문벌 겸비하였고	才高地貴身兼得
젊은 나이로 청환에 올라 명망이 거룩하네	年少官尊望最優
손님 접대하는 풍류는 조승[237]을 능가하고	愛客頭流傾趙勝
중을 심방하는 운치는 배휴를 압도하네	尋僧情況倒裴休
금문(金門)에서 밤마다 숙직함이 괴로워	金閨頗猒連宵直
찻자리에서 때로는 반나절을 소견(消遣)하네	茗席時容半日留
공은 내가 공자(孔子) 배움을 좋아하였고	喜我早攀尼父翼
나는 공을 추대하여 문장의 으뜸을 삼았네	推公長作華韻頭
평생에 다행히 한 형주[238]의 얼굴을 알았으니	此生幸識荊州面
인간의 만호후가 어이 부러울 것인가	何羨人間萬戶侯[239]

시 · 거문고 · 술 그리고 차를 좋아했던 이규보는 벼슬에 임명될 때마다 그 감상을 읊은 즉흥시를 썼다. 이 시를 보면 그의 마음이 편치 않아 찻자리에 들어가 반나절을 보내면서 자신을 위로하며 공직자로서 자신에 대해 읊은 시이다. 이처럼 차문화가 발전되면서 찻자리 공간도 자신을 위로하는 공간으로써 다양한 형태로 확대되어 갔다.

조선 시대에 들어서도 고려 시대 선비들의 차문화를 계승하였다. 조선의

---

236) 김명배, 『한국의 다시감상』, 대광문화사, 1999, p.277.

237) 전국시대(戰國時代) 조 혜문왕(趙惠文王)의 아우로서 평원군(平原君)이라 부르는데, 천하의 인재를 받아들여 식객(食客)이 항상 수천 명에 이르렀다.

238) 당(唐)나라 때 명신(名臣) 한조종(韓朝宗)을 말한다. 그가 형주 자사(荊州刺史)로 있을 때에 이백(李白)이 글을 올려 이르기를 "살아서 만호후 봉함이 필요치 않고, 다만 한 형주를 한 번만이라도 보는 것이 소원이다." 하였다.

239) 이규보(李奎報), 『동국이상국집(東國李相國集)』「동국이상국전집」 제13권, 고율시(古律詩), 월수좌가 시랑 조충에게 보낸 운을 잇다(次韻月首座贈趙侍郎冲), 고전번역총서.

선비들은 소박한 차문화를 즐기며, 마음을 다스리는 정신음료로 승화시켜 나갔다. 고려 시대의 다방(茶房)처럼 조선 시대에서도 조정이나 왕실의 다례를 주관하였고 태평관(太平館) 등의 사정전(思政殿), 인정전(仁政殿), 명륜당(明倫堂) 등에서 사신들에게 차를 베풀었다. 찻자리 공간은 왕실이나 태평관의 실내 공간이 되었고, 관청[240]은 다시(茶時)를 행하는 찻자리 공간이 되었다.

『세종실록』에는 "더운 여름에는 회강(會講)을 없앨 것인가, 회강을 하더라도 다례(茶禮)만 행할 것인가."를 신하들과 의논한 것을 볼 수 있다.[241] 이를 통해 볼 때 회강의 공간은 세자의 교육이 이루어진 경연의 공간으로, 찻자리 공간은 다례를 통해 형성되는 소통과 교육 및 문화적 시공간으로 중요시 여겼음을 알 수 있다. 이는 찻자리 공간이 어느 한 곳에 국한되지 않음을 알 수 있다. 조선 시대 찻자리 공간에 대한 특징의 하나는 초월적 공간이다. 조선 전기 한재(寒齋) 이목(李穆, 1471~1498)은 『다부(茶賦)』에서 「차의 오공육덕(五功六德)」[242]과 「일곱 주발의 찻노래」를 통해 차를 기호음료의 차원이 아닌 수신을 목적으로 마셨다는 것을 밝혔다.[243]

> 한 잔을 마시니 창자(枯腸)를 물로 깨끗이 씻어낸 듯하고
> 두 잔을 마시니 정신이 상쾌하여 신선이 된듯하고
> 세 잔을 마시니 병골(病骨)에서 깨어나 두풍(頭風)이 없어지네.
> 내 마음은 공지(魯叟)께서 세상을 뜬구름처럼 여긴 뜻과
> 맹자(鄒老)께서 호연지기를 기른 뜻의 경지에 이르네.
> 네 잔째는 웅장 호방함이 일어나 근심과 분노가 없어지니

---

240) 16세기에는 혜민서에서도 다시를 행하였으며, 사헌부 다시는 고종 때까지 매우 중요시되었다.

241) 정영선, 『한국의 차문화』, 도서출판 너럭바위, 2007, p.181.

242) 차의 육덕(六德)에서는, 使人壽修, 使人病已, 使人氣淸, 使人心逸, 使人仙, 使人禮./이목, 김길자 역주, 『이목의 차노래』, 두레미디어, 2001, pp.96~102.

243) 류건집, 『다부(茶賦) 주해(註解)』, 도서출판 이른아침, 2009, pp.161~162.

내 기세는 공자께서 태산(泰山)을 올랐을 때 천하가 작게 보여 그 눈길을 다 받을 수 없었던 경지가 되네.
그 다섯째 잔을 마시니 색마(色魔)도 도망가고 찬시(餐尸)던 식욕도 사라지네. 내 몸은 구름치마에 깃옷(羽衣) 입고 흰 난새(白鸞)를 타고 달에 오른 듯 하도다.
여섯째 잔을 마시니 해와 달이 내 마음속에 있고
모든 사물을 버섯거리는 거적떼기(籧篨)에 불과하네.
내 정신은 소부(巢父)와 허유(許由)를 말구종으로 삼고
백이(伯夷)와 숙제(叔齊)를 종복으로 하여 하늘에 상제께 읍하노라.
어이하여 일곱째 잔은 반도 안 마셔 울금향(鬱金香)같은
맑은 차 향기 옷깃에 일고 하늘 문 바라보이며
바로 곁에는 소삼(蕭森)한 봉래산이로구나.

「일곱 주발의 찻노래」 시를 통해 조선 전기의 선비들의 찻자리는 주로 차의 맛이나 멋을 중시하기보다는 정신음료에 가치를 두어, 마음을 다스리는 공부를 중요시하는 도학자(道學者)로서 찻자리 역시 마음을 다스리는 공간이었음을 알 수 있다.

조선 시대 찻자리 공간에 대한 특징으로 개인의 다옥(茶屋)이 등장한다. 다옥은 볏짚이나 띠, 억새 등으로 이은 작고 소박한 초당(草堂)으로 차를 마시는 공간으로 책을 보는 좁은 방이었다. 조선 후기 청백리(淸白吏)였던 병와(瓶窩) 이형상(李衡祥, 1653~1733)의 『병와 가곡집』에 실린「누실(陋室)」이라는 시를 살펴보면,

내 집이 초려삼간(草廬 三間) 세상일이라곤 전혀 없네
차 달이는 돌 탕관과 고기 잡는 낚싯대 하나
뒷산에 절로 난 고사리 그것이 분수인가 하노라[244)]

이처럼 조선 시대 선비의 찻자리 공간은 산림에 묻혀 차를 마시며 안빈

244) 김명배, 『한국의 다시감상』, 앞의 책, p.298.

낙도(安貧樂道)하는 공간이었다. 때론 이들은 여럿이 모여 공통된 뜻을 확인하고 결속하는 자리를 마련하기도 하고, 시를 짓고 그림을 그리는 예술 창작의 산실로 친목을 돈독히 하는 공간이었다.

조선 후기 실학자 완산(完山) 이긍익(李肯翊, 1736~1806)의 『연려실기술(燃藜室記述)』 21권 「최근해주지옥(崔近海州之獄)」에는 '1616년에는 대북당(大北黨)과 소북당(小北黨)이 한때 한자리에 모여 화해를 도모하였는데, 매화향기 속에서 선차(仙茶)를 마시며 모임의 의의를 새긴 것을 볼 수 있다.'[245] 이는 서로 다른 의견을 가진 자들끼리 화해를 도모하여 함께 차를 마시는 화해의 공간이기도 하였다. 또한 선승들에게 찻자리 역시 한계를 벗어난 공간으로 자신을 수양하는 공간, 포교를 위한 공간, 교유하는 공간 등으로 역할을 충실히 하였다. 정조(正祖, 1752~1800) 때 새로운 학풍이 일어 철학적 이론보다 실제 생활과 직결된 일반 백성의 생활문제가 화두로 등장하면서 개혁운동을 추진했던 공간이기도 하였다.

이렇듯 조선 시대 선비들과 선승들은 찻자리 공간을 통해서 몸과 정신을 맑게 하여 마음을 다스리고 수양하는 도장이며, 화해와 친목을 위한 교유의 장으로, 창작의 산실로, 교육과 문화를 발전시켰던 곳이었다. 이처럼 찻자리 공간에서의 생활은 사유의 공간을 넓혀줄 뿐만 아니라 정서적으로 안정을 주어 맑은 정신을 유지하며 정신적 해탈의 경지에 이르게 했던 곳으로 보다 높은 차원으로 이끌어 도덕적인 지조와 미적 특징을 키워나갔다.

245) 정영선, 『한국茶文化』, 도서출판 너럭바위, 2007, pp.187~188.

- 그림에 나타난 찻자리 공간의 특징

· 삼국 시대

삼국 시대와 고려 시대에 찻자리 공간에 관한 그림들은 거의 없다. 그러나 찻자리 공간을 알 수 있는 유물들을 찾아본 후 조선 시대에 남아 있는 그림들을 중심으로 살펴보고자 한다. 삼국 시대의 미술의 특징은 귀족 중심으로 고분과 불교 미술이 발달하였다. 이 가운데 찻자리 공간에 관한 그림은 고구려의 무용총(舞踊塚)과 각저총(角抵塚)을 통해 알 수 있다. 고구려는 삼국 중 가장 일찍부터 한나라와 육조 및 중국을 통해 들어온 서역의 영향을 수용하면서도 그들 특유의 예술 세계로 발전시켰다.

무용총 무용도에는 춤과 음악이 있는 연회가 벌어지는 장면으로 한 쪽 뜰에서는 남녀 혼성의 춤사위가 벌어지고 있다. 고구려인들의 멋스러운 풍류를 알 수 있는 그림으로 남녀 의상과 가무를 즐기고 있는 모습과 음식을 나르는 모습이 그려져 있다.

「무용총 - 찻상을 들고 가는 모습」

오른쪽 무희들은 춤을 추고 잔치 상에 올리려고 찻상을 들고 가는 모습이다.

「무용총-상 위에 찻잔이 있는 모습」

상위에는 과일을 담은 큰 그릇이 있고 또 여러 개의 크고 작은 그릇이 찻잔으로 추측된다.

「각저총-음다 모습」

장막이 드리워진 실내에서 의자에 주인이 무릎을 꿇고 앉는 두 명의 부인과 차를 마시는 모습이다. 이는 고구려인들의 생활상을 볼 수 있는 그림으로 가무를 즐기며 연회를 베푸는 놀이 문화뿐만 아니라 인품을 갖춘 사람을 모셔 차를 마시며 설법 등을 듣는 모습을 통해 당시의 찻자리 공간에서의 상황들을 유추해 볼 수 있다. 이처럼 고구려의 고분 벽화를 통해 고구려인들의 남성적이며 역동적이고 힘찬 모습을 알 수 있다.

백제는 고구려와 중국 남조 중 특히 양나라와의 교류가 빈번하였다. 백제인들이 남긴 예술적 특색은 부드러움과 유연미를 지녔던 백제인들의 찻자리 공간 또한 추측해 볼 수 있다. 하지만 아쉽게도 찻자리 공간과 관련된 작품은 남아 있지 않다. 신라는 고구려의 영향을 받으면서도 소박함과 조화로운 미를 특징으로 하고 있다. 통일신라 시대에 들어와서는 당나라의 영향과 불교의 영향으로 화려한 특징을 지녔다.

『삼국사기』 문무왕 14년 2월조에 의하면 "궁 안에 연못을 파고 산을 만들어 화초를 심고 진기한 새와 짐승을 길렀다."[246]고 하여 삼국통일을 전후로 조성하기 시작하여 문무왕(文武王, 626~681) 14년(674년) 2월에 완성한 것으로 되어 있다.

『삼국사기』 효소왕(孝昭王, ?~702) 6년(697년) 9월 "임해전에서 군신(群臣)에게 연회를 베풀었다."[247]고 하였다. 안압지를 끼고 있는 임해전은 나라에 경사스러운 일이 있을 때나 귀한 손님들이 왔을 때 군신들의 연회 및 귀빈의 접대장소로 이용되었다.

혜공왕(惠恭王, 758~780) 5년(769년) 3월 이곳에서 왕이 베푼 연회가 있었고,[248] 헌안왕(憲安王, ?~861) 4년(860년) 3월에는 경문왕(景文王, 응렴, ?~875)이 화랑으로 활동할 때 헌안왕이 이곳에서 베푼 잔치에 참석했다가 사위로 택해지기도 하였다.[249] 헌강왕(憲康王, ?~886) 7년(881년) 3월에는 왕이 여러 신하를 모아 향연을 베풀고서 흥에 겨워 직접 거문고를 탔고, 신하들은 노래를 부르며 즐겁게 놀았다고 한다.[250] 신라가 망하기 직전인 경순왕(敬順王, ?~978) 5년(931년) 2월에는 경주를 방문한 고려 태조를 이곳

---

246) 김부식, 이강래 옮김, 『삼국사기』, (주)도서출판 한길사, 2011, p.201.

247) 김부식, 위의 책, p.215.

248) 김부식, 위의 책, p.242.

249) 김부식, 위의 책, p.275.

250) 김부식, 위의 책, p.281.

에 초대하여 연회를 베풀기도 하였다.[251] 한편, 임해전은 경문왕(景文王, ?~875) 7년(867년) 1월에 중수되었다.[252]

이곳에서 찻자리 공간이 이루어졌음은 알 수 있다. 이는 안압지에서 회색토기인 '언(言)' '정(貞)' '영(榮)' 그리고 작은 글씨로 '다(茶)'는 '정(貞)' '영(榮)' 사이에 글자가 새겨진 찻그릇이 출토되었다. 즉, 「언정다영(言貞茶榮)」이라는 뜻은 차를 마심으로 바른말을 하게 되어 영화를 누릴 수 있다는 뜻으로 해석할 수 있다.[253] 또한 국가 차원에서는 차문화에 대한 제도적 배려가 있었다. 문헌에 의하면 이미 통일신라 시대에 다연원(茶淵院)이라 하여 차 마시는 장소가 있었다. 이는 경주 창림사(昌林寺)라는 절터에서 다연원이라 쓰인 기왓조각이 출토됨으로[254] 별도의 찻자리 공간으로 우리나라 최초의 찻자리 공간이었음을 알 수 있다.

이처럼 안압지 임해전지에서는 국가적 행사뿐만 아니라 다회와 연회 등을 베풀었던 공간이며, 경문왕이 자신의 왕위에 도전하는 세력들의 반란을 진압한 뒤, 왕실의 권위를 높이고 과시하기 위한 왕권강화책의 일환으로 사용했던 곳이기도 하다. 또한 다연원은 임금이나 귀족, 승려, 화랑, 관원들이 먼 길을 떠났을 때 묵었던 국영여관으로 찻자리 공간 역할을 하기도 하였다.[255] 이러한 공간은 연못으로 둘러싸인 환경이거나 연못이 보이는 운치 있는 곳으로 고려 시대에서도 계속 유지되었다.

---

251) 김부식, 위의 책, p.297.

252) 김부식, 위의 책, p.277.

253) 정영선, 『한국차문화』, 도서출판 너럭바위, 2007, p.89.

254) 정영선, 『한국차문화』, 도서출판 너럭바위, 2007, p.83.

255) 정영선, 『한국차문화』, 도서출판 너럭바위, 2007, p.83.

경주 안압지 임해전지(臨海殿址)

고려 시대는 한국 불교 미술의 황금시기로 통일신라가 계승하여 고려는 불교와 귀족 사회의 흥성과 함께 차문화도 발전을 이룬 시기이다. 이는 귀족적 취향이 많이 반영되었고 불교 미술이 꽃을 피웠다. 하지만 아쉽게도 차와 관련된 그림은 거의 보존되고 있지 않다.

· 조선 시대

유교적 관료 체제로 새로 출발한 조선은 문화와 예술 분야에서도 활발하였다. 이는 당시 중국의 새로운 왕조인 명대의 문화의 영향도 적지 않았다. 조선 전기 도화서(圖畵署)를 중심으로 직업 화가들이 배출되었다. 이뿐만 아니라 왕실과 종실, 선비들 사이에서 여가를 즐기며 명작(名作)을 남기기도 하였다.

찻자리 공간이 그림으로 표현되기 시작한 것은 조선 중기로 볼 수 있다. 조선 중기는 산수와 인물 외에도 다양한 분야에서 풍부한 화풍을 이루었다. 조선 중기가 되면서 극소수 진보적인 화가에 의해 남종화가 소극적으로 수용되다가, 조선 후기부터 예술의 새로운 양식은 진보한 선비들을 중심으로 널리 유행한다.

학포 양팽손은 조선 중종(中宗, 1488~1544) 때 문장(文章)과 서화(書畵)로 명성을 얻은 문신이다. 그는 조선 후기의 공재(恭齋) 윤두서(尹斗緖, 1668~1715), 말기의 허련(許鍊, 1809~1892)과 함께 호남의 대표적인 문인화가로 손꼽히는데, 특히 양팽손은 호남 화단의 선구자로 지칭된다. 그는 정암(靜菴) 조광조(趙光祖, 1482~1519)를 비롯한 많은 선비와 함께 기묘사화(己卯士禍)로 1519년 고향 화순으로 낙향하였다. 도학사상과 개혁정치의 꿈은 무산되고 조광조가 사사되는 상황을 지켜보아야 했던 고통을 그림으로 담아냈다. 그의 「절죽도(折竹圖)」에서 표현된 것처럼 왕죽의 중간 부분이 꺾인 대나무 그림은 당시 참담한 선비들의 심경을 표현하고 있다. 그러한 성품을 지닌 양팽손은 「기명절지도(器皿折枝圖)」에 속한 「연지도(蓮芝圖)」는 중국다호(茶壺)로 보이는 다기와 함께 각기 연꽃과 연지(連枝)가 주된 소재가 된 두 폭의 그림에서 찻자리 공간 안에서 사용하고 있는 다구들을 엿볼 수 있다.

조선 시대의 다화(茶畵)들을 통해 다양한 찻자리 공간의 장면들을 살펴볼 수 있다. 조선 시대에 그려진 차에 관련된 그림들의 특징으로 그림을 그린 화가들이 대부분 실명으로 그림의 량도 많다.

산수화와 풍속화에 새로운 경지를 개척했던 조선 후기 화가 단원(檀園) 김홍도(金弘道, 1745~?)의 「전다한화(煎茶閒話)」는 여름철 야외의 찻자리 공간을 표현한 그림이다. 무성한 나무들이 우거진 산속에서 두 선비가 의자에 앉아 부채로 더위를 식히며 한가롭게 이야기를 주고받고 있다. 다동은 차 주전자를 화로 위에 올려놓고 부채로 불을 지피며 차를 끓이고 있다. 탁자 위에는 책 · 거문고 · 지필묵, 그리고 제법 큼직한 화병에는 꽃이 꽂혀 있다. 야외풍경에서 아름다운 꽃들을 볼 수 있을 텐데 따로 찻자리에 꽃을 준비한 걸로 보아 문방사우와 함께 꽃을 중요시한 것을 짐작할 수 있는 좋

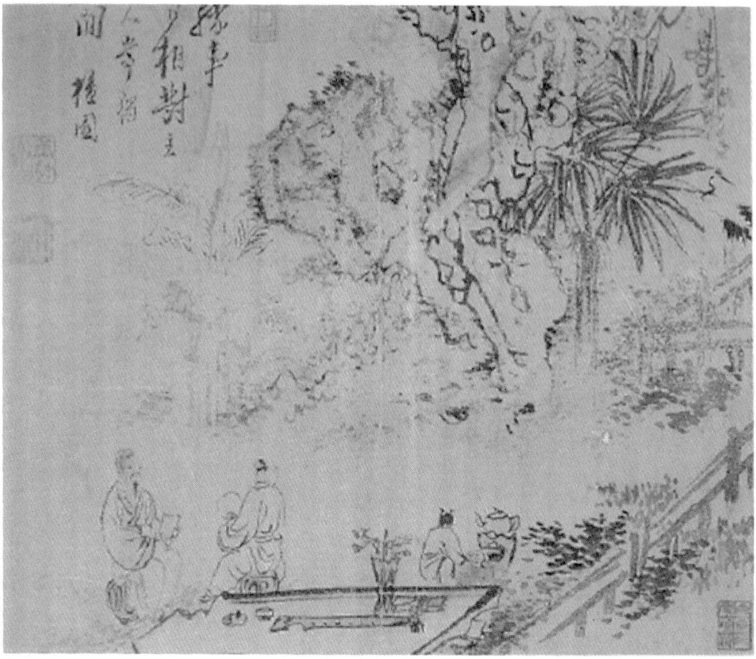

단원 김홍도, 「전다한화(煎茶閒話)」, 지본담채(紙本淡彩), 26.0cm×21.8cm, 간송미술관 소장

은 예이다. 실내 찻자리 공간의 정취를 그대로 옮겨 온 듯하다. 그림에서 보듯이 자연 속에 펼쳐진 찻자리 공간은 더위로 인한 방심한 마음을 다스리고자 호연지기를 기르는 시공간적 요소를 갖춘 찻자리 공간이라 여겨진다.

김홍도의 「초원시명도(蕉園試茗圖)」를 보면, 그림 중앙 앞쪽에 대담한 구도로 파초를 표현하고 있다. 조선 시대 선비들은 파초 잎에 시를 쓰며 여름을 나는 일을 선비의 운사(韻事)로 여겼다. 이런 운치 말고도 파초를 아껴 가꾼 것은 끊임없이 새잎을 밀고 올라오는 자강불식(自彊不息)의 정신을 높이 산 까닭이다.[256] 파초사랑이 유난했음을 느낄 수 있다. 그림을 자

256) 정민, 『일침』, 김영사, 2012, p.115.

김홍도, 「초원시명도(蕉園試茗圖)」, 지본담채(紙本淡彩), 37.8cm×28cm, 간송미술관 소장

세히 살펴보면 파초가 짙푸른 은사(隱士)의 마당에서 다동은 질화로에 다관을 올려놓고 쭈그려 앉아 부채질로 숯불을 피워 차를 끓이고 있다.

돌멩이 위에 나무판을 올려 만든 질박한 서탁(書卓) 옆에 사슴의 다소곳한 모습에서 선계(仙界)가 느껴진다. 서탁에는 책 두 권, 작은 원형 벼루, 몽당 먹, 볼품없는 족자 세 개, 줄 없는 거문고, 투박한 찻잔이 아무렇게나 놓여있다. 은사의 조촐한 살림이다. 은사는 시상(詩想)이 떠올라 행음(行吟) 중인지 보이지 않는다.

조선 말기 화가 소치(小痴) 허련(許鍊)의 「완당난화(阮堂蘭話)」에서 그려진 인물은 소치의 스승인 추사 김정희이다. 추사의 말년을 표현한 것으로 당시 「매화서옥도(梅花書屋圖)」의 유행과 매석(梅石)애호 경향, 화로의 주전자, 채색 잔이 알려주는 차문화, 청나라의 경학과 금석고증학의 새로운

소치(小痴) 허련(許鍊), 「완당난화 (阮堂蘭話)」, 지본묵서(紙本墨書),
26.5cm×12.9cm, 국립중앙박물관 소장

성과를 담고 있는 채색 포갑(包匣)의 중국서적과 수선화, 중국식 탁자, 화문석 등 추사의 문화성향과 삶을 이해할 수 있는 그림이다. 또한, 소치에 대한 추사의 사랑과 스승에 대한 소치의 존경심이 가득하다.[257)]

방 한 쪽의 탁자 위에 핀 매화가 봄날이 왔음을 알리고 있다. 화로 위에서는 주전자에 찻물이 끓고 있다. 앞쪽에 있는 두 개의 찻잔은 가끔 찾아오는 다우(茶友)를 위해 준비한 것이다. 추사의 생활의 한 단면으로 차를 특별한 날에만 마시는 것이 아니라 수시로 마시는 찻자리 공간임을 알려주고 있다. 의관을 단정하게입고 글을 쓰는 추사의 모습에서 올곧은 선비의 풍모가 보인다. 그 당시의 수선화는 귀한 식물이었다. 「수선화부(水仙花賦)」를

257) 국립광주박물관, 『남종화의 거장 소치 허련의 200년』, 비에이디자인, 2008, p.60.

현재(玄齋) 심사정(沈師正), 「선유도 (船遊圖)」, 지본수묵담채(紙本水墨淡彩), 27.3cm×40cm, 개인 소장

쓴 추사를 상징한 것으로 보인다. 활짝 핀 꽃향기가 방안에 차향과 어울려 운치를 더한다. 다사를 직접 행하는 선비의 고상한 일상의 어느 날을 표현하고 있다. 이처럼 조선 시대 선비들의 서재는 찻자리 공간으로 활용되고 있었다.

조선 후기 화가 현재(玄齋) 심사정(沈師正, 1707~1769)은 겸재(謙齋) 정선(鄭敾)과 더불어 18세기의 대표적인 문인화가이다. 이 작품은 몇 안 되는 기년작 중의 하나로 오른쪽에 보이는 '갑신신추사(甲申新秋寫)'라는 간기의 갑신(甲申)은 1764년에 해당하므로 그의 57세 때 그림으로 비교적 만년의 작품임을 알 수 있다.

「선유도」의 내용을 보면, 쪽배 위에는 성근 대발로 지은 집이 있다. 살림살이는 네모난 좌식 탁자 위에 책 몇 권, 붉은 매화 가지가 있는 화병 하나,

혜산(蕙山) 유숙(劉淑), 「벽오사소집도 (碧梧社小集圖)」, 1861년, 지본담채(紙本淡彩), 14.9cm×21.3cm, 서울대 박물관 소장

대접과 찻잔이 하나씩 놓여 있을 뿐이다. 그에게 배 위는 조촐한 찻자리 공간으로 이러한 기물들을 그려 넣은 화가의 독특한 발상이 제법 운치를 더하고 있다.

바다에는 폭풍이 이는 듯 험한 파도가 소용돌이치고 하늘에는 반향(反響)하듯 굽이치는 먹구름이 덮여 있는데 이 작은 배는 이상할 만큼 평정을 유지하고 있다. 그림 왼쪽에는 두 선비가 조금의 동요도 나타내지 않은 채 파도를 감상하며 뱃전에 기대어 있고 그 반대편 끝에서 노 젓는 사공이 무척 힘에 겨운 듯 애쓰고 있다. 천 년을 산다는 학 한 마리가 늙은 나무 등걸 위에 앉아 있다. 군계일학(群鷄一鶴)처럼 여럿 가운데 뛰어나서 그 인품이

고고한 선비의 상징이기도 하다. 마음이 통하는 벗과 더불어 배에 타고 있는 선비는 이미 신선인 것이다. 실로 운치 있는 찻자리 공간을 선유(船遊)에 담는 작가의 풍류를 헤아려 볼 수 있다.

조선 후기 화가 혜산(蕙山) 유숙(劉淑, 1827~1873)의 「벽오사소집도(碧梧社小集圖)」는 벽오사에 모인 것을 기념하여 유숙이 그린 소집도이다. 유숙은 조선 말기 중인들의 문회(文會)인 벽오사(碧梧社)로 유최진(柳最鎭, 1791~1869)과 헌종의 어의(御醫)였던 이기복(李基福, 1783~1863)과 함께 벽호사의 중심인물로 어의로 활동한 중인이다. 대부분 이들은 경제적으로 안정된 삶을 영위하였고, 당대의 여항문인들은 선비들과 넓은 교유관계를 형성하였다. 벽호사란 이름은 유최진의 집안에 우물이 있는데 우물가에 늙은 벽오동이 있는 것에서 유래되었다.[258] 우봉(又峯) 조희룡(趙熙龍, 1789~1866)을 비롯한 여섯 친구들인 유최진(柳最鎭, 1791~1869), 이기복(李基福, 1783~1863), 김익용(金益鏞), 이팔원(李八元, 1798~?), 유최진의 아들 유학영 등이 유최진의 벽호당에 모여 시와 그림을 즐기고 있는 모습이고[259] 아래쪽에는 차를 끓이는 다동이 그려져 있다. 호숫가 대나무 숲 근처에서 이루어진 모임의 모습에서 당시의 찻자리 공간을 예측할 수 있다.

조선 후기 화가 화산관((華山館) 이명기(李命基, ?~?)의 「송하독서도(松下讀書圖)」를 통해 당시 선비들이 은거생활을 즐기고 살았음을 유추해 볼 수 있는 그림이다. 화제(畵題)를 보면, '글 읽은 시 어리 헤 어린 소나무 모두 용 비늘처럼 늙었네(讀書多年 種松皆作老龍鱗).'를 통해 평생을 글과 친구하며 뒤뜰의 소나무와 더불어 늙어가는 은일처사의 유유자적(悠悠自適)한 모습에서 초연함이 느껴진다.

258) 허경진, 『조선위항문학사』, 태학사, 1997, p.414.

259) 조희룡, 『매화 삼매경』, 태학사, 2009, pp.133~134.

화산관(華山館) 이명기(李命基), 「송하독서도(松下讀書圖)」, 지본수묵담채(紙本水墨淡彩), 103cm×48.5cm, 호암미술관 소장

띠집으로 엮은 초라한 집이지만 큰 창을 내어 햇살, 바람, 별빛, 달빛이 들도록 하여 자연의 정취를 즐기고 있다. 방안에는 건(巾)을 쓴 단정한 처사의 글 읽는 모습에서 흐트러지지 않는 기상이 엿보인다. 다동은 문밖에서 찻물을 끓이다가 낭랑한 글 읽는 소리를 자장가 삼아 잠깐 졸고 있다. 욕심 없이 사는 일상에서 한 잔의 차와 벗하는 여유로움이 느껴지는 한가로운 어느 날이다.

조선 후기 혜산(蕙山) 유숙(劉淑, 1827~1873)의 「수계도권(修禊圖卷)」 그림에서는 선비들이 약속된 산장에 모여 자유롭게 무언가를 열심히 하고 있는 장면을 세세하게 표현한 기록화이다. 탁자 위에는 문방사우・서책・그림 그린 두루마리・향로 등이 펼쳐져 있다. 그림 하단에는 다동이 차를 끓이고

유숙(劉淑), 「수계도권(修稧圖卷)」, 1853년, 지본담채(紙本淡彩), 28.3cm×255.5cm, 개인 소장

있다. 선비들이 모이는 곳에는 대부분 다동들이 필수적으로 등장하는 것으로 보아 찻자리 공간이 자연스럽게 이루어짐을 알 수 있다. 이 작품은 특정인을 기념하기 위한 아회도(雅會圖)이기 때문에 인물과 배경을 자세하게 처리하였다. 긴 수권(手卷)에 참석자의 글을 실었다. 이는 특정일을 기념하고 자축함과 동시에 모임의 성대함을 과시하려는 의도로 풀이된다.[260]

조선 후기 진재(眞齋) 한용간(韓用幹, 1783~1829)의 「와룡강(臥龍岡)」

260) 송희경, 「19세기 碧梧社의 雅會: 서울대학교 박물관 소장 『五老會帖』에 관한 연구」, 서울시립대학교 부설서울학연구소, 2003, p.84.

진재(眞齋) 한용간(韓用幹), 「와룡강(臥龍岡)」, 지본담채(紙本淡彩), 28.2cm×40cm

그림을 보면, 제목 「와룡강」은 중국 삼국 시대 촉한(蜀漢)의 정치가였던 와룡(臥龍) 제갈량(諸葛亮, 181~234)이 살던 언덕이란 뜻으로 속세를 비켜선 은일처사의 생활상을 그려내고 있다.

집 뒤로는 산을 등지고 물을 내려다보는, 배산임수(背山臨水)를 선호하는 한국전통 남향집의 구도를 취하고 있다. 선비의 방안에는 책들이 가득하고, 벽에는 몇 점의 그림이 걸려 있다. 창밖에는 커다란 파초와 괴석이 운치를 더하며, 마당 한편에는 다동이 차를 끓이고, 한 쌍의 학은 한가롭게 마당을 오가며 신선이 노는 시공간을 연출한다. 앞개울에는 버드나무가 시원한 바람을 부르고, 거문고를 시동에게 들려 다리를 건너 친구를 찾아오는 모습에서, 조선 시대 선비들이 추구하는 이상세계를 한 폭의 그림을 통해 확연하게 보는 듯하다. 더구나 한용간은 문과에 급제하여 벼슬살이했던 화가로 마음에 품고 있던 자신의 이상향을 표현한 그림이라 할 수 있다. 조선 후기

백련(白蓮) 지운영(池雲英), 「청계자명(淸溪煮茗)」, 지본담채 (紙本淡彩), 18.0cm×23.5cm, 간송미술관

의 찻자리 공간은 선비의 고급 취미 중의 하나였음을 살필 수 있는 대표적인 그림이다.

근대 초기의 화가 백련(白蓮) 지운영(池雲英, 1852~1935)의 「청계자명(淸溪煮茗)」을 통해 보면, 이제는 관직에서 떠나 야인(野人)이 된 선비의 어느 날을 표현한 그림이다. 늙은 소나무 아래에서 문방사우를 갖추고 맑은 계곡 앞에 앉아 소나무의 성정을 닮고자 하는 의도가 보인다. 예로부터 선비들은 누구이든 지켜야 할 지조・충절・기개를 소나무를 통해 추구하고자 했다. 자연을 스승으로 삼고 자연에서 자족(自足)하는 지혜로움을 깨닫는 듯하다. 신명이 나면 붓을 들어 심심풀이로 그림을 긁적이거나, 시를 읊조리다가 잠깐 쉬는 사이 다동이 끓여준 차를 마시는 실외 찻자리 공간으로 선비의 표

백련(白蓮) 지운영(池雲英), 「송하인물도(松下人物圖)」,
비단에 수묵채색(水墨彩色), 23cm×30.5cm

정에서 삶의 여유로움이 드러난다. 복잡한 현실을 잠시 벗어나 자유로움을 만끽할 수 있는 필수조건으로 차 끓이는 다동을 대동한 것은, 차를 통해 자신을 성찰하고 수신(修身)의 시간을 갖고자 하는 깊은 심중이 헤아려진다.

화가 지운영의 「송하인물도(松下人物圖)」를 보면, 소나무에 대한 남다른 애착이 드러나 있다. 껍데기는 용의 비늘 같고, 잎은 말갈기 같으며, 눈서리를 맞아도 시들지 않고 천 년을 지내도 죽지 않는다[261]는 소나무의 묘사가 있다. 불로장생의 신성사상이 결합되는 도교적인 용모와, 소나무의 늘 푸름은 권력이나 물질에 집착하지 않는 올곧은 정신이 소나무의 굵은 선에서, 유교적인 선비의 이미지를 담아내고 있다.

261) 이어령, 『소나무』, (주)도서출판 종이나라, 2006, p.16.

그림 중앙에 있는 소나무에서 거대한 우주가 느껴진다. 뒤편의 열린 창문을 통해 보이는 수북하게 쌓인 책들, 조용히 자연을 관망하면 미동도 없이 곧은 자세로 앉아 있는 선비, 거대하게 느껴지는 공간도 아랑곳하지 않고 차를 끓이는 다동의 모습은 평화 그 자체이다. 고요히 흐르는 정적이 피안(彼岸)의 세계로 이끌어가는 공간은 유・불・선이 함께하는 찻자리 공간임을 느낄 수 있다.

위의 그림들을 통해서 알 수 있듯이 공통적으로 자연추구의 정신과 차를 무척 애호하고 있었으며, 차 마시는 계층이 선비를 비롯해 여항인(閭巷人)들도 차생활을 즐겼음을 알 수 있다. 여항인들은 주로 기술 잡직이나 미관말직에 종사하는 인물들로 가치관과 취향은 선비의 의식세계를 따랐다. 또한 이들은 선비들의 일상생활이었던 시・서・화(詩書畵)를 답습하며 신분상승을 꾀하고 자아성취의 수단으로 삼았다. 그들은 차를 귀하게 여겼으며, 차의 물질적・정신적인 효능을 충분히 숙지하고 차를 마셨던 것이다. 따라서 당시에는 차가 귀하고, 차 끓이는 일이 수고스럽고, 얼마간의 지식이 있어야 차 맛을 제대로 낼 수 있기에 차에 대한 지식을 습득시킨 차 끓이는 일을 담당하는 다동까지 두었음을 알 수 있다.

「전다한화」, 「완당난화」, 「선유도」, 「벽오사소집도」, 「송하독서도」, 「수계도권」, 「와룡강」, 「청계자명」, 「송하인물도」 등의 그림을 통해서 한국의 전통적 찻자리 공간을 읽어낼 수 있었다. 찻자리 공간의 멋은 당시의 문화와 정서, 운치 등이 선비들의 취향과 자연성 및 장소성 등과 같은 경관요소가 반영되어 있음을 알 수 있다. 조선 시대에 그려진 차와 관련된 그림에 나타난 다양한 장면들을 분석하여 한국 전통사회에서 찻자리 공간을 구성하고 있는 특징을 알 수 있었다.

첫째 격식에 얽매이지 않는 자연에서 편안한 찻자리 공간을 선호했음을 알 수 있었고, 둘째 냇가나 바다, 계곡이나 기암괴석과 같은 자연물들과 관련된 경관을 찻자리 공간과 함께 연출하고 있었다. 이는 자연산수에서 인공산수인 정원을 꾸미고자 하는 의도를 찾아볼 수 있는 좋은 예이다. 셋째 학과 사슴, 매화, 대나무, 파초, 소나무 등의 동식물들을 찻자리 공간에 등장시켜 완상용뿐만 아니라 그들이 내재하고 있는 상징적 요소를 자신의 정신세계로 표현하고픈 마음을 읽을 수 있었다.

- 찻자리 공간에 나타난 다사(茶事)

한국의 찻자리 공간에 대한 특징을 알기 위하여 그림에 나타난 찻자리 공간을 시대별로 살펴보았다. 찻자리 공간 안에서 나타나고 있는 다사(茶事)를 살펴보기 위해 먼저 다사의 정의를 정리하고자 한다. 다사란 광의적 해석은 차와 관련하여 일어나는 일련(一連)의 모든 일을 포함하며, 협의적 해석은 차를 마시기 위해 다뤄지는 여러 가지 일을 뜻한다. 이제까지 살펴본바 다사는 주로 찻자리 공간 그 주변에서 이루어졌음을 알 수 있다. 선비들은 다사를 공부로 여기며 중요시하였다. 그들은 좋은 물을 손수 길어와 손수 차를 끓여 마셨다. 그리고 선비뿐만 아니라 차생활을 즐기는 이들에게는 차가 군자의 성품을 지닌 음료로 여겨왔음을 알 수 있다. 이는 초의선사가 산천(山泉) 김명희(金命喜, 1788~?)에게 보낸 「봉화산천도인사차지작(奉和山泉道人謝茶之作)」이란 시에서도 '예로부터 성현들은 모두 차를 좋아했네. 차는 군자와 같아서 성품에 삿됨이 없다오(古來聖賢俱愛茶 茶如君子性無茶).'[262]라고 했다.

262) 천병식, 『역사 속의 우리 다인』, 도서출판 이른아침, 2004, p.27.

이는 차생활을 하는 사람들로 하여금 삿되지 않게 하여 군자의 덕을 따를 수 있다고 생각하였고, 이러한 차를 담아 마시는 찻잔 또한 삿됨이 없음은 차의 본성이 간사함이 없기 때문이라는 것이다. 이는 고려 말기 목은(牧隱) 이색(李穡, 1328~1396)이 조선 전기 이우량(李友諒, 1532~?)이 보낸 편지와 찻종 한 쌍을 선물 받고 쓴 시의 한 부분에 "평안하다는 소식 더욱 기쁘고 찻종 대하니 아담하여 삿됨이 없네(得閱平安喜已多 茶鍾昭目便無邪)"[263]라고 읊고 있다. 이는 차의 성품 또한 무사(無邪)였기에 선비들에게는 다사를 통해 군자로서 덕을 쌓을 수 있는 행동원리로 받아들여졌다. 특히 선비들에게 다사는 군자가 수양을 실천하는 일로 여겼다.

이색의 「차후소영(茶後小詠)」이란 시를 살펴보면, 다사를 통해 『대학(大學)』의 「팔조목(八條目)」을 실천하는 군자의 모습으로 생각했음을 알 수 있다.

조그마한 병에 샘물을 길어다가	小甁汲泉水
깨진 솥에 노아차를 끓이노라니	破鐺烹露芽
귓속은 갑자기 말끔해지고	耳根頓淸淨
코끝엔 붉은 놀이 통하여라	鼻觀通紫霞
잠깐 새에 눈의 흐림이 사라져서	俄然眼翳消
외경에 조그만 티도 보이질 않네	外境無纖瑕
혀로 맛 분변하여 목으로 삼키니	舌辨喉下之
기골은 정히 평온해지고	肌骨正不頗
방촌의 밝은 마음 깨끗하여	靈臺方寸地
생각에 조금의 사도 없어라	皎皎思無邪
어느 겨를에 천하를 언급하랴	何暇及天下
군자는 의당 집부터 바루어야지	君子當正家[264]

263) 정영선, 『다도철학』, 도서출판 너럭바위, 1996, p.74.

264) 이색(李穡), 『목은집(牧隱集)』「목은시고」 제6권, 시(詩), 차를 마시고 나서 작게 읊다(茶後小詠), 고전번역총서.

이는 올바른 차생활을 통해 다도의 경지에 이르기 위해 먼저 사물에 대하여 깊이 연구하는 격물(格物)로 차에 대해 탐구하고자 하였다. 치지(致知)는 차에 관한 지식을 넓히는 것이며, 성의(誠意)는 다사에 있어 매사 정성스러움을 다하는 것으로 여겼다. 이러한 다사를 통해 바른 마음을 갖고(正心) 자신의 몸을 닦고(修身), 집안(사회)일을 잘 다스리며(齊家), 더 나아가 나라를 다스리고(治國), 자신의 밝은 덕을 천하에 밝히는 평천하(平天下)를 이루려 하였다. 이는 격물・치지・성의・정심・수신・제가・치국・평천하로 『대학(大學)』의 「팔조목(八條目)」이다. 이처럼 선비들은 대학의 팔조목을 실천하고자 찻자리 공간을 만들기도 하고 또는 수양할 수 있는 환경을 찻자리 공간으로 삼았다.

불가에서도 수행을 위해 좌선과 명상을 할 때 차를 가까이하였음을 알 수 있다. 그들의 찻자리 공간은 수행의 장소로 명상과 좌선을 위한 장소이기도 하였다.

고려 시대 승려 대각의천(大覺義天, 1055~1101)의 「화롱서운(和隴西韻)」에 보면, 차는 마음을 다스리는 매체로 불가에서도 다사를 생활화하고 있었음을 알 수 있다.

강하고 솔 난간 돌며 괴로운 맘 읊다가도	講廻松檻吟魂苦
다원에서 차 덖는 향기에 가슴 시원하여라.	焙了茶園渴肺凍[265]

소나무가 울창한 난간을 돌면서 암송하기를 반복하지만, 정신이 산만하여 마음만 초초하던 차에 바람결에 실려 오는 다원에서 차 덖는 향기로 괴로운 마음 다스리고 있음을 표현하고 있다.

265) 류건집, 『한국차문화사 上』, 도서출판 이른아침, 2007, p.182.

고요한 절간에서 찾아내는 다사의 일거일동은 바로 선행이며 자성을 찾는 길이다. 구화산(九華山) 화성사(化城寺)에서 법을 설파하던 교각(喬覺, 697~794)의 시 「송동자하산(送童子下山)」을 보면, 세상에 형태가 있는 것은 모두 인연으로 생기는 것인데, 그 본질은 본래 허무한 존재임을 어린 동자의 다사를 통해서 표현하고 있다.

절간이 적막해서인지 넌 집을 그리워하더니	空門寂寞汝思家
승방에서 이별 인사하고 구화산을 내려가네	禮別雲房下九華
대나무 난간에서 죽마타기 좋아하고	愛向竹欄騎竹馬
절집에서 공부하는 데는 게을렀지	懶於金地聚金沙
시냇물 병에 담다 달을 부르는 것을 그만두고	添瓶澗底休招月
차 솥에 차 끓일 때 탕화(湯花)놀이마저도 그만 두겠지	烹茗甌中罷弄花
잘 가고 자주 눈물 흘려서는 아니 되리니	好去不須頻下淚
노승에겐 서로 벗할 안개와 노을이 있느니라	老僧相伴有煙霞[266]

산사에서 달빛이 환한 밤의 아름다운 전경에서 우물 속에 비친 달을 병에 담으려 애쓰는 호기심 어린 동자의 순수한 마음을 표현한 시다. 차를 끓이기 위해서 교각은 동자에게 산골짜기로 가서 찻물을 길어오게 했다. 한참을 기다려도 돌아오지 않자 골짜기로 가 보았다. 마침 초저녁 초승달이 골짜기를 비추고 있고 동자는 몇 번이고 그 초승달을 물병에 담으려고 애를 쓰고 있었다. 동자를 달래어 찻물을 가지고 처소로 돌아와 교각은 동자에게 가르쳐 준 대로 차를 끓여오게 했다. 그런데 동자는 다탕(茶湯)의 표면에 피어오른 탕화(湯花)[267]를 가지고 놀고 있었다.[268] 이제는 어머니와 함께 돌아가면

266) 한치윤(韓致奫), 『해동역사(海東繹史)』 「해동역사」 제47권, 예문지(藝文志) 6, 우리나라 시(詩), 고전번역총서.

267) 煎茶法에 의해 餠茶나 錢茶를 끓였을 때 다탕의 표면에 핀 탕화가 핀다. 이때 바닥에 갈아 앉는 것을 '餑'. 중간에 형성 되는 거품을 '沫', 맨 위에 뜨는 거품을 '花'라 한다. 보통 '沫'과 '花'를 마시는데 이를 '湯花'라 한다.

268) 조기정, 「喬覺의 茶詩 考察」, 한국茶문화 제2집, (주)미스터페이퍼, 2011, p.12.

차를 끓이는 일도 그만둘 것을 생각하며 당시를 회상하고 있다. 먼 후일에야 산사생활의 다사가 색즉시공(色卽是空)이었음을 깨달았을 것이다.

선비들의 다사에 관한 글들을 보면, 손수 불꽃을 다루며, 차를 잘 끓이는 법을 공부하고 노력하며 터득하였다. 고려 말기 목은 이색의 찻물 끓는 소리를 표현한 예를 보면, “돌솥에 차 끓는 소리 시보다 맑구나(茶鳴石鼎淸詩律)”,[269] “물 끓이는 소리를 듣다(聞煎水聲)”,[270] “소나무 가지 끝에 드날리는 비를 보네(松梢看飛雨)”[271]등의 시에서 알 수 있듯이 자신들의 즐거움을 다사를 통해 시어로 표현하고 있다.

조선 전기 사가정(四佳亭) 서거정(徐居正, 1420~1488)은 ‘문무활화(文武活火)’에 손수 차를 달이면서 그 소리를 아름다운 자연의 소리로 들었다는 것이다. 「즉사(卽事)」 시에 보면 ‘물통을 이어 대어 냇물 끌어오는 것은 파초 길러 비 오는 소리 듣기 위해서네(連筒引却前溪水 養得芭蕉聽雨聲)’[272] 라고 했다. 이것은 두 가지 효과를 한꺼번에 느껴보자는 심사이다. 파초에 떨어지는 빗소리를 즐기면서 차 한 잔의 묘미를 배가 시키고자 하는 의도가 엿보인다.

조선 전기 만보당(晩保堂) 김수동(金壽童, 1457~1512)은 「저울눈 보듯 불길을 다투며 차를 끓인다」[273]에서도 보면, 이처럼 물을 끓이고 불의 세기를 조절하는 과정을 통해 자신의 감정을 조절하는 것이고, 때론 절제하는 것으로 여기며 정성을 다하였다.

조선 중기 간이(簡易) 최립(崔岦, 1539~1612)의 “오직 솔바람 좋아해서

---

269) 이색(李穡), 『목은집(牧隱集)』 「목은시고」 제13권, 시(詩), 눈, 고전번역총서.

270) 이색(李穡), 『목은고(牧隱藁)』 「牧隱詩藁」 卷之二十七, 詩, 聞煎水聲, 한국문집총간.

271) 이색(李穡), 『목은집(牧隱集)』 「목은시고」 제3권, 시(詩), 영천(靈泉), 고전번역총서.

272) 서거정, 『해동역사(海東繹史)』 「해동역사」 제48권, 예문지(藝文志) 7, 우리나라 시(詩) 2 본조(本朝) 상(上), 즉사(卽事), 고전번역총서.

273) 정영선, 『한국茶문화』, 앞의 책, p.272.

풀 베어 집을 지었으니(誅茅摠爲愛松風)"[274] 등 다양한 표현을 하였다.

조선 후기 자하 신위도 차의 기미(氣味)를 잘 내는 명인이었다. 직접 차를 끓이며 끓는 소리를 '송풍 소리', '행랑채 비오는 소리'에 비유하였다. 신위는 이색・최립・서거정과 마찬가지로 술을 마신 후에는 차를 끓여 마셔 몸과 정신을 맑게 했으며, 자신을 다스리면서 위로하는 차생활을 하였음을 볼 수 있다.[275] 그들은 자신들만의 찻자리 공간에서 조용히 자연의 소리와 접함으로써 머리를 쉬며 긴장과 중압감 등을 덜기도 했으리라.

이에 육우의 『다경』 「오지자(五之煮)」에서 물을 평하기를, "차를 달이는 데 사용하는 물은 산의 물이 상품이요, 강물이 중품이요, 우물의 물이 하품이다(其水, 用山水上, 江水中, 井水下)."[276]라고 하였고, 당대(唐代) 소이(蘇廙)도 『탕품(湯品)』에 이르기를 끓인 물이란 차의 목숨을 맡는 것이라면서 아무리 이름난 차라도 물을 함부로 한다면 평범한 찻가루와 다를 바가 없다[277]라고 한 걸로 보아 차 끓이는 과정도 즐겼지만 찻물도 중시하였음을 알 수 있다.

조선 후기 여류 시인 영수합 서씨(令壽閤徐氏, 1753~1823)는 「고요한 밤 차를 끓이며(靜夜烹茶)」라는 시의 부분에서 "여러 해 동안 차를 끓였으니 신공(神功)이 있을 것"이라고 하였다.

---

274) 최립(崔岦), 『간이집(簡易集)』 「간이집」 제6권, 초미록(焦尾錄), 송풍정(松風亭)에서 노래를 지어 부르다, 고전번역총서./양(梁)나라 도홍경(陶弘景)을 가리킨다. "그가 특히 솔바람 소리를 좋아한 나머지 정원에 온통 소나무만 심어 놓고는 그 음향을 들을 때마다 흔연히 즐거워하였다(特愛松風 庭院皆植松 每聞其響 欣然爲樂)"는 기록이 있다.

275) 정영선, 『다도철학』, 앞의 책, pp.49~50.

276) 치우지핑(裘紀平), 앞의 책 p.174.
"여산 강왕곡의 수렴제가 제1이요, 무석현 혜산사의 돌샘물이 제2이요, 기주 난계의 돌밑물이 제3이요, 협주의 선지산 밑의 돌물이 제4이요, 소구 호구사의 돌샘물이 제5이요, 여산 초현사 하방교의 못물의 제6이요, 양자강 남령수가 제7이요, 홍주 서산 서동의 폭포수가 제8이요, ……귀주의 옥허동 밑의 향계수가 제14요"./김명배, 『중국의 다도』, 명문당, 2007, pp.80~81.

277) 김명배, 『중국의 다도』, 명문당, 2007, p.95.

여러 해 동안 은근한 불과 작은 차로에 차를 끓였으니 幾年文火小茶爐
신기하고 영모한 공덕 조금은 있을 테요 一點神功定有無
봄날 차반의 푸른 잔에 옥로차를 올리오니 春盤碧椀添玉露
낡은 벽은 연기 서려 그림이 되었다오 古壁煙籠作粉圖[278)]

이 시는 화창한 봄날 저녁에 영수합 서씨가 작은 화로에 은근한 불로 차를 끓여 마시는 장면이다. 차를 끓일 때는 문화(文火, 은근한 불)와 무화(武火, 성급한 불)로 조화롭게 끓여야 한다고 한다. 『다신전(茶神傳)』에 의하면 차를 끓이는 데 가장 중요한 것이 불 다루기[279)]인 것이다. 여러 해 동안 차를 끓인 영수합 서씨는 스스로를 낮추어 말하고 있었다.[280)] 다사를 통해서 그녀는 차의 정신을 깨닫고 있다. 이에 영수합서씨의 「가족 시」를 살펴보면 다사를 통한 따뜻한 가족 사랑의 진수가 보인다.

개인 후 달 밝으니(족수당)

성긴 발에 구름 그림자 어리고(영수합)
멀리서 온 사람 흥에 겨워(영수합)

밝은 달빛 좋기도 하네(석주)
허공이 밝아지니 하늘도 넓고(석주)

이슬은 내려 꽃 적시네(길주)
누각은 허공에 솟았고(길주)

달은 산봉우리에 걸려 있네(원주)
구름 걷힌 하늘은 고요가 서렸는데(원주)

나무 사이엔 별이 돋았구나(현주)
걸어 논 등잔에 밤은 깊어지고(현주)

---

278) 박희준, 『차 한 잔』, (주)계문사, 2003, p.157.

279) 초의선사, 강우석 옮김, 『다신전(茶神傳)』, 위의 책, p.69. '烹茶旨要 火候爲先.'

280) 박희준, 위의 책, p.157.

바람 소리 피리처럼 뚜렷이 들리는데(족수당)
서로 만나 기뻐서 마음껏 웃고(족수당)

둘러앉아 술 마시며 즐거워하네(영수합)
붓을 들어 좋은 시 짓고(영수합)

이루지 못하면 벌주를 마셔야 하네(석주)
계단 둘레엔 아름다운 나무 둘렀고(석주)

갖추어진 반찬들은 옛 맛 그대로네(길주)
차가 익으며 시심(詩心)이 일고(길주)

거문고 소리 타는 이의 손처럼 맑구나(원주)
가족들의 이 즐거움은(원주)

세월이 흐를수록 더욱 짙어드는데(현주)
하늘 쳐다보니 은하수는 기우는데(현주)

이 기쁨 영원하길 달보고 빈다네(족수당)[281]

오랜만에 반가운 가족들이 달빛 아래 모여 앉아 어머님(영수합)이 정성 들여 만든 안주와 술을 마시며 취기와 시흥이 도도해지자 장유(長幼)의 서열에 따라 시 한 구 두 구를 읊으며, 때로 시사(詩思)가 막히며 벌주를 내려 흥을 돋운다. 이때 석간수(石間水)로 차를 끓이는 과정 동안 막혔던 시심이 일고, 청아한 거문고 가락은 마음은 정화하고 있다. 이러한 찻자리 공간은 가족들의 공동체 의식을 일깨워주는 공간이며, 화목을 유도하는 공간으로 가족애를 확인하는 공간이 되기도 하였다.

『동다송(東茶頌)』「제22절」에서 '또 아홉 가지 어려움[282]과 네 가지 향[283]이 있으니 현묘하게 다뤄야 한다(又有九難四香玄妙用).'고 했다. 차

281) 류건집, 『한국차문화사 下』, 도서출판 이른아침, 2007, pp.313~317.

282) 『다경』「육지음」"六之飮」茶有九難 一曰造 二曰別 三曰器 四曰火 五曰水 六曰炙 七曰末 八曰煮 九曰飮."

에는 아홉 가지 어려움과 네 가지 좋은 향기가 있어 차를 다루는 사람은 모두가 이 현묘함을 터득해야 한다는 얘기다. 특히, 아홉 가지 기준은 차를 다루는 데 있어 꼭 알아야 할 기본 지식이라고 강조하고 있다.[284] 초의는 다사 가운데 제다와 음다 과정에서 만나는 전반적인 어려움을 제시하면서, 그 어려움을 극복함으로써 올바른 다사로 유도하고자 하였던 것이다. 이처럼 초의는 『동다송』에서 차의 정신적인 면을 깊이 언급하고 있음을 알 수 있다.

- 찻자리 공간에 깃든 다도사상

다도(茶道)란 다사를 올바르게 터득한 이치나 경지를 말한다. 다도라는 명칭은 당대(唐代) 교연(皎然, ?~?)의 시 「음다가초최석사군(飮茶歌誚崔石使君)」에서 최초로 사용하였음을 이 시의 부분을 통해 알 수 있다.

한 잔을 마셔 혼미함 씻겨지니	一飮滌昏寐
마음이 하늘 끝까지 상쾌해지고	情思爽朗滿天地
또 한 잔을 마셔 영혼이 맑아지니	再飮淸我神
비 뿌려 먼지를 씻어낸 듯하네	忽如飛雨洒輕塵
석 잔을 마시자 도의 경지에 이르니	三飮便得道
번뇌가 저절로 물러가네	何須苦心破煩惱
다도만이 온전한 진리임을 알아야	孰知茶道全爾眞
오직 단구자 같은 경지에 이를 수 있다네	唯有丹丘得如此[285]

"다도를 숙지해야 너의 참됨을 온전히 할 수 있는데 오직 단구자만이 이와 같음을 얻었다(孰知茶道全爾眞, 唯有丹丘得如此)"라고 하며 "석 잔

283) 『만보전서(萬寶全書)』云 "茶有眞香 有蘭香 有淸香 有純香 表裏如一曰純香 不生不熟 曰淸香 火候均停 曰蘭香 雨前新具曰眞香 此謂四香也."

284) 초의선사, 『초의선사의 東茶頌』, 동아일보사, 2004. p.152.

285) 장소선주(庄昭选注), 앞의 책, p.78.

을 마시면 곧 득도한다(三飮便得道)"는 이른바 '삼음지설(三飮之說)'을 내놓았다. 교연에 이어 봉연(封演)도 『봉씨문견기(封氏聞見記)』 「제6권」에서 "상백웅(常伯熊)이란 사람이 있어 거듭 육우의 이론을 널리 윤색(潤色)함으로써 다도가 크게 성행하였다(有常伯熊者 又因鴻漸之論廣潤色之 於是茶道大行)"[286]라고 하여 역시 다도라는 용어를 사용하였다.

초의가 처음 바른 다법을 행함으로써 얻어지는 큰 진리라는 철학적 의미로 '다도'라는 말을 썼다. 그는 다도를 설명하기 위해서 『동다송』을 썼다고 했으며, 조주풍(趙州風)의 다도가 없어져 버려 알지 못하므로 『다신전』을 쓴다고 하였다. 초의는 또 산천(山泉) 김명희(金命喜, 1788~1857)에게 "수체(水體)와 다신(茶神)이 열리어 정기(精氣)가 들어오니 곧 대도(大道)를 이루게 된다." 하여 다도를 대도로 보았다.[287] 이처럼 음다 생활을 통해 깨닫는 인식체계나 원리적 견해를 다도의 철학적 바탕이 되는 사상을 다도사상이라 한다.

이규보의 「장원(壯元) 방연보(房衍寶)가 화답시를 보내왔기에 차운하여 화답하다(房狀元衍寶見和次韻答之)」라는 시의 부분을 보면 자신의 다도사상을 피력하고 있음을 알 수 있다.

다른 날에 초암의 선방 두드리니	草庵他日叩禪居
몇 권 경거 깊은 뜻을 논해봐야지	數卷玄書討深旨
비록 늙기는 하였지만 손수 샘물 뜰 수 있으니	雖老猶堪手汲泉
차 한 잔이 곧 참선의 시작이네	一甌卽是參禪始[288]

286) 조기정, 「중국 茶道의 형성과 변천 고찰」, 중국인문과학 제48집, 2011, p.389.

287) 정영선, 『다도철학』, 앞의 책, pp.264~265.

288) 이규보(李奎報), 『동국이상국집(東國李相國集)』 「동국이상국전집」 제13권, 고율시(古律詩), 「장원(壯元) 방연보(房衍寶)가 화답시를 보내왔기에 차운하여 화답하다(房狀元衍寶見和次韻答之)」 고전번역총서.

선가(禪家)에서는 행(行, 가고)·주(住, 머물고)·좌(坐, 앉고)·와(臥, 눕고)·어(語, 말하고)·묵(默, 침묵하고)·동(動, 움직이고)·정(靜, 고요히 하는 것)은 모두 선(禪)의 대상이다. 이는 인간의 모든 것이 선이라는 뜻이다. 이규보는 한 잔의 차를 통해 자신을 바로 보는 정관(靜觀)이란 세계로 자신의 다도사상을 다선일여(茶禪一如)요, 다선일미(茶禪一味)의 사상으로 정립하였다. 이규보의 시 「천화사에서 놀며 차를 마시고 동파의 시운을 쓰다(遊天和寺飮茶 用東波詩韻)」에 덩어리 녹태전을 익숙한 솜씨로 차를 달여 반 잔의 차를 마셨을 때 삼매경에 이르는 모습이 잘 묘사되어 있다.

지팡이 하나로 녹태전을 깨뜨리니	一拱穿破綠苔錢
시냇가 졸던 청둥오리 놀라 깨어나네	驚起溪邊彩鴨眠
점다삼매의 솜씨가 있어	賴有點茶三昧手
눈 같은 차 반 잔이 번민을 씻네	半甌雪液洗煩煎[289]

지팡이로 굳은 차를 깨뜨리는 소리가 고요한 정적이 시냇가에서 졸던 오리까지 놀라니 자연과 삼라만상이 함께 살아나고 동화됨을 묘사한 내용으로 해석된다. 녹태전을 깨뜨릴 때 이미 시작된 선의 세계는 점다(點茶)에서 절정을 이루어 하나의 삼매를 이루고 있다는 것이다.[290]

조선 전기 한재 이목의 「다부(茶賦)」를 통해 다도사상을 알 수 있다. 그는 차의 오공(五功)을 설명하고 있는데 공(功)이라 함은 노력 또는 정성을 지닌 말이다. 이어 육덕(六德)을 설명하고 있다. 유가에서 덕(德)이란 도를 행하여 얻어진 품성을 뜻한다. 그리고 도는 성(性)을 따르는 것이고, 성은 하늘이 부여한 것이므로 차의 덕은 차의 성을 의미한다.

289) 이규보(李奎報), 『동국이상국집(東國李相國集)』「동국이상국전집」 제3권, 고율시(古律詩), 천화사(天和寺)에 놀며 차를 마시고 동파(東坡)의 시운을 쓰다.

290) 송해경, 「초의의순의 다도관 연구」, 원광대 박사논문, 2007, p.139.

한재가 논한 차의 여섯 가지 덕목을 종합해 보면 차생활은 우리에게 정신적 · 신체적 건강을 베풀고 인간애를 가슴에 지니게 하며, 맑은 사람으로 옳음을 분별할 줄 알게 한다. 또한 속세의 욕망을 절제하여 정신적 수양으로써 정신적 즐거움을 누리는 진정한 문화인으로 갖춰야 할 덕목을 지니고 있다고 설명하고 있다.[291] 이목의 도의 경지를 살펴보도록 한다.

기뻐하며 노래하네	喜而哥曰
내가 세상에 태어남이여 풍파가 모질도다	我生世兮風波惡
양생(養生)에 뜻이 있음에	如志乎養生
차를 버리고 어떤 것을 찾겠는가	捨汝而何求
나는 너를 지니고 다니며 어디서나 마시니	我携爾飮
너는 나를 따라 노닐자꾸나	爾從我游
꽃피는 아침에도 달뜨는 저녁에도	花朝月暮
노상 즐겁기만 하네	樂且無斁
늘 내 곁에 하늘같은 백성(天君)이 계시니	傍有天君
조심스럽게 말하겠네	懼然戒曰
삶은 죽음의 근본이요	生者死之本
죽음은 삶의 뿌리라네	死者生之根
단지 마음만 다스리면 몸은 시들기에	單治乃以外凋
혜강(拘康)이 양생론(養生論)으로 어려움을 이겼다지만	嵇著論而蹈艱
한 잔의 차에 빈 마음을 담고	曷若泛虛舟於智水
어진 산에 좋은 차나무 심는 것만 하겠는가	樹嘉穀於仁山
신령스러운 기운 감돌아 현묘함에 이르러	神動氣以入妙
즐거움 꾀하지 않아도 저절로 이르나니	樂不圖以自至
이 또한 내 마음의 차이거늘	是亦吾心之茶
어찌 다른데서 찾겠는가?	又何必求乎彼也[292]

한재는 「다부」를 통해 차의 성품으로 인해 차를 좋아하고 즐기게 되었음을 고백하고 있다. 한재에게 차는 맛과 멋보다는 마음을 수양하는 정신음

291) 염숙, 『寒齋 李穆의 道學精神과 茶道思想』, 원광대 박사논문, 2007, pp.112~113.

292) 이목, 김길자 옮김, 『이목의 차노래』, 두레미디어, 2001, pp.124~125.

료로 가치를 두고 있음을 알 수 있다. 그는 '오심지차(吾心之茶: 내 마음의 차)'라고 노래하며 「다부」의 마지막 부분을 마무리하고 있다. 그는 도학자로서의 전통적 권위 확보는 물론, 나아가 자신의 사상적 배경이 된 도학사상과 낙도(樂道) 사상을 연결하여 차의 성품을 탐구하고 터득하며 즐긴 것이다. 그래서 그는 자신의 마음속에 차가 있고, 모든 진리와 모든 우주의 섭리가 마음속에 있음을 강조하여 '오심지차를 노래하며, 차가 바로 마음(心)이라는'다심일여(茶心一如)'의 사상을 전개하였던 것이다. '내 마음의 차'를 마심으로 물아일체(物我一體)가 되고 천인합일 되니, 이 또한 차와 하나 됨(茶心一如)이 한재의 다도의 경지요, 사상이다.[293]

초의가 말하는 다도사상은 『동다송』 29송에서 표현되고 있다.

> 체(體)와 신(神)이 비록 온전하다 하더라도 오히려 중정을 잃을까 두려우니 중정(中正)을 잃지 않으면 건(健)과 영(靈)[294]을 함께 얻느니라.

차의 현묘함을 나타내기는 참으로 어려운 것이다. 참다운 물을 구해 알맞게 끓인 탕수에 또 현묘하게 만든 차를 넣어 우린다 해도 우리는 과정에서 중정을 잃을까 두려워한다고 했다. 잘 끓인 물에 타는 차는 적당량이어야 하고 물의 농도 또한 찻잎의 향과 맞아야 한다는 것이다.

초의선사는 『동다송(東茶頌)』에서 '물과 차가 잘 어우러진다 해도 오히려 중정을 잃을까 두려우니, 중정(中正)을 잃지 말아야 다신(茶神)과 수령(水靈)이 어우러진다네'라고 하였다. 이는 차를 우리는 동안 중정을 잃지 말아야 물과 차가 제대로 어우러져 제3의 물질, 즉 신령스러운 한 잔의 차

---

293) 염숙, 「寒齋 李穆의 도학정신과 다도사상」, 원광대 박사학위논문, 2007, p.160.

294) 차신(茶神)과 수령(水靈): "차신은 바로 차의 몸인 물을, 수령은 차의 마음인 정신을 말한다(體神雖全猶恐過中正 中正不過健靈併)."

로 태어난다는 것이다. 이 신(神)과 체(體)와 건(健)과 영(靈)을 함께 얻는 것을 다도의 경지, 현묘한 경지라고 했다. 이는 제대로 된 물(體)과 제대로 된 차(神)를 통해 중정을 강조하고 있다.

이처럼 초의의 다도사상은 '정(正)'과 '중(中)'으로 요약할 수 있다. 정과 중은 다사와 행다례의 원리가 되고, '정'과 '중'은 다구나 다실의 미의식 기준으로도 적용되며, 다도의 정중사상은 다인의 윤리적인 삶에도 그대로 적용된다.[295] 이처럼 다사를 통해서 체득할 수 있는 분별과 조화는 삶을 이롭게 하는 원천이 되는데 이것이 다도사상이다.

추사는 다도사상을 도심(道心)의 체(體)와 용(用)에 결부시켰다. 그가 남긴 친필 묵적을 살펴보면, '마음을 다스리며 고요히 앉아 있으니 차가 익어 향기가 나고, 오묘한 때에 도심이 드러나니 물이 흐르고 꽃이 피어난다네(靜坐處茶半香初妙用時水流花開).' 추사가 쓴 이 구절은 북송(北宋)의 산곡(山谷) 황정견(黃庭堅, 1045~1105)의 글로 알려지기도 했다. 요컨대 이 구절은 작가를 알 수 없는 중국 선원이나 차관의 기둥에 걸려 있던 글인데 중국에서도 꽤 회자되던 이 명구가 추사에 의해 작품화되면서[296] 조선의 유학자들에게 정좌(靜坐)는 수양의 일환이 되었다.[297] 그가 남긴 묵적에서도 '한나절은 정좌하고, 한나절은 독서를 하네(半日靜坐半日讀書)'라 하여 선비가 되기 위한 수양 방법인 독서와 동일하게 여기고 있음을 알 수 있다.

추사는 한 잔의 차를 대하며 마음을 다스리고, 차의 향기에서 깨달음을 터득하였음을 알 수 있다. 이는 중(中)의 상태에서 화(和)의 상태로 하나가 되는 것으로 추사의 다도사상은 중화(中和) 사상임을 간파할 수 있다.

---

295) 정영선, 『다도철학』, 앞의 책, pp.266~268.

296) 정민, 『새로 쓰는 조선의 차문화』, 2011, p.420.

297) 정영선, 『한국茶문화』, 앞의 책, p.252.

특히 불가에서 선(禪)은 마음을 하나의 대상에 집중하여 사유(思惟)하는 것을 말하고, 사유의 정점이 선정(禪定)이며, 그것은 삼매(三昧)에 접어든다. 삼매는 선을 닦아서 얻는 결과를 가리키는 말로 해탈의 경지이며, 참된 지혜가 터득된 경지이다. 초의의 다선삼매는 전부터 면면히 내려오던 것을 창조적으로 계승한 것이라 할 수 있다. 이전에 승려들이나 선비들은 다도를 통해 삼매경에 도달한 다도삼매・선다삼매(茶道三昧・禪茶三昧)를 말한다.

조선 후기 역관인 우선(藕船) 이상적(李尙迪, 1804~1865)은 「차를 따르며(捛茶)」라는 시에서 찻물 한 방울 한 방울이 부처라고 하여 다도 자체가 성불의 길임을 밝히고 있다.

작은 찻잔에 차를 따르니	小盌捛茶水
천 개의 거품이 잠깐 동안 일어나네	千漚何蕩發
둥근 빛이 구슬처럼 흩어지는데	圓光散如珠
하나의 구슬은 한분의 부처님이라네	一珠一尊佛
덧없는 인생은 순간일 뿐인데	浮生彈指頃
천억의 몸은 황홀하다네	千億身怳惚
차를 마시니 손과 눈이 열리고	如是開手眼
털과 머리카락이 확연히 분별되는구나	如是分毛髮
깨달은 경지에선 모두 머리를 끄덕이고	悟處齊點頭
참선할 때는 함께 망념을 떨치네	參時同竪拂
누가 스승이며 누가 중생인가	誰師而誰衆
나도 없고 남도 없네	無我亦無物
망망한 항하의 모래같은 중생들을	茫茫恒河沙
두루 제도하기 위해 뗏목 부르지 않아도 된다네	普渡非喚筏
차가운 꽃은 깨달음의 탄식으로 변하고	泡花幻一嘘
공(空)과 색(色)은 조각달에 잠기었구나	空色湛片月
삼생(三生)이 여린 차싹에 비치어	三生金粟影
좌망하여 잠시 오똑 앉았다네	坐忘何兀兀
만 가지 인연은 참된 것이 아니니	萬緣了非眞
어찌 좋아하고 기뻐서 소리칠 일이 있으리	焉喜焉足喝
육우의 다경으로 등불을 전했고	經傳陸羽燈
노동은 다가(茶歌)을 읊어 바리때를 준 것이라네	詩咒玉川鉢[298]

이처럼 우리의 선조는 차생활 자체를 오도(悟道)로 보았으며, 찻자리 공간은 그들에게 있어 정신적 안식처요, 낙원이었다. 이곳에서 부처를 만나 부처가 되기도 하고, 때론 군자가 되기도 하고 때론 신선이 되어 봉래산을 넘나들며 자신의 철학 세계와 결부시키면서 다도사상을 탄생시켰던 것이다.

2. 중국의 찻자리 공간

중국의 찻자리 공간의 역사는 한・중・일 삼국 가운데 가장 깊은 역사를 지니고 있다. 그들은 광활하게 펼쳐진 대자연 어느 곳이든지 찻자리 공간이 되어 왔다. 공간은 첩첩산중, 샘물가, 시냇가 옆, 죽림, 꽃 앞에서, 달 아래서, 흰 구름이 있는 깊숙한 곳, 혹은 대청, 객실, 서재, 매우 작은 방 등으로 찻자리 공간은 공간적 개념을 초월하였다.

천인합일(天人合一) 사상은 그들의 차생활에 깊은 영향을 주었으며, 대자연과의 조화를 중시하였다. 그들은 자주 자연 풍광을 빌려 자신의 감정을 표출함으로써 자연에 대한 아름다움을 추구하며 자연 어느 곳에서 차 마시는 것을 자연스럽게 여겨왔다.[299]

육우『나경』「구지략(九之略)」에서 "차 달이는 그릇을 만약 소나무 사이의 바위 위에 앉을 수만 있다면 구열(具列)을 쓰지 않아도 된다. 만약 샘물이나 산골 물 근처에서 차를 달이게 된다면 물통・개수통・물거름자루 등은 쓰지 않아도 된다(其煮器 若松間石上可坐 則具列廢 若瞰泉

298) 이상적(李尙迪), 『은송당집(恩誦堂集)』「恩誦堂集詩」卷二, 李尙迪惠吉, 詩, 挹茶, 한국문집총간.

299) 이신령(李新玲), 『詩化的 品茶藝術』, 中國農業出版社出版, 2008, p.46.

臨澗 則水方 滌方 漉水囊廢)."[300]고 언급한 것에서도 알 수 있듯이 그들은 실내뿐만 아니라 실외에서도 차 마시기 위한 실용적 다구들을 개발하였다. 한 예로 중당(中唐)의 시인 여온(呂溫, 772~811)의 「3월 3일 다연(三月三日茶宴)」이란 시에 보면 찻자리 공간 설정이 매우 자연스러웠음을 알 수 있다.

3월 3일은 청명절의 연회를 베푸는 날이다	三月三日禊飮之日也
제자가 의논하면서 차를 따라서 술을 대신한다	諸子議以茶酌而代焉
이에 섬돌에서 꽃을 뽑고, 뜰의 그늘진 곳을 좋아해	乃撥花砌愛庭陰
맑은 바람이 사람을 따르고, 햇빛에 홍이 남아 있다	淸風逐人日色留興[301]

삼짇날 무렵이면 날씨도 온화하고 산과 들에 꽃이 피기 시작한다. 중국인들은 청명절에는 교외에 나가서 자연을 즐겼는데, 이날 야외로 나가 차를 마시며 맑은 바람과 햇살이 비치는 곳에서 다연을 베푼다. 이처럼 실외 찻자리 공간에서 잠시 시흥에 젖기도 하고, 악기를 연주하기도 하며 자연과 동화되는 즐거움을 누려보는 시간을 가졌다.

당대(唐代)에 많은 사람이 마시는 대중적 찻자리 공간으로 다관(茶館)이 형성되었다. 이로 인해 국제도시의 면모를 갖춘 장안(長安)에는 여러 곳에 다관들이 들어서게 되었다. 이곳에서는 각지에서 온 사람들과 각국에서 온 외국인들까지 모여 서로의 정보와 문화를 교환하기도 하고 여흥을 즐기기도 하였으며, 각자 필요한 물건들도 구입하는 장소가 되었다.

그러나 당시의 귀족들은 다관에는 별로 가지 않고 개인의 집에 찻자리를 마련하여 차생활 하기를 더 선호하였다. 귀족들은 찻자리에서 독서를 하며

---

300) 치우지핑(裘紀平), 『다경도설』, 도서출판 이른아침, 2005, pp.340~341.

301) 왕총런(王從仁), 『중국의 茶문화』, 에디터, 2004, p.169.

차를 마시거나, 벗을 불러 함께 차를 마시며 시국을 논하고, 자신들의 재주를 과시하기도 하는 교류의 장이었다. 멀리 있는 친구를 회상하면서 차를 마시고 사유하며 시흥에 젖었던 장소로 예술적 창작의 산실이었다. 때로는 대나무 그림자가 비치는 아름다운 정원을 거닐며 누각에서 차를 마시기도 하였다. 당시의 사대부들은 절의 선방에서 차 마시기를 좋아했는데, 그것은 사원 주변에 그윽한 산림이 있기 때문이었다.[302] 이것은 차경(借景)을 통해서 찻자리 공간의 묘미를 즐겼다는 것이다.

명대 말기 계성(計成, 1582~?)은 강소성 오강(吳江) 사람으로 17세기 중국의 조원 예술가이자 이론가이다. 1631년 그가 집필한 『원야(園冶)』[303]는 자연의 풍경을 의경(意境)의 향수(享受)라는 점과 연계시켜 차경을 즐긴 대목이 나온다. 그중에 '허(虛)'와 '실(實)' 두 글자를 사용하는 경우가 있는데 창문으로 보이는 경관을 언급할 때 종종 '허' 자를 사용했다.

『원야』 「성시지(城市地)」에는 "뚫려 있는 창에는 파초 그림자가 영롱하게 비치고(窓虛蕉影玲瓏)."[304]라고 표현했듯이 파초를 직접적인 방법으로 보는 것이 아니라, 창문을 통해 간접적인 방법으로 파초 허상인 그림자를 본다는 것이다. 이것은 시각의 착시를 이용하여 더욱 재미있게 보고자 하는 깊은 뜻이 담겨 있다.

『원야』 「장절(裝折)」에는 "판벽(板壁)에는 창살이 없는 창을 설치함으로써 다른 세계가 은연중에 보이도록 만든다. 정자(亭子)와 대(臺)는 비어 있는 곳에 그림자를 드리우고 누각은 공활한 터를 이웃하여 만든다(板壁常空 隱出別壺之天地 亭臺影罅 樓閣虛隣)."[305]고 했듯이 정자나 대를 설

302) 이신령(李新玲), 앞의 책, p.50.

303) 자: 무부(無否). 『원야(園冶)』1631년에 『원야』를 집필했는데 책이름을 『탈천공(奪天工)』, 혹은 『본경전서(本經全書)』로 고친 판본도 있다(陳植, 『園冶注釋』, 중국건축공업출판사, 1681년 初).

304) 계성(計成), 김성우 · 안대회 옮김, 『원야(園冶)』, 예경, 1993, p.58.

치함으로써 또 다른 경관을 보고 있다는 느낌이 들도록 원근감의 변화를 시도하는 다양한 공간들을 추구하고 있다.

『원야』「차경(借景)」에는 "북쪽 창가에서는 그늘 아래의 청량한 바람을 맞이한다. 반쯤 열린 창밖으로 파초와 오동나무가 푸름을 드리우고 에워 싼 담장에는 담쟁이덩굴이 비취빛을 자랑한다(北牖虛陰 半窓碧隱蕉桐 環堵翠蘿薜)."[306]고 했듯이 여름의 숲 그늘을 연상시키는 잎사귀의 큰 잎들이 서로 부딪치며 내는 시원한 바람 소리와 때로는 빗방울 떨어지는 소리까지도 덤으로 즐겼고, 반그늘에 빛나는 담쟁이넝쿨의 비취빛까지 여름의 정취를 더하고 있다는 것이다. 이상과 같이 『원야』 곳곳에 찻자리 공간은 모두 '허실결합'이라는 원칙의 형태로 나타내고 있으며, 서로에게 스며들어 서로를 충실하게 하는 상보적인 관계를 이루고 있었다. 아울러 구도상의 차경을 의경상(意境上)의 차경으로 확대시켰다. 그리하여 원차(遠借), 인차(隣借), 앙차(仰借), 부차(俯借), 응시이차(應時而借)에 대한 논의뿐만 아니라 물정(物情)에 유도되어 눈이 접촉되고 마음이 느껴지는 경지와 경물에 접촉하여 정취가 발생함에 대하여 논의하는 정도[307]에까지 이르고 있음을 감지할 수 있다.

이처럼 허와 실, 원근감의 변화, 차경 등을 최대한 활용하는 사대부들의 높은 식견은 차를 통해 그들의 안목을 키워감으로써 차원 높은 찻자리 공간 분위기를 제시・발전시켜왔다.

청대(清代) 심복(沈復, 1763~?)의 자서전 『부생육기(浮生六記)』에서도 보면, 정자・누각・회랑을 건축하거나 석가산을 축조하고 꽃나무를 전정

305) 계성, 위의 책, p.106.
306) 계성, 위의 책, p.302.
307) 계성, 위의 책, p.20.

하는 데 대해서 말하고 있다. "커다란 가운데 조그만 것이 보이고, 또 조그만 가운데 커다란 것이 보이도록 해야 하며, 공허한 가운데 충실한 것이 있도록 하고, 또 충실한 가운데 공허한 것이 있도록 해야 한다. 어떤 것은 얕아지게 하고, 어떤 것은 깊어지게 해야 한다"[308]고 했다. 이것은 커다란 가운데 조그만 것이 보이도록 한다는 것의 좋은 예라 할 수 있다. 이와 같이 자연환경을 인공환경으로 조성하여 의경을 확장시킨 중국의 찻자리 공간은 차 한 잔의 운치와 묘미를 맛보게 하는 지적향유였다.

- 그림에 나타난 찻자리 특징

중국 차의 역사는 육우 『다경』에 의하면 차를 마실 것으로 삼은 것은 신농씨에서부터 시작하였다(茶之爲飮 發乎神農氏).[309]는 기록으로 보아 지금으로부터 오천여 년 전부터 차를 마셨다는 것을 의미한다. 처음에는 식약동원으로 출발하였으나, 한대(漢代, 기원전 202~220)에 들어와 문화적 개념으로 받아들여지기 시작하였다. 남북조시대(南北朝時代, 420~589)를 거치면서 차는 문화로서 정립되어지고 당대(唐代, 618~907) 때는 중국 역사상 정치・문화・경제 등이 번성하였으며, 문학과 예술 또한 높은 수준에 도달한 시기이다. 차문화 역시 『다경』이 출간되면서 차문화로서 번영하였다.

당대(唐代) 일명(佚名)이 그린 「궁락도(宮樂圖)」를 보면, 당시의 찻자리 공간의 모습을 알 수 있다. 여인들의 틀어 올린 상투 머리에서, 날씬한 여인보다는 몸집이 풍만한 여인들로 당시 미인의 척도를 가름할 수 있다.

308) 심복(沈復), 지영재 옮김, 『浮生六記』, 을유문화사, 2004, p.72.
309) 치우지핑, 앞의 책, p.201.

唐, 일명(佚名), 「궁락도(宮乐图)」, 48.7cm×69.5cm, 대북 고궁박물관 소장

맨 위에 그려진 네 명의 여인들은 악사들로 피리, 생황, 금(琴), 비파로 구성된 4인조로 열심히 음악을 연주하고 있다. 탁자 아래에는 강아지 한 마리가 졸고 있다. 가장 높은 신분의 여인이 데리고 온 애완견인 모양이다. 여인들은 차를 마시면서 즐거운 한 때를 보내고 있는 장면으로[310] 귀족들에게 찻자리 공간은 친선을 도모하는 사교의 공간으로 자주 애용했음을 알 수 있다.

당대의 「연음부분(連飮部分)」은 섬서성 장안현 남리왕촌 당묘 묘실 동벽화는 작자 미상으로 인물의 형태나 복식으로 볼 때 1중당 전후, 즉 육우 시대에 속한다. 그림에는 귀족계층의 생활상이나 그들의 여유로운 생활 모습과 한가로이 차를 마시며 느끼는 정신적 면모 등이 반영되어 있다.

310) 육항(陆杭) 編著, 『中國 傳統 藝術 圖鑑』, 東方出版社, 2010, p.107.

당대(唐代)의 「연음부분(連飮部分)」

「궁락도」나 「연음부분」을 볼 때 남녀가 따로 차를 마시고 있는 모습과 귀족들의 차 마시는 공간 안에는 시녀들이 함께하는 찻자리로 이는 궁정 또는 귀족들의 찻자리 공간임을 알 수 있다.

하북성(河北省)에서 발굴된 선화요묘벽화의 위연차장경(爲碾茶場景)으로 「비차도(備茶圖)」는 요(遼)나라 고위층의 무덤 벽화로 차를 만드는 광경이 그려져 있다. 다동은 차를 맷돌에 갈고 있으며, 바로 옆에서 무릎을 꿇고 화로에 부채질하면서 탕병의 물을 끓이고 있다.[311] 제목에서 말하듯 차를 내기 위한 전반적인 준비 과정을 표현하고 있는 그림이다. 이를 통해 당시의 찻자리 공간에서는 틀에 있는 차를 연(碾)에 갈고 탕병에 차를 끓이고 끓인 물을 다병에 담아 완(碗)에 내어 마시는 행위들이 이루어지는 공간

311) 육항(陆杭), 위의 책, p.111.

「비차도(備茶圖)」

「다도도(茶道圖)」

이었음을 알 수 있다.

「다도도(茶道圖)」는 하북성에서 발굴된 선화요묘벽화의 연차 정경으로 다동이 연(碾)에 차를 갈고 있고 두 여인이 높은 잔 받침 위에 찻잔을 들고 있는 모습을 매우 생동감 있게 표현하고 있다.[312] 찻자리 공간에서 직접 차를 갈아 마셨음을 알 수 있다. 이러한 찻자리 공간을 통해서 그 시대의 차도구와 풍습들을 이해할 수 있다.

송대(宋代, 960~1279) 조길(趙佶, 1082~1135)의 「문회도(文會圖)」를 보면, 다연(茶宴)과 주연(酒宴)이 함께 이루어지고 있는 광경이다. 거기에 부수적으로 다식(茶食), 삽화(揷花), 분향(焚香)과 음악이 곁들여지고 있다.[313]

다연은 주연과 함께 연회가 베풀어지는 것으로 풍성한 음식과 술과 가무를 함께 즐기면서 시흥이 돋우면 즉흥시들이 나오곤 하였던 것으로 송나라

312) 김창배, 『차묵화첩』, 인사동문화, 2006. p.68.

313) 육항(陸杭), 앞의 책, p.114.

宋, 조길(赵佶), 「문회도(文會圖)」 부분

때 매우 번성하였다. 당시의 궁정이나 귀족들 사이에서 이러한 연회가 빈번하였다. 분위기가 고조되면 정신을 맑게 하기 위해 시중드는 이에게 분향을 시킨 후 차로 취기를 해소시켰다. 그림 아래 탁자 위에는 다연을 위해 차 그릇이 놓여 있고, 풍로 위 두 개의 주전자에는 뜨거운 물이 끓고 있다. 그 옆에 시중드는 사람이 늘 대기하고 있다. 바닥의 광주리 안에는 주연 준비물이 들어 있다. 이처럼 찻자리 공간이 차문화의 발전과 함께 폭넓게 이루어졌음을 알 수 있다.

반면에 사치스러운 도시생활과 화려한 차생활을 물질적으로 마음껏 즐겼을 휘종은 도성 안에 간악(艮嶽)이라 불린 산을 만들어 질박한 자연으로 돌아가 귀인의 이상을 실현시키며 정신적으로 즐기려 했던 것이다. 인위적인 산을 꾸미기 위하여 바위, 돌, 꽃, 나무를 머나먼 강남으로부터 옮겨왔으며, 이렇게 옮겨 꾸며진 간악은 자연 그대로의 느낌이 들도록 했고 건물과 벽은 백목(白木) 상태 그대로 두었다.[314] 때로는 이곳이 휘종의 정신적 찻자리 공간으로 자신을 되돌아보는 성찰의 장소였으리라 짐작된다.

314) 쓰지노부오(辻惟雄), 『일본미술 이해의 길잡이』, (주)시공사・시공아트, 2006, p.78.

宋, 송인회(宋人繪), 「인물(人物)」(좌), 중국 「민화」(우), 국립고궁박물원 소장

구양수(歐陽修, 1007~1072)는 스스로를 '육일거사(六一居士)'라 칭했다. 우리 집에는 장서 1만 권이 있고 삼대(三代)이래로 금석문집록이 1천 권이 있으며, 거문고 하나가 있고. 바둑판 하나가 있으며, 여기에 항상 술 한 병이 있다. 내가 이 다섯 가지 물건 속에서 늙으니 나 하나를 합하면 여섯이 하나가 되는 셈이다[315] 라고 했듯이 송대(宋代) 사대부들의 교양은 거문고, 바둑, 서예, 그림이었다.[316] 하지만 송인회(宋人繪)의 「인물(人物)」 그림에서 사예(四藝)를 살펴보면, 삽화(揷花, 居中), 괘화(掛畵, 後), 점다(點茶, 左上), 분향(焚香, 左下)으로 평상시 생활에서 최고 수양의 조건으로 사대부들이 갖추어야 할 것들이었다.[317]

사대부의 일상사를 나타낸 그림이다. 실내의 벽면에 호숫가의 풍경을 표현한 그림을 걸어두고 그 위에 자신의 자화상을 걸어놓았다. 넓은 평상은 시・서・화를 즐기는 찻자리 공간이라 할 수 있다. 그림 중심의 하단에는 꽃이 꽂혀 있고, 왼편 상단에는 연꽃으로 조각된 화로 위에 찻물이 끓고,

315) 소동파, 김병애 옮김, 『마음속의 대나무』, 태학사, 2009, p.54.

316) 김희영, 『이야기중국사 2』, 청아출판사, 2011, p.596.

317) 진기록(陳奇祿), 『中國古典揷花藝術』, 行政院新聞局 漢聲雜誌社, 1976, p.16.

明, 문징명(文徵明), 「혜산다회도(惠山茶会图)」 부분

외편 하단에는 분향이 준비되어 있으며, 심부름하는 어린 다동은 다병을 들고 와 글을 읽고 있는 주인에게 권하고 있는 장면이다. 이처럼 찻자리 공간의 장식과 함께 분향할 수 있도록 준비되어 있어 차문화와 향문화 등을 동시에 즐길 수 있는 공간이었다.

명대(明代, 1368~1644) 문징명(文徵明, 1470~1559)의 「혜산다회도(惠山茶會圖)」에서는 청명절 무렵에 몇 명의 예술가들이 혜산 산기슭의 죽로산방(竹爐山房)에서 차를 마시고 시를 읊는 정경이다. 이 그림을 통해서 대략 그 당시 사대부들의 찻자리 공간을 짐작할 수 있다.

명대에 들어오면서 차를 마시는 방법에서 변화가 온다. 송대까지 다완과 차선을 중요하게 여기던 것이 다호(茶壺)가 등장하고 작은 잔들을 소중히 여기게 된다. 차는 내는 방식이 점다법(點茶法)에서 포다법(泡茶法)으로 바뀌게 된 것이다. 즉, 단차문화에서 산차로 잎차문화는 차도구들의 변화도 함께 가져오게 된다. 황실과 사대부들 사이에서는 원대에 출현한 청화백자의 다구를 중요하게 여기게 되었다. 불을 지펴 물을 끓일 때는 제일 좋은 혜산의 물을 준비하여 사용하였고, 차는 고저자순차(顧渚紫笋茶)[318]를 사

318) 당시 명성으로 자부하던 차는 양선차(차이름)와 고저자순차(顾渚紫笋茶)이고, 차 맛이 깔끔하고 우아하다. 정교하게 잘 만들어져 있어 문인이 좋아하였다. 고저자순차(顾渚紫笋茶)는 중국 역사상 제일 유명한 상품으로 상납한 차였다. 최고품의 차잎은 相抱似笋(서로를 안은 마치 죽순과 같

용했다. 당시 고저자순차는 차 맛이 깔끔하고 우아하며 정교하게 잘 만들어져 있어 상품으로 상납한 차로 사대부들도 좋아하였다.

차를 마시는 다우(茶友)들이 기본적으로 갖추어야 할 조건은, 고상한 인품과 시・사・부(詩詞賦)에 능해야 하며, 독서・악기・그림・장기・화훼 등 다방면으로 교양을 갖추어야 했다.[319] 위의 그림에서 나타나듯이 산방(山房)에서 차를 마시기 위한 다구나 차를 선택함에 있어서도 기능성과 완상을 겸한 최고의 다구를 선택하여 찻자리 공간의 품격과 안목을 높였음을 알 수 있다. 더구나 차를 마시는 사람들은 학식을 갖춘 사람들로 구성되어 최고의 학문을 교류하는 공간이었으며, 예술이 창작되는 공간의 역할을 했음을 알 수 있다.

명대(明代) 진홍수(陳洪綬, 1599~1652)의 이 그림은 스승이 학생들에게 예술을 가르치는 장면을 묘사한 것이다. 스승은 탁자에 기대앉아 두 제자의

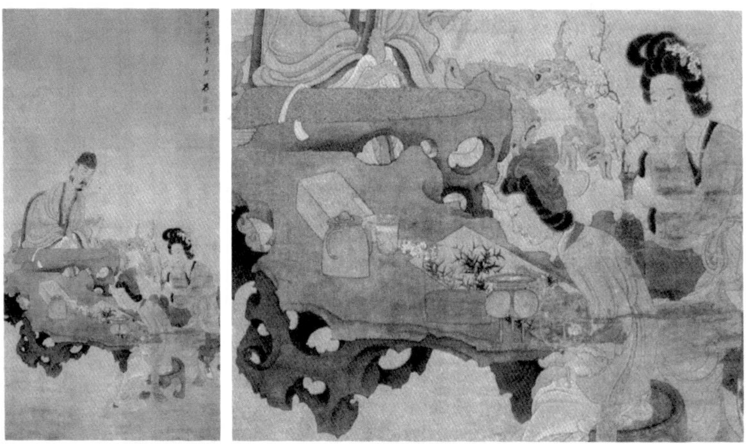

明, 진홍수(陳洪綬), 「수도도(授徒圖)」

다). 일등품의 차 형태는 난초 같고, 빛깔과 광택은 옥빛을 하고, 은화가 뚜렷하다. 맛은 더욱더 달고 순수하고 입맛에 맞고, 차의 색깔은 맑고 밝고, 찻잎은 가늘고 보드랍고 봉우리처럼 생겼다.

319) 육항(陆杭), 위의 책, pp.116~117.

공부하는 모습을 바라보고 있다. 탁자 위에는 그림과 찻주전자 등이 있으며, 두 명의 여 제자가 그 아래에 앉아 있다. 한 명은 탁자 위의 대나무 그림을 보고 있고, 다른 한 명은 화병에 꽃을 꽂고 있다. 찻자리 공간에서 화가 본인의 생활을 묘사한 것이라고 설명하기도 한다. 이를 통해 볼 때 찻자리 공간은 취미생활을 통해 얻어지는 희열의 공간이기도 하였다.

청대(淸代)의 차와 찻자리꽃이 함께 있는 어느 귀족의 인물화이다. 뒷면에 배치한 병화(瓶花)의 모란의 화려함과 그 앞에 낮게 자리를 차지한 풍성한 과일로 꾸민 과반화(果盤花)가 그려져 있다. 이는 부귀영화를 상징하는

차 마시는 여인과 「과반화(果盤花)」와 「병화(瓶花)」[320]

320) 김희영, 『이야기중국사 3』, 청아출판사, 2011, p.446.

것으로 중후한 여인의 기품을 살려주고 있다. 한가롭게 차를 마시고 있는 찻자리 공간을 표현한 그림으로 당시의 풍요롭게 꾸며진 찻자리 공간의 화려함을 추측해 볼 수 있다.

이상에서 살펴보았듯이 첫째 「궁락도」, 「연음부분」, 「문회도」, 「혜산다회도」에서는 천인합일이라는 대자연과의 조화를 선호하는 경향으로 넓은 공간위주로 많은 인물을 묘사하고 있다. 광활한 영토를 지닌 까닭에 호방함이 느껴지는 찻자리 공간으로 다・주・시・서・화・악(茶酒詩書畵樂)을 통해 스스로 즐기는 것을 주제로 하는 공간이기도 하다. 계층은 주로 귀족, 사대부 위주로 묘사되어 있다. 악사를 대동할 만큼 상당한 수준의 오락문화 형식으로 다연과 주연을 함께하는 품격 있는 찻자리 공간이다. 지식층 위주의 사교와 토론을 통해 지식을 교류하는 공간이며, 대자연 속에서 호연지기를 배양하는 수련의 장이기도 했다.

둘째 「인물」, 「수도도」, 차 마시는 여인과 「과반화」와 「병화」 그림에서는 자연의 성정을 중시한 까닭에 자연미가 바로 인물이나 예술의 미적 근본이 되어, 찻자리 공간에서도 인물중심으로 당시의 상황을 세세하게 표현하고 있다. 대체로 상류층의 삶을 보여주는 그림으로 찻자리 공간은 이들에게는 중요한 공간으로, 자신들의 이상을 펼쳐나가는 한순간을 묘사한 것이다. 위의 그림들을 통해서 알 수 있는 것은 호방한 기질을 풍아(風雅)・문아(文雅)로 다스리어 표현함으로써 인품을 돋보였다.

「청대병화(淸代甁花)」와 「청초청당공화(淸初廳堂供花)」의 그림들을 통해서 청대의 수준 높은 꽃꽂이를 감상할 수 있다. 오른쪽 「청당공화」는 기명절지도(器皿折枝圖)의 형식에 가깝다. 청동기, 꽃병, 화분 등의 기명이나 문방구와 함께 꽃, 과일, 채소 등을 서로 어울리게 배치하여 복(福), 수

321) 진기록(陳奇祿), 앞의 책, p.50. p.88.

「청대병화(清代瓶花)」, 陳畵繪, 丁亮先 作, 고궁박물원 소장

「청초청당공화(清初廳堂供花)」, 대영박물관 소장[321]

(壽), 다자(多子), 부귀(富貴), 평안(平安) 등을 희구하는 길상화로, 책거리도가 책이 주요 소재라면 기명절지는 기명과 꽃가지가 주된 소재다. 위의 그림 「청대병화」에서 보여주듯이 꽃 문화가 대단한 수준에 이르고 있는데도, 찻자리 꽃에서는 꽃에 많은 시간을 투자하지 않고 가볍게 몇 송이 꽂는 정도이다. 아마도 중국은 수 천 년 동안 차를 다반사로 마셔왔기에 찻자리 공간이 생활의 일부분으로 특별하게 여기지 않았다는 것이다. 찻자리 꽃에서는 대만이 일본의 영향을 받아 찻자리 공간 문화가 예술적인 방면으로 더 발달했음을 인지할 수 있다.

1957년에는 라오서(老舍, 18991~966)의 『찻집(茶館)』이라는 작품이 나올 정도로 찻자리 공간이 찻집으로까지 발전하여 차를 마시면서 갈증을 해소하고, 휴식과 오락, 정보를 묻는 집회 장소역할을 하고 있다.[322] 이는 찻자리 공간이 복합적인 공간으로 서서히 변화되고 있음을 암시하고 있다.

한 예로, 프랑스에서 의상 디자인을 공부하고 대만으로 돌아온 관수령(管壽齡)씨는, 대만 타이베이(Taipei, 臺北)에 인애로(仁愛路) 연꽃빌딩에서 '다예관(茶藝館)'을 개업하였다. 이것이 처음 다예관 간판을 내건 것이다. 민족문화를 확대・발전시키기 위해 그녀는 화랑을 개조하여 서양화・도자기 공예품을 판매하면서 다예관을 '예랑(藝廊)'으로 명칭하였다. 그녀는 차를 제공하고, 손님들에게 예술품을 감상하게 하고, 화랑을 하나의 가벼운 생활 찻자리 공간으로 만들었다. 이렇게 다예관은 차를 마시고, 예술품을 감상하는 장소가 되었고, 동시에 찻잎과 도자기 공예품의 매매 및 식당을 경영하였다. 점차 찻자리 공간은 행위예술 공간으로 승화되어 중국의 각 처에서 하나의 문화소산으로 발돋움하고 있는 추세이다.[323)]

최근 들어서는 찻자리 공간이 예술적인 차원에서 세분화되어 차를 음미하는 것뿐만 아니라 차를 통해서 예술적인 정신이 깃든 '다예(茶藝)'라는 명칭으로 다양한 형식을 창조해 내고 있다. 다예란 용어는 1977년에 대만에서 처음으로 사용하기 시작했다. 1978년에 대북시(臺北市)와 고웅시(高雄市)에 다예(茶藝)협회를 조직하고 1982년에는 대만 전체를 대표하는 다예단체인 중화다예협회(中華茶藝協會)를 조직하였다. 1988년 처음으로 대륙을 방문한 대만경제문화방문단이 상해에서 호예대사(壺藝大師)인 허사해(許四海)와 만나 다예라는 용어에 대해 공개적 담론을 벌렸는데 이런 사실이 「문회보(文滙報)」와 「인민일보(人民日報」에 의해 차례로 보도되면서 다예란 용어가 대륙에 전해지게 되었다.[324)]

---

322) 라오서(老舍), 신진호 옮김, 『茶館(찻집)』, 지식을만드는지식, 2009, p.12.

323) 이영매(李永梅), 『茶道 上』, 天津古籍出版社, 2007, p.180.

324) 조기정, 「중국 茶道의 형성과 변천 고찰」, 중국인문과학 제48집, 2011, p.388.

- 찻자리 공간에 나타난 다사

중국의 찻자리 공간은 앞에서 그림을 통해 살펴보았듯이 다양한 형태의 다사들이 등장한다. 한(漢) 시대 장건(?~기원전 114)에 의해 실크로드가 개척되어 서역으로부터 다양한 문화가 유입되었다. 중국의 차문화 또한 실크로드를 통해 다양한 문화들이 융합되어 한국이나 일본보다도 매우 빠른 속도로 발전해 나갔다.

차 판매에 대한 최초의 기록은 전한 시대 왕포의 『동약』을 들 수 있다. 그리고 서진 시대(西晋時代, 265~316)에 이미 차죽을 팔았다는 기록이 보인다. 이를 살펴보면, 부함(傅咸, 239~294)의 『사예교(司隷教)』에 남방 촉의 할머니가 낙양(洛陽) 남시(南市)에서 차죽을 팔았다는 이야기가 전한다.[325] 다음에는 병차를 만들어 팔았더니 차를 팔게 했다. 이 당시에는 식품으로는 판매가 되나 음식으로는 판매가 허용되지 않았다는 것이다.[326] 이는 다관(茶館)이 형성되는 과정으로 중국 다관의 원형이라 할 수 있다.

차를 판 점포의 최초의 기록으로 당대 현종(玄宗, 685~762) 때 『봉씨문견기』가 있다. 남쪽 사람들은 자주 차를 마셨지만 북쪽에는 차를 마시는 사람이 많지 않았다. 개원(開元) 중기 산둥에서 장안에 이르기까지 많은 다관이 개설되고 차를 끓여 팔았다. 길을 가는 사람들은 돈을 지불하고 차를 사서 마셨다. 당대에는 도시의 여러 곳에서 차를 끓여 파는 점포가 개설되었고 이런 점포를 이미 다관이라고 불렀다.[327] 또한 송대에도 다관업이 매우 번창하여 남송의 수도인 임안(臨安, 지금의 항주)의 다방(茶坊), 다사(茶

325) 치우지핑(裘紀平), 앞의 책, p.240.
『다경』「칠지사(七之事)」'聞南市有以困 蜀嫗作茶粥賣 爲簾事打破其器具.'

326) 염숙・엄영욱, 『중국역사 속에 꽃피운 차문화』, 전남대학교 출판부, 2009, p.76.

327) 이영매(李永梅), 『茶道 下』, 天津古籍出版社, 2007, p.624.

肆)는 매우 장사가 잘되었다. 차박사(茶博士, 다관 심부름꾼)는 문 앞에서 잔을 두드리고, 노래를 부르면서 차를 판다고 외치면서 고객을 불러 모았다. 다사 내에는 계절마다 생화를 꽂아 놓고, 명인의 서화를 걸어놓아 손님들이 소일하면서 오래 머무를 수 있도록 했다.[328]

다예(茶藝)[329]관의 종류에는 방고식(仿古式) 다예관, 원림식(園林式) 다예관, 실내정원식(室內庭院式) 다예관, 현대식(現代式) 다예관, 민속식(民俗式) 다예관, 희곡 다루(戲曲 茶樓),[330] 종합식(綜合型) 다예관 등 다양한 형태의 다예관들이 있었다.[331] 이러한 다예관을 통해서 예술적인 기량을 마음껏 표현하였기 때문에 여러 다예관들은 중국의 예술 분야를 발전시키는 매개체 역할을 하기도 했다. 이는 찻자리 공간의 범위가 차만이 아니라 풍성한 음식과 함께 가무 등이 어우러지는 사교와 문화의 공간이었다.

제백석(齊白石)의 「자다도(煮茶圖)」

중국화단의 현대화를 주도한 제백석(齊白石, 1863~1957)의 「자다도(煮茶圖)」를 통해 알 수 있듯이 평소 다사를 즐겨 했던 자신의 노년 모습을 그린 듯하다. 찢어진 부채로 다로의 불기운을 일으키며 차를 끓이는 모습은 마치 모든 걸 초월하고 자연에 순응하는 현인의 모습이기도 하다. 그는 차 끓이는 과

328) 왕총련, 앞의 책, pp.353~354.

329) 중국차의 정신이란 관념적 깊이만을 추구하기보다는 여가를 즐길 수 있는 놀이문화로써 발달하였다는 점에서 다예(茶藝)로 규정되곤 하였다.

330) 차를 마시는 것을 발단으로 하고, 희극 감상이나 스스로 즐기는 것을 주제로 하는 장소이다. 이런 종류는 차를 마시는 오락 문화 형식으로 이미 오래 전에 있었다. 최초의 기록은 唐代에 볼 수 있다. 남송 때, 항주, 북경 등의 찻집 내, 어떤 곳은 함께 학습하거나 함께 노래를 부르는 장소로 노랫소리가 자자했고, 어떤 곳은 악기를 두드리고, 이야기, 만담을 하기도 했다.

331) 이영매(李永梅), 『茶道 上』, 위의 책, pp.182~184.

정이 자신을 수양하는 과정으로 여기고 다 헤진 부채에도 아랑곳하지 않고 물아일체의 경지에 있음을 느낄 수 있는 그림이다. 이는 찻자리 공간이 일상생활의 터전으로 오락의 공간이며 때로는 수양의 공간이 되었음을 알 수 있다.

- 찻자리에 깃든 다도사상

중국의 다도사상의 뿌리는 중국의 차문화가 성립된 시기로 볼 수 있다. 위진 남북조시대(魏晉南北朝時代, 420~589)를 걸치면서 다양한 사상과 문화들이 유입되었다. 중국의 다도사상은 철학과 사상, 도덕, 미술, 문예, 건축, 음악 등이 함축되어 있는 종합적인 정신문화이다. 특히 중국의 다도사상은 유교・불교・도교 등의 영향을 골고루 반영하고 있다. 따라서 활발한 사상체계의 융합은 진대(晉代, 265~420)와 당대(唐代) 때에 불교사문들이 좌선을 하며 차를 마시는 찻자리 공간이 보편화되고 성행하는데 영향을 끼쳤다.

육우의 『다경』 「일지원(一之源)」에서 "차의 쓰임은 그 맛이 매우 찬 것이어서 그것을 마시는 데 적당한 사람은 정성스러운 행실과 검소한 덕을 갖춘 사람이다(茶之爲用 味至寒 爲飮最宜 精行儉德之人)."[332]라고 하여 차의 가치를 정행검덕(精行儉德)으로 보았다. 육우는 『다경』에서 검(儉)을 강조하고 있다.

노자(老子, ?~?)는 『도덕경(道德經)』 67장에서, 나에게는 세 가지 보배가 있어 지니고 보배롭게 여긴다(我有三寶 持而保之). 첫째는 자비이며, 둘째는 검소이며, 셋째는 천하에 앞서 함부로 행하지 않는 것이다(一曰 慈,

332) 치우지핑(裘紀平), 앞의 책, p.40.

二曰 儉, 三曰 不敢爲天下先)라고 했다. 여기에서 검소(儉)란 아낌없이 가지고 있지만 함부로 다 쓰지 않는 것이다. 이는 자비로우니 용감할 수 있고 검소하기 때문에 널리 베풀 수 있어[333] 검약하는 일보다 더 좋은 것은 없다는 것을 예시하고 있다.

또한 유가(儒家)에서도 검(儉)에 대해 강조하고 있다. 『논어』「學而(학이)」편에 보면, 공자의 문하에서 나온 학덕이 뛰어난 열 명의 제자들로 공문십철(孔門十哲)의 한 사람인 자공(子貢)은 공자의 인격에 대해 온・량・공・검・양(溫良恭儉讓)의 다섯 가지 덕을 갖추신 분이라고 평하고 있다.[334] 여기서도 검이 강조되고 있다. 검은 낭비하지 않는 것이며, 함부로 하지 않음이요, 고요함이며, 마음을 비움이다.

이는 유가 사상의 영향과 함께 도가 사상이 깃들어 있음을 알 수 있다. 당대 봉연이 지은 「봉씨문견기」에 다음과 같이 기록이 있다. "개원 연간에 태산의 영암사에는 항마선사가 선(禪)과 교(教)를 크게 일으켰다. 사문들은 밤늦도록 잠자지 않고 참선을 했고, 늦은 밤에는 음식을 먹지 않았다. 이에 사문들이 차 마시는 것을 허락했다."[335]

사문들은 스스로 차를 재배하고 달여 마시면서 "구하는 것은 차뿐이다." 라는 경지에 이르기도 했다. 사원에서는 차를 재배하고 마시는 것을 장려하고 불교의 청정규율과 차를 마시고 경전을 독송하는 것과 불교의 철학적 이치와 불교적 인생관이 어우러졌다. 이렇게 하여 "차와 불교, 특히 선종은 뗄 수 없는 관계이다", "차와 선은 일미(一味)이다", "차와 선은 동등하다" 라는 말들이 생겨났다. 사문들은 다사를 통해 자연의 진리를 체득하는 것을

333) 노자(老子), 심재원 옮김, 『道德經』, 정우서적, 2010, pp.433~437.

334) 남회근, 송찬문 옮김, 『알기 쉬운 논어강의 上』, 씨앗을뿌리는사람, 2002, pp.51~53.

335) 우더신, 주호찬 옮김, 『한 권으로 읽는 불교』, 산책자, 2008, p.263.

포함시켰다.

당대(唐代)에 생겨난 '다선일미'라는 말은 선종 법어에서도 사용되었는데 '끽다거(喫茶去)'와 같은 선의 기봉을 드러낸 말과 관련 있다. 다선일미가 유행하여 식후에 석 잔의 차를 마시는 것이 선 수행자들의 가풍이 되었다. 차를 마시는 일이 사원제도의 하나로 정착되자 절에서는 '다당(茶堂)'을 마련했고, 때로 '다고(茶鼓)'를 쳐서 대중들을 소집하여 함께 차를 마셨다. 절에서는 차 마시는 것을 숭상하여 "자고로 명사(名寺)에 명차(名茶)가 나온다"는 말이 생겼다.[336] 차를 달이는 것과 관련된 이름이 많아서 불, 보살, 조사에게 차를 공양하는 것을 '전다(奠茶)'라 했고, 법랍을 따라서 순서대로 차를 마시는 것을 '계랍차(戒臘茶)'라고 했으며, 여러 사문이 모여서 차를 마시는 것을 '보다(普茶)'라 했다.[337] 이처럼 다도사상은 불교 사상의 영향을 받았다.

노동(盧仝)의 「칠완다가(七碗茶歌)」에서도 차의 덕을 세세하게 표현하고 있다.

> 첫째 잔은 목구멍과 입술을 적시고,
> 둘째 잔은 고독과 번민을 씻어주네.
> 셋째 잔은 창자에 향기가 전해져,
> 생각나는 문자가 남은 것 오천 권 책뿐이네.
> 넷째 잔에 가벼운 땀이 솟아 평소의 불만이 땀구멍 통해 모두
> 사라져 없어진다네.
> 다섯째 잔에 기골이 맑아지고,
> 여섯째 잔에서 신령과 통하였네.
> 일곱째 잔은 채 마시지도 않았건만, 양쪽 겨드랑이에서 맑은 바
> 람이 솔솔 일어나는 것을 느낀다.
> 봉래산이 어드메뇨? 옥천자는 이 맑은 바람을 타고 돌아가고 싶다.

---

336) 우더신, 위의 책, pp.263~265.

337) 우더신, 위의 책, p.378.

> 산상의 군선(여러 선인)은 아래 땅을 맡아 다스리는데 지위는 맑고 높아 비바람으로 막혔네.
> 어찌 알손가? 억조창생의 목숨이 낭떠러지의 정수리에서 떨어져 천신만고 겪음을……
> 문득 간의를 좇아 물을거나? 억조창생이 끝내 소생할 수 있는가 없는가를……[338)]

노동의 시를 통해 도가의 신선 사상을 알 수 있다. 당나라 유정량(劉貞亮, ?~813)의 「차의 십덕(茶之十德)」[339)] 중에서 "차로써 예절과 어진 마음(禮仁)을, 차로써 몸을 기르고(修身), 차로써 마음가짐을 아름답게(雅心) 할 수 있다"[340)]는 내용에서도 차의 덕목을 강조하고 있다. 이처럼 차를 통해서 맑은 정신을 유지하며, 수양의 도구로 삼으면서 차의 덕을 칭송했다. 이는 유가 사상이 깃들어 있음을 알 수 있다.

북송의 휘종(徽宗, 1082~1135) 황제가 쓴 『대관다론(大觀茶論)』에서 차의 정신을 검정화정(儉精和靜)이라 했다.[341)] 검(儉)은 검소, 정(精)은 청렴결백을 의미하고, 화(和)는 화목하고, 정(靜)은 고요한 경지를 지향하는 정신이라고 했다.[342)]

근세의 장만방(蔣晚芳)은 중국의 차덕(茶德)에 관해 염(廉)・미(美)・화

---

338) 장소선주(庄昭选注), 위의 책, p.80.
'一碗喉吻润, 二碗破孤闷, 三碗搜枯肠, 唯有文字五千卷, 四碗发轻汗, 平生不平事 尽向毛孔散, 五碗肌骨清, 六碗通仙灵, 七碗吃不得也, 唯觉两腋习习清风生, 蓬莱山, 在何处?玉川子乘此清风欲归去 山中群仙司下土, 地位清高隔风雨, 安得知百万 亿苍生命, 堕在颠 崖受辛苦, 便为谏议问苍生, 到头合得苏息否?' 「七碗茶歌」.

339) '차로써 방탕한 기운(郁氣)을 흩고, 차로써 잠기운(睡氣)을 쫓아내고, 차로써 생기(生氣)를 기르고, 차로써 병기(病氣)를 제거하고, 차로써 예절과 어진 마음(禮仁)을 더하고, 차로써 공경하는 마음을 표현(表敬)하고, 차로써 자양분을 맛보고(嘗味), 차로써 몸을 기르고(修身), 차로써 도(道)를 행하고, 차로써 마음가짐을 아름답게(雅心) 할 수 있다.'/치우지핑, 앞의 책, pp.43~44.

340) 치우지핑(裘紀平), 앞의 책, pp.43~44.

341) 정영선, 『다도철학』, 앞의 책, p.268./재인용 童啓慶 著, 『論茶禮 茶道 茶藝的 名稱及其內涵』 「茶文化論」, p.92.

342) 이진수, 『차의 이해』, (주)꼬레알레즘, 2006, pp.178~179.

(和)・경(敬)이라 했다.[343] 염은 맑은 차를 마심으로써 청렴하고 근검하게 하며, 술 대신 차로 손님접대를 함으로 과음을 줄이며, 미는 명품의 차에서 아름다운 맛과 향기를 음미하며 우정을 서로 나누고 건강하게 장수를 누릴 수 있고, 화는 다례를 중시하는 덕을 지녀 다른 사람과 좋은 관계를 갖게 된다, 경은 남을 존경하여 즐거워할 수 있도록 정갈한 다기와 좋은 물을 사용한다는 것이다. 그리고 근세에 대만의 황돈암(黃墩岩)은 『중국다도(中國茶道)』에서 차문화의 특성은 중용(中庸)・검덕(儉德)・명륜(明倫)・겸화(謙和)라 하였다. 중용이란 차의 맛이 시고, 달고, 쓰고, 떫음이 어우러져 완전히 조화를 이루는 것이고, 검덕이란 헛된 화려함 대신 소박하고 고아하여 걱정을 떨쳐버리는 의연함이며, 명륜이란 차를 준비하고 올릴 때 예를 갖추어 정성을 다함이며, 겸화란 차의 맛을 음미하면서 자신을 낮추어 자세를 가다듬는 중국의 다도사상을 말했다.[344] 이제까지 살펴본바 중국의 찻자리 공간에 깃든 사상들은 유가 사상의 정행검덕과 불교의 선 사상과 도가의 신선 사상이 융합되어 천인합일 사상을 내포하고 있음을 유추해 볼 수 있다.

3. 일본의 찻자리 공간

일본의 찻자리 공간을 살펴보면 한・중・일 삼국의 찻자리 공간 가운데 많은 부분이 다름을 보이고 있다. 이는 일본이 지니고 있는 자연환경 속에 형성된 생활 양상과 그들을 지배해 온 사상 등의 결과물들에 의해 나타나

343) 정영선, 『다도철학』, 위의 책, p.268./재인용, 童啓慶 著, 『論茶禮茶道茶藝的名稱及其內涵』 「茶文化 論」, p.99.

344) 정영선, 『다도철학』, 위의 책, pp.268~269./재인용, 張宏庸 著, 『茶藝』, 幼獅文化産業公司, 臺灣, 1987, pp.140~143.

고 있음을 알 수 있다.

일본의 차문화는 나라 시대(奈良時代, 710~794)에 민간인들의 교역과 불교 승려들을 통해 중국으로부터 전파되었다. 헤이안 시대(794~1185)에는 공식적으로 불교 승려들에 의해 중국에서 도입되었다. 당시 중국은 당왕조 때로 차 마시는 풍습이 곳곳에서 만연하고 있었다. 이 시기 중국에서 차문화는 매우 고상한 취미로 고양되고 있었다. 특히 헤이안 시대 일본에서는 중국적인 것에 열광했던 시대로 교토의 궁정에서도 차문화를 받아들이며 유행을 시켜 나아갔다. 하지만 6세기 후반에 시작된 이래 오랜 세월에 걸쳐 이어진 중국적인 문화적 차용과정이 9세기 중엽 견당사(遣唐使) 폐지 등으로 일단락되면서 차문화도 점차 쇠퇴하거나 사라지게 되었다.[345]

그 후 가마쿠라 시대(鎌倉時代, 1185~1333) 막부가 창설된 시기인 12세기 후반 일본 임제종의 창시자인 에이사이선사(榮西禪師, 1141~1215)가 1191에 귀국하여 남송에서 가져온 차종을 축전국(筑前國, 北九州)의 배진산에 심었다.[346] 이로 인해 중국 송왕조의 차문화가 다시 전래되었다. 특히 차의 의학적인 가치를 강조하여 『끽다양생기(喫茶養生記)』를 저술하였다. 그는 『끽다양생기』에서 "차는 사람을 양생(養生)하는 선약(仙藥)이며, 장수하도록 하는 묘술(妙術)이다"[347]라면서 차의 의학적 효능을 서술했다. 또한 선종사원에서 졸지 않고 깨어 있도록 각성제로서 차를 사용할 것을 권하기도 했다.

또한 송 시대 때 유행이었던 음다(飮茶)법인 말차(抹茶)와 다선(茶筅)을 사용하는 점다법(點茶法)이 들어왔다. 13~14세기에는 모든 계층에게서 음다 풍습이 널리 유행하였다. 이로써 일본 중세시대가 낳은 문화 가운데 가

---

345) 폴 발리(Paul Varley), 『일본문화사』, 도서출판 경당, 2011, p.209.

346) 김운학, 『한국의 차문화』, 도서출판 이른아침, 2004, p.118.

347) 윤상인・박전열, 『일본을 강하게 만든 문화코드』, 도서출판 나무와숲, 2011, p.30.

장 위대한 문화적 업적인 차노유(茶の湯, Tea Ceremony)에 입각한 차문화를 형성하게 되었다. 한국의 『동다송』과 중국의 『다경』 그리고 일본의 『끽다양생기』 3권의 차 전문서는 공통적으로 차를 보건·정신음료로 차의 우수성과 약용성을 강조하고 있음을 알 수 있다.

일본에서는 차가 승려 중심의 양생식품으로 인식되다가 15세기에 부호상인과 무사들의 여가문화로 성행하기 시작하여 국민적인 기호음료로 크게 발달하였다. 이처럼 차를 마시는 습관이 차츰 퍼지기 시작했고, 승려들이 차를 가져왔기에 수신양심(修身養心)을 기본으로 점점 발전하였다.[348] 일본의 다도는 불교 사상이 바탕이 되어 화경청적(和敬淸寂)의 다도정신으로 엄격한 다도를 행하고 있다. 화(和)를 이루기 위해서는 공경하는 마음과 맑은 심성, 그리고 평온한 마음가짐을 길러야 한다.[349] 즉, 화경청적은 다도에서 타인을 화와 경(敬)으로 대하고 차실이나 다구는 조심스럽고 깨끗이 하는 일로, 다도의 정신을 나타내기 위해 반복적으로 사용하는 표어이다.[350] 이것이 일본의 차정신이다.

이처럼 일본의 차문화는 불교의 선종과 막부 문화와 함께 발전하면서 일본 특유의 차문화를 형성하였다. 한국과 중국은 생활공간 속에서 찻자리 공간들이 자연스럽게 형성된 반면 일본의 찻자리 공간은 비생활공간을 통해 차문화가 이루어져 전승 발전되어 왔다. 중세가 낳은 가장 세련된 문화적 업적의 하나로 다도를 들 수 있나.

---

348) 이용우, 『차와 다도』, 도서출판 삼보애드컴, 2003, p.261, p.433.

349) 이진수, 『차의 이해』, 앞의 책, pp.179~180. 和란 어울려 함께한다는 의미로 서로 간의 차이를 극복하고 조화롭게 어울림을 말한다. 和를 달성하기 위해서는 敬이 필요하다. 내가 남과 함께 어울려 가기 위해서는 남을 존중하는 마음을 가져야 한다. 타인을 존경하는 마음가짐은 더 나아가 물건을 소중히 여기고 자연과 산천초목을 경외한다. 인간과 자연에 대한 애정과 존경의 바로 '敬'이다. 淸은 청결, 청렴의 뜻으로 깨끗하게 잘 정돈된 상태를 말하며, 寂은 한적, 정적의 의미로 흔들림 없는 고요함을 말한다.

350) 야나기 무네요시, 김순희 옮김, 『다도와 일본의 美』, 도서출판 소화, 2010, p.40.

- 그림에 나타난 찻자리 공간의 특징

일본의 찻자리 공간은 한국이나 중국처럼 그림으로 표현되지 않았다. 그러나 일본의 찻자리 공간을 살펴보기 전 일본인들의 그림과 정원문화 등을 통해 그들의 사상 등에 대해 살펴보고자 한다. 남송(1127~1279) 수묵 화가들에 의한 회화의 여백 효과는 일본 수묵 화가들의 흥미를 끌기에 충분한 것이었다. 일본의 남화(南畵)는 중국의 남종화를 이상으로 삼아 에도시대 중기 이후의 일본 지식인들이 추구한 회화이다.

여백(餘白), 허(虛)로써 실(實)을 채운다는 개념, 즉 아무것도 없는 빈 공간을 중시하여 쓰인 이 단어는 마치 동양화의 특성인 것처럼 불린다.[351] 이러한 면은 16세기 하세가와 도오하쿠(長谷川等伯, 1539~1610)가 그린 소나무 숲 그림병풍(松林圖屛風)에서 찾아볼 수 있다. 소나무와 하얀 눈의 조화가 주는 정취를 즐기는 고대 일본인들의 취향이 손에 집힐 듯 엿보인다. 이 작품의 아침 안갯속에 보일 듯 말 듯한 소나무의 표현과 율동적으로 배치시킨 구도로 인하여 이를 뒷받침해주는 여백이 무엇보다도 중요한 역할을 하고 있다.

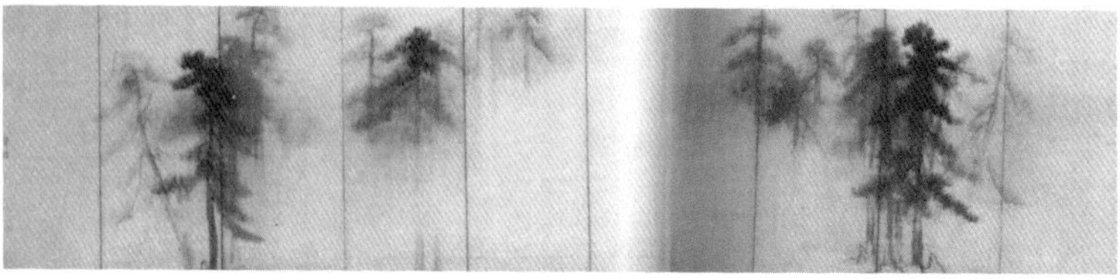

하세가와 도오하쿠, 「소나무숲 그림병풍(松林圖屛風)」, 모모야마 시대(1568~1603), 6曲1雙, 각 156cm×347.0cm, 동경국립박물관 소장

351) 안혜정, 『내가 만난 일본미술이야기』, (주)아트북스, 2010, p.155.

일본정원은 무로마치 시대의 수묵화에 큰 영향을 받은 주된 예술형식으로 자연 속에 가미(神)가 깃들어 있다고 믿는 특정 공간에 바위나 돌만으로 꾸몄다. 이는 애니미즘(Animism) 사상에서 비롯된 신관을 나타내는 것으로 보인다. 후대의 일본 정원에는 바위를 다듬거나 변형시키지 않은 채 천연상태를 정원에 배치하곤 했다.[352)]

「파묵산수도(破墨山水圖)」,
셋슈(雪舟, 1420~1506),
무로마치시대(室町時代, 1336~1573),
1495년, 도쿄국립박물관 소장

여백의 추구는 회화뿐 아니라 메마른 산수(枯山水)[353)]의 정원에서도 찾아볼 수 있는데 다이센인(大仙院)이나 료안지(龍安寺)의 것이 대표적이다. 흰모래 돌 속에 자리한 돌은 그 의미가 축소된 경치인 것이다. 흰모래 돌의 여백이란 일본인이 미의식을 나타내는 '허(虛)'의 척도와 같은 것으로 볼 수 있다.

이처럼 다도와 수묵화 및 정원 등을 비롯하여 거의 모든 예술 장르는 단순성과 절제의 미학 및 사비(さび, 寂), 와비(わび, 侘(び)와 같은 시들고 불완전한 것, 소박하고 금욕적인 것을 선호한 미적 감각에 지배받았음[354)]을 알 수 있다.

일본의 미의식은 불완전함의 아름다움을 추구했다. 거기에는 비대칭적

352) 폴 발리(Paul Varley), 앞의 책, p.225.

353) 枯山水: 물을 사용하지 않고 지형으로써 산수를 표현한 정원. 돌을 주로 쓰고 물을 표현함에 모래로써 하는 수가 있음.

354) 폴 발리(Paul Varley), 위의 책, pp.228~229.

용안사(龍安寺) 정원

인 여백의 미학이 돋보인다. 조선의 막사발을 최고의 명품 찻잔으로 여긴 까닭도 막사발의 비대칭적 조화를 탐닉하였기 때문이었을 것이다. 그 예로 센리큐가 꽃을 꽂은 꽃병 양쪽에 달려 있는 손잡이 중 하나를 일부러 떼어 낸 것은[355] 비대칭성에 대한 일본인의 미적 감수성을 보여 주는 사례라 할 수 있다.

다음은 일본의 전다도(煎茶圖)에 관한 그림들이다. 차를 판매하는 형태는 가게판매(見世賣), 입식판매(立賣), 좌식판매(座賣) 세 가지로 나뉘는데 찻집(茶屋)은 가게에서 판매하는 것에 해당하고 잇푸쿠 잇센(一服一錢)에는 서서 판매하는 입식과 앉아서 판매하는 좌식 두 형태가 있었다.[356]

355) 박규태, 『일본정신의 풍경』, (주)도서출판 한길사, 2009, pp.167~168.

356) 고연미, 「에도시대 바이사오 고유가이(賣茶翁 高遊外)의 賣茶의 의미와 형태」, 한국차학회지, 제17권 제4호, 2011.12, p.34.

「煎じ物売」(좌), 「一服一銭」(우).
동경국립박물관 소장, 『七十一番職人歌合』 二十四番,
카노마사노부(狩野養信)가 죽은 해 홍화(弘化) 3년(1846)

위의 좌측 그림 매다인(賣茶人)은 복면에 삿갓을 쓰고, 짚신을 신고 허리에 칼도 찼다. 도구는 풍로와 가는 숯을 넣은 바구니, 찻사발 함 등이 있고 입매(立賣)의 형태를 하고 있다. 전물매(煎じ物賣)에서 차란 용어를 뺀 음료(物)라고 적고 있다. 광언(狂言) 『전물(煎じ物)』를 통해 센지모노(煎じ物)는 주로 한약재를 넣어 끓여낸 약탕인 것을 알 수 있다. 영서선사가 쓴 차의 의학적 효용과 뽕(桑)의 복용을 설한 『끽다양생기』가 무로마치시대에 『다상경(茶桑經)』이라 칭하였던 것을 상기시키면서 전물(煎じ物)은 뽕잎차(桑茶)였을 거라는 견해를 피력했다.

위의 우측 그림 매다인 위에는 일복일전(一服一錢)과 함께 "말차 드실 수 있어요(粉葉の御茶)"라는 그림 속의 사(詞)가 기재되어 있고, 앉아서 주칠 다탁 위에 찻잔을 올린 채 차선으로 격불(擊拂, 휘젓기)하고 있다. 현존하는 차 그림 중 이와 같은 행다 동작이 처음 나타난 것은 중국의 남송대 「오백나한도(五百羅漢圖)」 그림이다. 일본에서는 「청수사록기(淸水寺緣

「二月堂絵巻1巻内 大佛见物」 에도시대 초기, 17세기,
종이에 컬러 32.5cm×691.3cm, 개인 소장

起)」(1517)에서 직접 승려가 격불하고 있는 장면이 있어 이들 모두 선원(禪院)의 음다 풍속의 영향을 받은 것을 알 수 있다.[357]

일본 중세의 차는 공통적으로 신사(神社)와 사원(寺院)을 참배하는 것과 불가분의 관계가 있었다. 단순한 목마름의 해소가 아닌 신불(神佛)과의 관계 속에서 사람들은 한 잔의 차로 신불의 가호에 감화되어, 병 없이 건강하고 무사하기를 기원하였던 것 같다. 따라서 매다가 행해지는 장소는 신사나 사원 문 앞에 많았다.

나라(奈良) 동대사의 문 앞과 삼월당(三月堂) 사이에 각각 이동 찻집(荷茶屋)을 열고 구경하는 사람에게 차를 접대하고 있는 실외 찻자리 공간의 장면이다. 그림에는 점다 도구를 가져와서 차선으로 격불(擊拂)하는 모습

357) 고연미, 「일본중세 賣茶圖의 찻집문화 고찰」, 『일본불교사연구』 제2호, 2010, pp.87~89.

이 담겨 있다.358)

두 여인이 찻집에서 차를 마시며 철망 너머 연못에서 놀고 있는 오리들을 바라보며 즐거운 한때를 보내는 모습이다. 에도(1603~1867) 중기에 잘 가꾸어 놓은 정원 한편에 연못을 바라보면서 차를 마실 수 있는 찻자리 공간의 효과적인 처리로 상당한 수준의 찻집임을 알 수 있다.

도리이키요나가(鳥居清長, 1752~1815), 「茶見世十景下谷」, 天明3年, 1783년, 北海道美術別館

도카이도는 다섯 가도의 하나다. 에도시대(1603~1867)에 도쿠가와 이에야스의 지시로 만들어진 당시의 수도였던 에도와 교토를 이어주고 있었다. 자주 사용되는 가도로 혼슈 동해안 가까이 다니던 곳에 '도카이도'의 이름이 붙었다. 이 길을 따라 53개의 여인숙이 있어 여행자를 위한 마구간, 식사,

우다가와히로시게(歌川広重, 1797~1858), 東海道五十三次・袋井「袋井茶屋」, 広重画, 木版

358) 고연미, 「에도시대 바이사오 고유가이(賣茶翁 高遊外)의 賣茶의 의미와 형태」, 『한국차학회지』 제17권 제4호, 2011.12, pp.35~36.

미야카와슈데이(宮川春汀, 1873~1914)画, 「茶乃湯」, 木版, 福田初次郎板, 明治(1868~1912) 32年

숙박이 운영되고 있었다. 현재 시즈오카 현 후쿠로이(袋井) 시 중심에 해당한다. 주변에 원주3산: 법다산 만송산 의왕산(遠州三山: 法多山, 萬松山, 医王山)을 비롯한 역사적인 절이나 신사가 곳곳에 있어, 이른바 문전 마을의 형태로 번창했다. 여행객들이 잠시 멈춰서 차를 한 잔 마시며 피로를 푸는 야외 찻자리 공간인 이동식 찻집이다.

메이지(明治, 1868~1912) 시대로 근대에 속한다. 전형적인 일본 여인들이 차를 마시는 장면으로 방안 정경에서 이른 봄을 느끼게 한다. 여인들의 옷차림이 상당히 높은 계급의 부인들로 가끔씩 차 마시는 여가를 통해 서로의 친목을 돈독하게 하는 화기애애한 분위기다. 방바닥에 놓여 있는 다완으로 보아 말차를 준비하고 있는 찻자리 공간이다. 뒤편 도코노마 위에는 족자와 화병이 있는데 꽂혀 있는 매화가지에는 꽃망울이 완연하다.

에도시대의 『여중보기(女重宝記)』에는 자녀는 여러 가지를 익혀야 하는데 향을 피우는 일과 차노유(茶の湯)를 하는 것이 주판・요리・샤미센(三味線) 같은 것보다 중요하다고 하였다. 그 시대 상류 가정의 자녀는 향도・다도・꽃꽂이 등을 기초교양으로 익혀야만 했다.[359] 한편으로 상업

활동이 활발해진 에도시대 이후 소매업의 발달로 여자아이들의 노동력이 필요하여 데라코야(寺子屋)에 다니게 하여 다도・꽃꽂이・예의범절을 교육시켰고, 상인과 농민들도 주판・구구단을 필수로 가르쳤다.[360)]

이 시대에 중국에서 선향(線香)도 들어와 일본화되었고, 풍류를 즐기는 차인들의 전다(煎茶)문화와 함께 향 문화가 발달하였으며, 오늘날 향은 다도구와 함께 전다석(煎茶席)에 없어서는 안 될 필수품이 되었다.

전다석에는 다실의 도코노마에 족자를 걸거나 야외인 경우 차바타를 걸어서 장식한다. 그것은 선승의 선어(禪語)를 적은 족자를 장식하거나, 차바타에 '끽다거(喫茶去)' 등 선적인 내용으로, 도교적이며 신선 사상을 포함하고 있는 글귀 또는 자연을 벗 삼아 한가롭게 노니는 군자의 유유자적함을 칭송하는 글귀를 사용한다. 손님은 다실에 들어가면 먼저 족자를 감상하는데, 대개 주인은 그날의 주제를 의미하는 내용을 담은 글이나 그림으로 준비한다.

참고로 차노유(茶の湯)에서는 다실의 도코노마에 선승이나 고승, 특히 송・원대의 고승, 그리고 가마쿠라 시대에 일본에 귀화한 명승들의 격조 높은 글을 담은 족자를 장식한다. 그 내용은 선어를 적은 이치교모노(一行物)[361)]나 와카(和歌) 등을 적은 가이시(懷紙), 단자쿠(短冊), 다인이 쓴 편지 등이며 그림은 가라에(唐繪)나 야마토에(大和繪) 등이 있다. 무라타 슈코가 인가(認可)[362)]의 증표로서 잇큐화상으로 부터 받은 원오묵적(園悟墨蹟)을 초암차실에 장식한 이후 차실의 장식물로 다선일미를 상징한 묵적이 가장 중요시되었다. 글귀의 내용은 선경이나 자연경관을 칭송하거나 또는

359) 강현숙, 『일본의 전다도』, 도서출판 조율, 2010, p.89.

360) 조명철 외 3인, 『일본인의 선택』, 도서출판 다른세상, 2002, p.31.

361) 다실의 괘물(掛物)은 단순한 실내 장식이 아니라 그 다회의 취향을 암시하는 것으로 말한다.

362) 선승이 수행의 종료를 증명하는 書狀.

일본의 로지(露地)와 차실363)

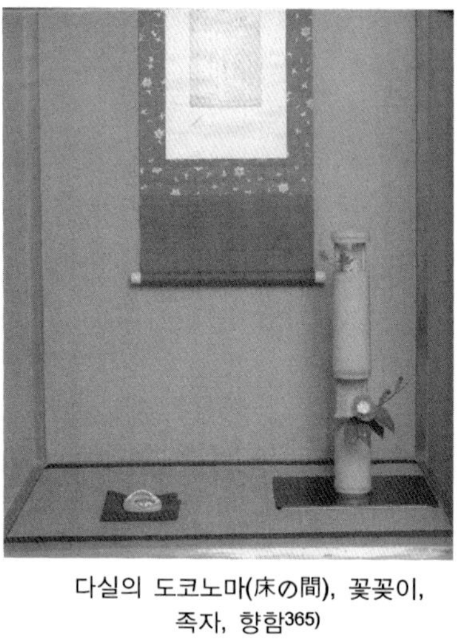

다실의 도코노마(床の間), 꽃꽂이, 족자, 향합365)

군자의 정신수양을 위한 글귀를 주로 사용했다.364)

후시미노미야 사다후사 왕자(伏見宮貞成親王, 1372~1456)의 『간문어기(看聞御記)』는 1416(應永 23)년부터 약 30년에 걸친 일기인데 이 책에 매년 7월 칠석 때에 후시미노미야(伏見宮)의 어소(御所) 사랑채에서 벌어진 불교음악연주회의 실내장식 기사가 실려 있다. 이것은 헤이안 시대(794~1185)의 꽃놀이 경기가 다시 부활된 것이다. 많을 때는 65개나 되는 호동(胡桐)병을 탁자나 선반에 늘어놓고 꽃을 꽂았으며,

---

363) PHP연구소, 『茶道・華道・書道의 絵事典』, 図書印刷株式會社, 2006, pp.21~23.

364) 강현숙, 앞의 책, pp.89~90.

365) 촌송방언(村松邦彦), 『はじめての 茶花』, 株式會社 主婦の 友社, 2006(平成 17년), p.117.

선반에는 중국산 집기류를 놓았다. 그리고 야마토[366] 병풍 두 쌍을 둘러치고 때로는 25폭이나 되는 중국 그림을 그 앞쪽에 걸어 놓는 식이었다. 그곳에서 무악을 연주하고 렌가(連歌)가 행해지고 밤늦도록 주연이 베풀어졌다. 당시의 다회는 '허세' 기풍을 이어 거창하고 화려한 차마시기 퍼포먼스였으며 갖가지 물건들이 전시되어 구경꾼들의 마음을 사로잡았다는 풍류기사로 쓰여 있다.[367]

- 찻자리 공간에 나타난 다사

• 꽃꽂이의 연관성

일본의 차 마시기의 형식은 종교가 된 삶의 예술이었다. 차라는 음료를 통해 일상의 지고한 행복을 만들어내는 거룩한 의식으로, 다실은 생활 속의 오아시스요, 피로해진 나그네들이 만나서 예술 감상이라는 공동의 샘물을 길어 마시는 곳이었다. 미묘한 철학이 숨어 있는 다도는 차와 꽃과 그림을 주제로 짜인 즉흥극이었다.[368]

에도시대 중반에는 남종화와 함께 그 화제(畵題), 그리고 동시에 중국의 문인들이 서재에 꽃이나 과일을 장식하는 문화도 함께 들어왔다. 그리하여 전다가(煎茶家)들은 전다석을 장식하는 데 이러한 자연물을 사용하기 시작하였다. 차노유(茶の湯)에서는 다석의 꽃은 무리타 슈코의 "다화는 그 자리에 어울릴만한 소박한 꽃을 꽂는다."는 말 한마디로 함축할 수가 있다. 즉, 일체의 것에 집착하지 않고 불교의 무소유사상에 근거하여 한 송이 야생화

---

366) 17~18세기 일본의 야마토에(大和繪) 전통에 중국의 수묵화 기법을 조화시켜 형성된 에도시대(江戶時代)의 독창적인 장식화파이다.

367) 쓰지 노부오, 위의 책, pp.53~55.

368) 오카쿠라 텐신, 위의 책, p.47.

를 꽂는 것이다.[369] 그러면, 한 예로 도코노마에 꽃을 꽂는 순서를 살펴보도록 하겠다. 전다석의 다화(茶花)의 제목은 '화소망(花所望)'이다.[370]

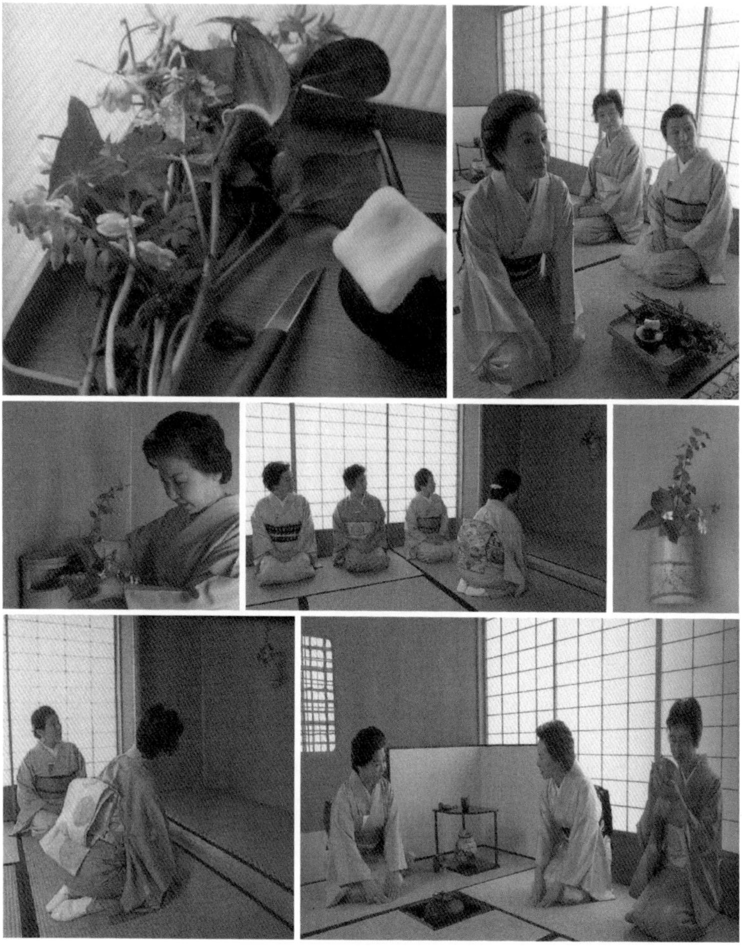

화소망(花所望)

369) 강현숙, 위의 책, p.85.

370) 납옥가인(納屋嘉人), 『春夏秋冬 茶花づかい』, 株式會社 淡交社, 2002, pp.4~9.

꽃은 적절한 배치에 의한 예술인데 그것은 일상과 밀접한 관계가 있기 때문에 호소력이 있다. 꽃들 스스로가 이야기하도록 내버려두는 것이다. 따라서 꽃의 독주도 흥미롭지만 그림이나 조각과 결합하여 들려주는 협주곡은 더욱 아름답다. 세키슈우아(石州)는 호수와 늪의 초목을 떠올리게 하려고 평평하고 납작한 물그릇에 약간의 수초를 놓아두고, 벽에는 하늘을 나는 들오리를 그린 소아미(相阿彌, 1472~1525)의 그림을 걸어 두었다. 또 다른 차의 대가인 죠오하(紹巴, 1525~1602)는 어부의 오두막집 모양을 한 청동향로와 해변의 들꽃은 해변의 쓸쓸함을 노래한 시와 결합시켰다.[371)]

화도(花道)에는 센 리큐의 에피소드가 잘 인용된다. 어느 날 도요토미 히데요시가 뜰에 만발한 나팔꽃에 마음이 끌려 차모임을 열자고 센 리큐에게 명했다. 그런데 막상 모임에 나가 보니 만발했던 나팔꽃은 모두 사라져 버리고 한 송이도 없었다. 이에 분노한 히데요시가 급히 차실에 들어서니 한 송이 나팔꽃이 도코노마에 꽂혀 있었다. 센 리큐는 천 송이, 만 송이 나팔꽃을 단 한 송이로 응축하는 것이 일본의 꽃꽂이 정신이요, 미학이라는 것을 도요토미 히데요시에게 가르쳐 주려 한 것이다.[372)] 들판에 꽃을 그대로 놔두면 정원문화가 탄생되지 않듯 정원의 나팔꽃을 그대로 둔 채 바라본다면 꽃꽂이 문화는 탄생하지 않았을 것이다.

차의 발달을 크게 세 단계로 나눈다면, 달이는 차(떡차), 휘젓는 차(가루차), 우려내는 차(잎차)으로 나뉘는데, 중국의 당・송・명 시대의 각기 다른 감정적 충동을 드러낸다. 이것을 예술의 분류로 표현한다면 고전파, 낭만파, 자연주의파라고 부를 수 있다.[373)]

---

371) 오카쿠라 텐신, 앞의 책, p.129.

372) 이어령, 『축소지향의 일본인』, 앞의 책, pp.193~194.

373) 오카쿠라 텐신, 위의 책, pp.35~36.

일본에 있어서 차의 시원은 성덕태자(聖德太子, 6세기 말~622) 시절로 소급해서 말하기도 하지만 천평원년(天平元年, 729)의 성무천황(聖武天皇, 701~756) 시대로 보는 것이 통례이다. 『공사근원(公事根源)』『다경상설(茶經詳說)』에 나와 있는 이 기록을 보면 성무(聖武)가 백승(百僧)을 궁전에 불러 『반야경(般若經)』을 강(講)케 하고 그 이튿날 이들에게 차를 주었다는 것이다. 백제의 귀화승 행기(行基, 668~749)가 말세중생(末世衆生)을 위하여 차나무를 심었다는 기록이 『동대사요록(東大寺要錄)』에서도 나오니, 분명 차가 행해졌음을 알 수 있다.[374)]

다도는 다이묘(大名)·무사·귀족·도시호상들 사이에서 사교의 수단으로 유행하였다. 힘을 배경으로 한 화려한 문화를 꿈꾸던 사람들이 조촐한 와비차의 취향에 이끌렸던 것이다.[375)] 다도를 세 가지 요소로 나눈다면 차실과 다도구 등의 물질적인 요소, 차를 마시는 행위적인 요소, 다도의 미의식이라는 정신적인 요소 등으로 정신적인 유희활동이며 세련된 의례로 전승된 전통 예능으로 마음을 몰입하는 고도의 정신활동인 것이다.[376)] 이처럼 사치스러움과 조촐함이라는 양극단의 취향이 묘하게 균형을 잡고 있었다.

헤이안 시대(天平時代, 794~1185)의 귀족들은 한편으로는 속세에서 벗어나 산속의 호젓한 생활을 꿈꾸기도 하였다. 가모노조메이(鴨長明, 1152~1216)는 『방장기(方丈記)』(1212) 속에서, 교토 근교 히노(日野)의 산에 꾸민 방장(사방 3m)의 암자 생활의 기쁨과 애환을 그려내고 있는데, 이 절실한 고백서가 이후에 미친 영향은 매우 컸다. 산속의 임시 거처에 대한 동경은 중세 지식인의 마음을 계속 지배하면서, '원래 아무것도 가질 것

374) 김운학, 『한국의 차문화』, 도서출판 이른아침, 2004, p.116.

375) 구태훈, 『일본문화사』, 재핀리서치 21, 2011, p.266.

376) 윤상일·박전열, 위의 책, pp.16~17.

이 없다(本來無一物)'는 것으로 연결되었다. 다른 한편으로는 헤이안 시대 이래로 속되지 않은 고요함과 아취(枯淡寂靜)의 미의식과 합치된 것으로, 다도의 창시자 무라타 슈코(村田珠光, 1423~1502), 다도를 정립한 센 리큐(千利休, 1522~1591)로 이어지면서 완성된 초암풍 차실에 보이는 고요한 운치의 차 형식으로 나타났다. 그중에서 센 리큐가 만든 대나무 꽃 통에 나타나듯, 그저 대나무를 잘라내기만 한 통에 동백꽃 한 송이를 꽂음으로써 간소함의 극치를 보여준다. 곧 응축된 풍류 공간의 장치였다.

센 리큐(千利休), 「대나무 꽃통(竹一 重切 花生)」, 園城寺, 높이 33.4㎝, 입구지름 10.5cm, 바닥지름 10.3cm, 동경박물관 소장

그것은 화려한 중국제품으로 이루어진 다도에 '스산함'을 의도적으로 덧붙여 만들어낸 것이었다. 그러나 차의 이념이 그렇게 단순・소박한 것만은 아니었다. 사치함을 충분히 아는 사람에게만 허용되는, 시중산거(市中山居)라는 가공된 빈곤으로 탈속의 유희라는 성질을 가지고[377] 꾸미지 않은 미를 얻고자 했다.

또한 센 리큐가 최고의 차실이라고 하는 1조 반의 공간은 다다미 한 장과 나머지 반을 갈라 받침대로 썼던 것이다. 다회를 가질 때 모두 자리를 좁혀야 하며, 몸은 꼿꼿하게 정좌를 하고, 모두

377) 쓰지노부오(辻惟雄), 이원혜 옮김, 『일본미술 이해의 길잡이』, (주)시공사・시공아트, 2006, pp.73~75.

가 상대방을 차분히 눈여겨보고 있으니, 차를 만드는 사람도 열중해야 하고, 마시는 사람도 열중해서 마셔야 한다. 따라서 일기일회(一期一會)의 농밀한 관계, 팽팽한 긴장이 형성되는 꼼꼼한 축소 공간[378]이라 할 수 있다.

가마쿠라 시대(鎌倉時代, 1185~1333)의 다풍은 선승의 차에서 차차 무가(武家)에 옮겨졌으며 족리 시대(足利時代) 초기에는 이미 일반인에게도 유행하게 된 것이다. 이때의 다풍은 무가계급에 있어서 투다(鬪茶) 또는 다기합(茶寄合)이라 칭하는 귀족적인 호화판의 음다 풍습이 되고, 서민에게는 일복일전(一服一錢)의 선술식의 다사가 있었다.

이 투다는 차를 맛보며 감별해 상을 거는 것으로 도박의 성격이 있어 폐지되었다. 이후 일부 상류층에서 '당양(唐樣)의 차'라 칭해 차 맛을 음미하고 기물을 감상하는 등으로 행해졌다. 이것이 '서원차(書院茶)' 성격을 띠고 귀족화되었다. 이 시대가 족리의교(足利義教, 1394~1441) 족리의정(足利義政, 1436~1490) 시대인 것이다. 이 족리장군(足利將軍)을 모신 분이 능아미(能阿彌, 1397~1471), 그의 아들이 예아미(藝阿彌, 1431~1485), 손자가 상아미(相阿彌, 1472~1525)[379]였는데 이 삼대의 부자(父子)가 족리(足利)를 받들면서 차로써 함께하여 일본 다도사(茶道史)에 큰 공적을 남긴 것이다. 여기에서 소위 엄숙하고 사치스러운 서원차는 가셔지고 간소하고 조용하며 선민풍인 일본차의 타차(侘茶)가 시작되는 것이다.[380] 타차는 서원차에 반해서 일어난 것으로 서원에 대해 '초암의 차'라고도 한다.

---

378) 이어령, 『일본문화와 상인정신』, (주)문학사상사, 2003, pp.230~231.

379) 일본의 화가이며 미술 평론가・조경가(造景家).신소(眞相)라고도 한다. 노아미(能阿彌, 1397~1471, 일본의 렌가 작가이며 화가・미술 평론가)의 손자이며 게이아미(藝阿彌, 1431~1485, 일본의 다도가)의 아들로, 그 역시 아시카가 바쿠후(足利幕府, 1472~1525)의 미술품을 수집하는 일을 하였다. 다도(茶道)・향도(香道)・꽃꽂이의 대가(大家)로 이들 도보슈는 향후 일본 미학사(美學史)에 뚜렷한 영향력을 미쳤다.

380) 김운학, 앞의 책, pp.118~119.

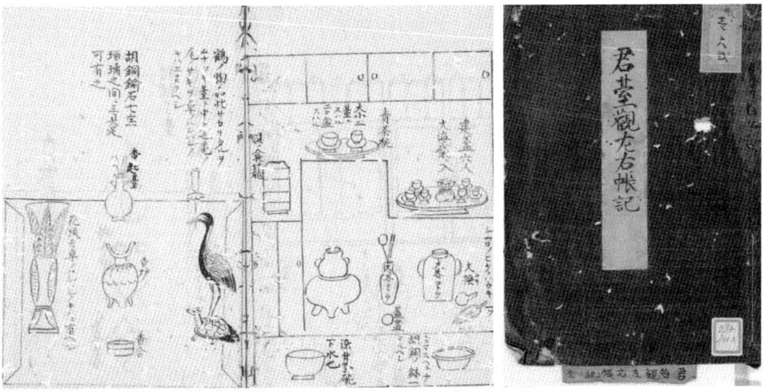

「다도 선반 장식(茶湯棚飾)」, 무로마치 중기의 다다미방 장식에 관한 비전서(부분)

무로마치시대(室町時代, 1336~1573)에 이르러 귀족이나 무사계급의 건축은 신덴즈쿠리(寢殿造)로 건물 안에서 차를 마시고 교류하는 문화를 서원차라 불렀는데 집 내부공간이 매우 넓고 천장이 높으며, 마당과 정원도 넓었다. 집으로 들어서는 대문에서 집 출입문까지 잘 꾸며진 정원이 필수적이었다. 벽과 천장은 중국에서 들여온 여러 종류의 그림・글씨가 장식되어 있고, 바닥은 20첩 이상의 다다미를 깔고 사방의 벽은 고급벽지로 넓고 중후한 분위기였다.

그러나 선승 승려들은 사찰에서 차생활을 했기 때문에 그윽하고 청정한 분위기를 더욱 원했다. 더구나 선승들의 차법은 송 시대에 확립된 『선원청규(禪苑淸規)』[381]를 근본으로 삼았기 때문에 엄격한 절차와 절제된 행동이 특징이었다. 이것은 무사들의 좋은 수련법이기도 했다.[382] 이 같은 갈망

381) 초기의 선종이 차를 얼마나 중히 여겼는가는 청규(淸規)를 보면 그 정황이 확연하다. 청규는 선원에서의 생활의 규정을 담은 법규집인데 8세기경 당(唐)의 백장회해(百丈懷海) 선사가 처음으로 제정했다. 그런데 어떤 사정에서인지 백장의 청규는 당말(唐末) 오대(五代)의 시기를 거치면서 산일(散佚)되어버리고 북송(北宋)에 이르러 자각종색(自覺宗)이 당시의 여러 큰 사찰 등을 방문하여 자료를 수집하고 참고하여 다시 찬술했다. 이것이 『선원청규(禪苑淸規)』라고 일컬어지는 것인데 결국 현존하는 청규 중 가장 오래된 것이 되었다.

속에서 태어난 것이 쇼인즈쿠리(書院造)[383]였다.

이렇게 귀족이나 무사계급의 건축은 신덴즈쿠리에서 일본전통 가옥의 원형으로 일컬어지는 쇼인즈쿠리로 변해갔다. 안쪽 방인 상좌에는 꽃과 족자 등을 장식하는 선반인 오시이타(押板)가 만들어졌다. 오시이타는 오늘날 일본식 방에서 방바닥보다 조금 높게 만들어 족자나 꽃 등을 장식해 두는 곳인 도코노마(床の間)의 원형으로 알려진다.[384]

아즈치 모모야마 시대(安土桃山時代, 1573~1603)에는 다도의 발전과 함께 차실의 정원인 로지(露地)가 등장했다. 귀족・무사들 사이에서 차를 마시며 다도구를 감상하는 다회가 성행하게 되었고, 차실에 어울리는 정원을 조성하여 한적한 분위기를 연출했다. 다도는 원래 선종의 영향을 받아 생긴 것으로 다이토쿠사(大德寺)의 잇큐소준(一休宗純, 1394~1481) 선사의 가르침을 받았던 무라타 슈코가 다도의 기초를 만들고, 그의 제자 다케노 조오(武野紹鷗, 1502~1555)가 계승하여 센 리큐가 이를 대성하였다.

다도의 정신은 선승이 행했던 자기표현을 손님을 맞이하는 주인으로서의 마음을 표현으로 승화시킨 것이다. 다선일미(茶禪一味)라는 말에서 알 수 있듯이 다도와 선을 추구하는 것으로 건물이 극단적으로 작고 간소화되면서 건물규모에 어울리도록 축소되었다. 작은 공간 내에서 시간을 느끼며 감상하기 위해 로지에 있는 도비이시(징검돌)[385]와 쓰쿠바이(蹲踞)[386]가 그러한 역할을 했다.

---

382) 정동주, 『한국인과 茶』, 도서출판 다른세상, 2004, p.191.

383) 모모야마 시대에 완성된 주택 건축의 양식. 선종(禪宗)의 서원 양식이 관원・무사의 주택에 채택된 것으로 현재의 일본식 주택은 거의 이 양식임.

384) 이지선, 『일본의 전통문화』, 제이엔씨, 2008, p.79.

385) とび-いし(飛(び)石) 천천히 공간음미, 풍경감상.

386) 웅크리고 앉아 여유를 부림, 실용의 의미. 다실(茶室) 뜰 앞의 낮은 곳에 갖추어 놓은, 손 씻는 물을 담아 놓은 그릇.(초대받은 손님이 다실에 들기 전에 손을 씻기 위하여 쭈그리고 앉기 때문에 이름) 준거(蹲踞)라고도 씀.

- 차실 문화

• 풍신수길(豊臣秀吉)의 황금차실

MOA 미술관에 있는 「황금차실」 정면

도요토미 히데요시(豊臣秀吉, 1536~1598)가 축성한 오사카성은 사치를 다한 호화찬란한 것이었다. 히데요시는 황금으로 '황금다실'을 만들도록 했고 센 리큐도 이 차실의 설계에 참여했다고 한다. 황금 차실은 다기 및 차도구뿐만 아니라 천장과 기둥, 벽과 다다미에 이르기까지 황금으로 만들어진 빛나는 차실로 보는 사람을 깜짝 놀라게 했다. 너비는 다다미 3장, 다다미의 겉은 성성이 가죽, 가장자리에는 금란, 평상은 비단, 벽 천정・창문에 이르기까지 황금으로 꾸미고, 이 차실에 꾸며 놓은 다구인 금항아리, 금풍로, 금가마 등 호화찬란한 것이었다.387) 호화찬란한 점, 권력 과시에 이용된 점, 조립식인 점 등 모든 면에서 보통의 차실 건축과 구별을 분명히 하고 그 아름다움에는 찬반양론이 있지만, 많은 차실 중에서도 가장 이름이 알려진 것 중 하나였다. 일본 시즈오카 현(靜岡縣) 아타미도시(熱海市)에 있는 MOA 미술관에도 히데요시의 황금차실이 재현되어 있다.

• 센 리큐의 초암차실

센 리큐의 초암차 정신은 새로움이다. 그는 새로운 다도를 창안하기 위해 웅장한 규모의 서원 형식인 쇼인즈큐리 대신 비가 새지 않을 정도의 작

---

387) 김명배, 『일본의 다도』, 보림사, 1987, p.83.

센 리큐의 공간
교토의 묘희암에 있는 대암(待庵)

니지리구찌
차실 특유의 낮은 출입문

고 소박한 초가집을 생각했다. 다케노 조오가 실천했던 지붕의 판자를 걷어내고 볏짚을 이용한 이엉을 만들어 덮었으며, 차실의 크기도 4첩 반을 2첩으로 줄이고, 다시 1첩으로 매우 작게 줄였다. 2첩 넓이의 차실은 2㎡가 채 못 되는 좁은 공간이다. 센 리큐의 초암차가 집대성된 야마자기(山崎)의 묘희암(妙喜庵)안에 있는 차실 타이안(待庵)이 그 실체이다.388)

도요토미 히데요시는 전국시대 이후 모모야마 시대(1573~1603)로 들어선 뒤 거칠고 불안한 민심을 가라앉히고, 포악해진 무사들이 마음의 평정을 되찾기를 간절히 바라고 있었다. 이때에 히데요시의 다도 스승인 센 리큐가 히데요시를 위하여 묘희암에 다다미 2첩 넓이의 방을 지었다. 흙으로 된 좁고 작은 방 안에서 차를 마시면서 명상을 하면 정신이 모이고 기운이 되살아난다는 것을 히데요시에게 가르쳤다. 그때 히데요시는 일본을 통일하기 위해 진력을 하고 있었다. 이렇게 다도를 정치에 이용함으로써 거칠어진 무

388) 정동주, 위의 책, p.221.

사들의 심성을 다도를 통해 다스릴 수 있었다.

차실에 들어서려면 또다시 가로세로 60㎝×70㎝의 '니지리구치(にじり-ぐち)'라는 작은 문을 이용하게 된다. 차실 건축과 함께 생겨난 독특한 출입구로 다다미 4장 반 이하의 차실에 설치하도록 했다.

니지리구치 옆 외벽에는 무사가 차고 온 칼을 걸어 두는 시렁이 있다. 무사의 상징인 칼을 차실 안으로 갖고 들어오는 것을 방지하기 위한 센 리큐의 의도로 해석된다. 어떠한 명예와 권력 앞에서도 굴하지 않겠다는 의지와 자유를 추구하려는 정신세계의 표출이다. 신분의 높고 낮음을 막론하고 무릎을 꿇고 들어가는 겸손함을 표시하는 것이 다회에 초청된 손님의 의무이며, 니지리구치를 통과하는 순간 여러 가지 잡념을 털고 무심의 경지에 도달해야 한다는 것을 가르치고 있는 것이다.[389)]

- 찻자리 공간에 깃든 다도사상

일본인은 숲이라는 자연환경과 공존하면서 자연의 일부라는 생각으로 자연과 함께할 때 마음의 평온을 얻었다. 여기에 사면이 바다라는 점에서 '숲(森林)과 바다의 문화'라 할 수 있다.[390)]

그들은 예부터 자연을 집안으로 끌어들이려는 경향이 있었다. 이러한 사고에서 발전한 것이 샷케이(借景)이었다.[391)] 이처럼 자연의 일부를 실제 생활공간에 축소화하여 표현함으로써 일본의 독특한 미로 승화시켰다.

일본문학의 수식에는 거꾸로 몽둥이를 바늘로 축소하는 표현이 많다.

389) 노근숙, 「일본 초암차의 형성과정을 통해 본 차문화 구조에 관한 연구」, 원광대 박사학위논문, 2008, pp.154~155.

390) 비토 마사히데(尾藤正英), 엄석인 옮김, 『사상으로 보는 일본문화사』, 예문서원, 2003, p.17.

391) 김미란, 『일본문화』, 형설출판사, 1997, p.237.

"모기가 흘린 눈물의 바다 위에 배를 띄우고 노 젓는 사공의 가는 팔이여!" 와 같은 광가(狂歌) 한 수만 보아도 알 수 있다. 또는 찢어진 창호지 구멍을 통해 그 넓은 밤하늘과 은하수를 보면서 "아름답구나. 창호지 문구멍으로 내다본 밤하늘의 은하수여" 등이 있다.

일본의 오래된 시집 『만엽집(萬葉集)』[392]에서 가장 많이 읊은 꽃은 싸리꽃으로 141수나 된다. 벚꽃이나 은방울꽃, 등꽃과 같이 대부분 꽃 자체가 작고 치밀하게 뭉쳐 있는 형태를 하고 있다. 일본인에게 싸리, 벚꽃, 등꽃 등은 '구와시 하나(花)'라 할 수 있다. 일본인에게 있어서 아름다운 것은 작고 치밀하게 응결된 결정체, 즉 '구와시くわし・い(자상하다)'한 것이었다. '미'를 나타내는 일본어의 어원을 보아도 작은 것, 치밀한 것을 '미'의 기준으로 삼았다는 것을 알 수 있다.[393]

일본화가 가츠시카 호쿠사이(葛飾北齋, 1760~1849)는 1804년부터 그의 평생의 결실이 담긴 드로잉들로 형성된, 일종의 그림백과사전을 출간하기 시작하였는데 「부악삼십육경(富嶽三十六景)」 중에서, 「시나가와에서 파도 뒤로 보이는 후지산」은 파도의 끊임없는 움직임으로[394] 거기에는 바다

가츠시카 호쿠사이(葛飾北斎), 「시나가와에서 파도 뒤로 보이는 후지산」

392) 『만엽집(萬葉集)』는 7세기 후반에서 8세기 후반 무렵에 걸쳐 짜인 일본에 현존하는 가장 오래된 和歌集이다.

393) 이어령, 『축소지향의 일본인』, 앞의 책, pp.38~39.

394) 아키야마 데루카즈(秋山光和), 이성미 옮김, 『일본회화사』, 소와당, 2010, pp.282~283.

의 광활함과 격렬함이 내포되어 있다.

원래 파도는 끊임없이 움직이기 때문에 확대지향을 나타내는 대표적인 이미지이다. 그리고 확산하는 생명에서 아름다움을 구한다. 그러나 가츠시카 호쿠사이의 파도는 확대의 공간을 거부하고, 그 막막한 연속체와 확산적인 움직임을 축소의 세계로 바꿔버렸다. 영화의 슬로모션으로 찍은 동작이 훨씬 스피드감이나 박력감을 주는 것과 같은 효과이다. 스톱모션이나 슬로모션은 움직임을 축소한 미학이기 때문이다. 파도의 스톱모션이나 혹은 노(能, のう, 일본의 3대 주요 전통극의 하나)의 그 느릿느릿한 몸짓은 행동의 시간적인 축소이다. 말하자면 노의 동작에서 한 위치에 서 있는 것으로 움직임을 나타내는 연기이다. 그것은 아주 빠른 속도로 회전하고 있는 팽이가 정지한 것처럼 보이는 것과 같은 이치로[395] 노를 통해서 유현미(幽玄美)를 체득하는 것이다. '가을 저녁 무렵 하늘의 경치는 색도 없고 성도 없다'라는 비유로 무색(無色)・무성(無聲)의 상태는 말을 절제하는 것이다. 한마디 말에 많은 이치를 담고, 말로 나타내지 않고도 깊은 마음을 다하는 상태[396]를 하나의 순간으로 축소하여 표현했다.

「시나가와에서 파도 뒤로 보이는 후지산」의 그림을 인간의 생활 장소로 옮겨 오면 '가마에(構え, 준비)의 모습이 된다. 그 유사성이 눈에 띄는 노(能)의 발생과 발전, 다도(茶道), 이와 함께 생겨난 화도(華道, 꽃꽂이), 궁도(弓道) 등이 주목된다.[397] 이렇게 '도(道)' 자가 붙어 있는 것이면 무엇이든 '가마에'로부터 출발한다. 가마에는 모든 동작, 앞으로 일어날 혹은 이미 있었던 모든 움직임을 하나의 자세로 '축소한 형태'이다. 거기에서 끝나는

395) 이어령, 『축소지향의 일본인』, 위의 책, p.118.

396) 정순희, 『일본인의 미의식과 정신』, 도서출판 보고사, 2007, p.225.

397) 이마미치 도모노부(今道友信), 조선미 옮김, 『동양의 미학』, 다흘미디어, 2005, p.91.

구조를 가진 찰나의 움직임이다. 움직이고 있는 한순간의 정지이다.[398]

일본의 대표적인 가면극 노(能)을 통해 형식의 아름다움이 심화된 모습을 다도에서 보려고 한 것이다. 이와 같은 동작의 형식적 미를 모양화(模様化)라는 말로 설명하고 있다. 이는 가장 낭비가 없는 합리적인 절차라는 다도의 예법론으로 동작의 아름다움의 목표이기 때문에 다도를 생각한다는 도의 경지를 요구하고 있다. 다도가 선(禪)과 밀접하게 어울려 종교의 경지까지 들어가지 않으면 안 된다고 언급하고 있다.[399]

다시 말하자면, 다도는 차도구를 다룸으로써 본성을 깨닫는 수행이다. 따라서 차의(茶意)는 선의(禪意)이다. 그러므로 선의를 벗어나 차의는 없고 선미(禪味)를 알지 못하면 차미(茶味)도 알 수 없다. 선미 차미가 같은 맛이므로 맛과 하나로서 둘, 둘로서 하나이다. 이는 차를 끓이는 과정이 바로 자신을 깨닫는 과정으로, 차는 당연히 '선차(禪茶)'인 것이다.[400] 이처럼 차를 통해 자성을 깨닫고 본성을 터득하는 것이다.

따라서 센리큐의 다도관을 담고 있는 『남방록(南方錄)』에서도 화려하고 귀족적인 취향을 소박하고 서민적인 요소로 표현해 내면서 그 모순을 조화시켜내고 있다. 서도(書道)의 개념인 '진행초(眞行草)'를 다도에 도입하여 진은 호사스럽고 장엄한 것, 초를 소박하고 한적한 것으로 파악했다. 이처럼 진행초의 개념을 차실이나 다도구를 통하여 구체적으로 재현하면서 다도의 의미를 정립해가고 있음을 알 수 있다.[401]

위의 그림에서도 표현하듯이 호쿠사이의 파도 그림은 정지한 것이 아니다. '움직이는 조각'이라 불리는 노의 몸짓은 '슬로'로 보여도 느린 것이 아

398) 이어령, 『축소지향의 일본인』, 위의 책, pp.118~119.

399) 야나기 무네요시, 김순희 옮김, 『다도와 일본의 美』, 도서출판 소화, 2010, pp.12~13.

400) 야나기 무네요시, 위의 책, pp.123~124.

401) 박전열, 『남방록 연구』, (사)한국차인연합회, 2012, p.42.

니다. 검도의 '가마에'는 그저 서 있는 것이 아니다. 그것은 일전성(一轉性)으로 변한다. 노의 표정은 그저 얼어붙은 무표정이 아니다. 파도는 일순간에 떨어지고, 노는 아주 작은 움직임으로 희로애락의 극과 극을 나타낸다. 이처럼 인간의 문화는 보는 것과 듣는 것에 의해서 만들어지는데 시각은 축소지향성이, 청각은 확대지향성이 크다고 볼 수 있다.[402] 축소문화에 강한 일본문화는 귀로 듣는 것보다 눈으로 보는 문화를 더욱 지향하고 있음을 알 수 있다.

402) 이어령, 『축소지향의 일본인』, 위의 책, pp.126~133.

제5부

한·중·일 찻자리 공간 비교하기

한・중・일 삼국의 찻자리 공간은 역사의 흐름에 따라 변화하였다. 찻자리 공간은 단순히 차를 마시는 1차적인 공간에 머물지 않았다. 선비들이 주체가 된 찻자리 공간은 점차 고급문화공간으로 발전하였고, 휴식・사교 공간이자 창조의 산실로 자리매김 되어 갔다. 이에 한・중・일의 문화 흐름이 비슷한 맥락으로 공유하고 있음을 인식하고, 삼국의 찻자리 공간에 나타난 정신과 삼국의 그림에 보이는 찻자리 공간이 기후, 환경, 사상에 따라 공통점과 상이점이 있었다. 시대나 나라는 달라도 사람이 느끼는 심성은 비슷하며, 자연에서 연출되는 환경에 따라 찻자리 공간은 차이가 있다. 그것은 차를 마시면서 느끼는 감정이 사람마다 다르기 때문이다. 한・중・일 삼국의 찻자리 공간에 내재된 의미를 공통점과 상이점으로 나누어 살펴보고 그들이 처한 환경에서 체험한 삶을 통해 찻자리 공간의 세계를 해석해 봄으로 찻자리 공간을 이해하는 데 도움을 줄 것이다.

1. 한・중・일 찻자리 공간의 공통점

- 그림을 통해 본 찻자리 공간의 공통점

한・중・일의 찻자리 공간의 특성과 찻자리 공간에 깃든 사상과 문화들을 살펴보았다. 이에 기초하여 삼국이 서로 비슷한 맥락을 지니고 있음을 알 수 있었다. 하지만 각 나라가 지니고 있는 역사성・시대성에 따라 자신들만의 환경을 조성하면서 나름대로 독특한 미의식들을 창출해 내고 있었다. 한・중・일 삼국의 지식층들은 그들의 정치적 위상이 높아진 만큼 사회적으로 큰 영향력을 갖게 되었다. 또한 전통문화와 외래문화의 적극적 융합을 통하여 호사스러운 도시문화가 성장하였다.

일본 에도시대(江戶時代, 1603~1867)를 살펴보면, 도시를 중심으로 귀족이나 무사와 같은 지배계급을 통해 창조적인 문화가 형성되었다. 따라서 개인적인 교양으로 4기예(技藝)의 성취도가 높은 평가를 받았다. 4기(技)로 음악, 회화, 서예, 실내유희 등 대중적 인기와 지위를 차지했다. 이것은 중국뿐만 아니라 일본 지식인들 사이에서 높은 존경을 받았으며 중국에서 뿌리내린 회화, 시, 서예 등이 일본예술의 특징으로 계급을 초월하여 문화 현상의 증가를 가져왔다.[403)]

여유 있는 지식층들은 중국 골동품과 서화수집과 옛 서적을 구하여 서재를 채우고 차・향・먹・붓・괴석・파초 등 각종 화훼로 정원을 장식하는 것으로 찻자리 공간을 확장시켜 나아갔다. 이러한 풍조가 심화되면서 경제력과 학식을 갖춘 문화집단으로 풍요로운 도시문화와 시・화를 교류하는

---

403) 크리스틴 구스(Christine Ghth), 강병직 옮김, 『에도시대의 일본미술』, 도서출판 예경, 2004, p.11.

문예행위까지 누리고자 하였다.

이처럼 삼국의 지식층들은 사물이나 식물에 대해서도 시각적인 형태보다는 상징성을 나타내는 내면의 정신을 더 중시하는 경향이 있었다. 찻자리 공간에서는 사군자의 상징인 매・난・국・죽을 품격이 나타내는 상징적인 그림으로 표현하였다.

가택이나 그 근처에 별장(別莊), 별서(別墅) 혹은 시중산거(市中山居)라는 탈속의 유희를 즐기는 장소를 마련하여 찻자리 공간을 겸했는데, 여기에 문예창작・서화 감상・골동취미・분재수집・탄금・바둑 등을 즐기면서 은일처사의 생활을 향유하였다. 장서가의 출현과 서재문화는 귀족 및 사대부 가문을 중심으로 형성되었다. 서적수집과 시를 통한 교류는 점차 보편화되었고 귀족・선비뿐만 아니라 부유한 지식계층으로 확대되어 점차 서화의 구매욕도 커지기 시작했다. 문자향과 서권기란 말에서 보듯 예술적 영감은 점차 현실과 멀어질수록 좋은 것으로 인식되었다.[404] 이는 한국과 중국 일본에서 문인화의 등장을 촉구시키는 계기가 된 것이다.

문인화의 가장 두드러진 특징은 작가의 주관과 개성을 존중하여, 개인의 미묘한 감정과 정서, 사상을 표현하는 것이다. 따라서 규범과 화풍을 거부하고 자신의 시각과 정신에 따라 재해석하여 형상화시켰다. 여기에 작품에 개입되는 작가의 성정은 주관적 심의와 흥취만이 아닌, 인격과 교양 및 이상과 염원까지 광범위하게 포괄하고 있다.[405]

한 예로 문인화가인 일본의 다노무라 지쿠덴(田能村竹田, 1777~1835)은 중국문화를 다룬 문학과 그림을 통해 자신의 교양을 추구했다. 그는 그림을 시각화한 것으로 「역복일락첩(亦復一樂帖)」의 화제(畵題)를 보면,

---

404) 이지연 『벽오사를 통해서 본 조선 말기 여항문인화 작품 연구』, 한국교원대 석사학위논문 2010, pp.12~15.
405) 국사편찬위원회, 『그림에게 물은 사대부의 생활과 풍류』, 두산동아, 2007, p.226.

"그리고 이것은 아직 한 가지의 즐거움일 뿐"이라는 시구가 적혀 있는 것으로 보아[406] 문인화가 그 당시에 폭넓은 지지를 받고 있음을 알 수 있다.

이처럼 문인화는 문인들의 그림이라는 개념을 넘어서 하나의 화풍으로 신분에 관계없이 두루 그려지게 되었고, 문인화의 대표화목은 사군자였다.[407] 인간에게 인격이 있듯이 동양의 회화 이론이 그림에도 화격(畵格)을 부여하여 정신적인 면을 강조하였다. 사상이 문인화의 생명이라면 그 표현은 남종화(南宗畫)의 기교이며, 그 내용은 시・서・화 삼절이었다.[408]

이상적인 자연의 경관을 회화적으로 재구성한 산수화 주변의 식물을 선비의 지조와 절개를 상징하는 사군자로 승화시킨 것이 문인화였다. 그림과 함께 주제에 호응하는 시문을 세련된 서체로 써넣어 삼절을 이루는 것이 유행하였다.[409] 시・서・화의 정신에 영향을 준 사상은 유・불・도였다.

도가(道家) 사상은 자연주의 정신으로 노자철학이 중심이다. 노자사상의 핵심은 도(道)이다. 그는 '도'는 천지만물을 생산하고 변화시키며 발전의 원동력이 되며 반드시 준수해야 할 규율이라고 보았다. 이러한 도의 성질은 자연(自然, 스스로 그러함)이었으며 이는 노자철학의 최고 명제라고 할 수 있다. 이에 따라 정치와 인생관도 자연에 따라 행하고 인위를 가하지 않는다, 다투지 않는다, 부드러움을 귀하게 여긴다, 유약함을 지킨다 등을 최우선 가치관으로 삼고 있는데 이는 모두 자연에서 유래된 것이다.

도가학설은 노자의 도를 기초로 한 것이다. "도는 천지만물과 우주의 근원이다. 따라서 천지만물은 모두 도에서 나오며, 도의 법칙은 자연에서 나오

406) 크리스틴 구스, 강병직 옮김, 『에도시대의 일본미술』, 도서출판 예경, 2004, pp.177~178.

407) 이선옥, 앞의 책, p.28.

408) 양선규, 「조선 시대 시・서・화의 정신과 사상 연구: 원당 김정희를 중심으로」, 한남대 사회문화대학원 2006, p.17.

409) 국사편찬위원회, 위의 책, p.7.

기 때문에 도는 자연을 본받는다(道法自然)"고 규정했다. 도는 자연과 무위의 본성을 지니고 있기에 "자연을 본받고, 무위를 근본으로 삼는다(法自然, 宗無爲)"는 것이 노자사상의 핵심이다. 그 요지는 천지와 인류의 관계, 그리고 천지만물이 공존공영(共存共榮)하는 보편적 규율을 탐구하는 것이다.

도가에서 다도는 도법자연을 강조한다. 음다는 자연의 아름다움과 동정(動靜)을 모두 갖추고 있다. 움직이면 유수와 같고 고요함은 산악이 우뚝 서 있는 것과 같다. 웃으면 봄꽃이 스스로 핀 것 같고 말하면 산천이 시를 읊는 것 같다. 모두 자연스럽고 마음에 얽매인 것이 없으며 억지로 일을 만들지 않는다. 도법자연은 즉, 청정무위이고 애초의 순박함으로 되돌아가서 참된 것을 회복하는 것이다. 차를 마시면 마음이 해방되어 속세에서 떠난 느낌을 받는다. 그리하여 사람과 자연이 하나가 되어 깨달음이나 무아경지에 오르는 것처럼 된다. 도가의 '천인합일' 사상이 다도에 잘 반영되어 있다. 다도가 높은 경지에 이르면 사물과 나를 모두 잊을 수 있다. 이것이 바로 노장사상의 정수인 좌망(坐忘)[410]으로 육체적・물질적인 욕망을 초탈한 상태를 말한다. 도교는 다도로 하여금 허극(虛極)에 이르게 하여 좌망의 법문으로 인도한다. 이른바 도가에서 추구하는 무아(無我)의 관념이다. 무아는 자신의 육신을 소멸시키는 것이 아니라 정신적으로 사물과 나를 버리고 자연에 합치되며 마음으로 만물을 받아들이는 것이었다.[411]

유가(儒家) 사상은 인(仁)과 효(孝)를 핵심 사상으로 한다. "어진 이는 사

410) 육체적이고 물질적인 욕망을 초탈한 상태이며, 자기중심적인 지적 판단에서 벗어난 상태를 말한다. 즉, 장자의 다른 표현으로 '無己'와 '喪我'의 경지라 할 수 있다. 이 진실한 내용이 바로 심재(心齋)이며, 심재의 의경(意境)이 곧 좌망의 의경인 것이다. 미학적 측 면으로 보았을 때 일종의 아름다움을 느끼는 태도이며, 그 특징의 근본적인 것은 인간의 세속적 관계를 떠난 본연의 마음상태를 지니는 것이다. 심재와 좌망은 아름다움을 느끼는 마음상태를 철학적으로 표현 것이라 할 수 있다./황지원, 『중국회화의 기운론』, 계명대학교 출판부, 2006, p.68.

411) 장언푸(張恩富), 김영진 옮김, 『한 권으로 읽는 도교』, 산책자, 2008, pp.355~356.

람을 사랑했고(仁者愛人) 효와 자애가 바로 충(孝慈則忠)"이었다. 유가에서는 인과 효를 갖춤으로써 도덕적 자각을 완성하고 이상적 인격을 갖춘 성실한 군자가 될 수 있다고 보았다. 이는 바로 자기 몸을 닦아 수양하고, 가정을 안정되게 하며, 국가를 보살펴 천하를 평정하는 이른바 수신제가치국평천하(修身齊家治國平天下)의 인재가 될 수 있음을 뜻했다.[412]

유가는 은(殷)나라 때 태동해서 춘추전국시대(春秋戰國時代, 기원전 8세기~기원전 3세기)에 틀을 잡았다. 춘추전국시대는 중국 고대의 대변혁이었다. 유(儒)라는 명칭이 최초로 기록된 곳은 『논어』「옹야(雍也)」편인데 공자(孔子, 기원전 551~479)는 그의 제자 자하(子夏)와 대화하면서 "군자 같은 선비가 되어야지 소인 같은 선비는 되지 말아라(汝爲君子儒 無爲小人儒)"[413]고 하였다. 그가 살던 시대에는 지식인을 군자유(君子儒)와 소인유(小人儒)로 구분했음을 알 수 있다.[414]

공자는 "군자가 인(仁)을 버린다면 어찌 이름을 이루겠는가?(君子去仁 惡乎成名)"라고 하여 사람의 공부는 마음에서 이루어져야 한다고 하였다.[415] 『여씨춘추(呂氏春秋)』「불이(不二)」편에서도 "공자는 인을 귀하게 여겼다(孔子貴仁)"고 하였다. 허신(許愼, 30~124)의 『설문해자(說文解字)』는 인을 두 사람의 친밀한 관계로 설명했고(仁, 親也, 從人從二), 『禮記』「정현(鄭玄)」 주에는 "인은 사람끼리 함께 하는 것이다(仁是相人偶之意)."라 하였다. 단옥재(段玉裁, 1735~1815)가 『설문해자(說文解字)』 주에서 "혼자이면 짝이 없는 것이고, 짝이 있으면 친한 것이니, 인과 둘에서 비롯된 글자이다(獨則無偶, 偶則相親, 故字從人二)."라고 하여 인은

412) 첸파핑(錢發平), 최성흠 옮김, 『한 권으로 읽는 유교』, 산책자, 2008, p.8.

413) 남회근(南懷瑾), 송찬문 옮김, 『알기 쉬운 논어강가의 上』, 씨앗을뿌리는사람, 2002, p.383.

414) 첸파핑(錢發平), 위의 책, p.18.

415) 남회근, 송찬문 옮김, 『알기 쉬운 논어강가의 上』, 씨앗을뿌리는사람, 2002, p.240.

개인의 정신수양과 관계가 있음을 알 수 있다. 특히 사람과 사람 사이의 관계와 깊은 관련이 있다.[416] 이렇게 유교문화는 다양한 방식으로 일상에 깊이 스며들어 삶에 큰 영향을 미쳤다.

불가(佛家) 사상에서는 깨달음을 중심으로 하고 있다. 불교는 2500년 전 고인도 가비라위국(迦比羅圍國)의 태자 고타마 싯다르타에서 시작되었다. 동한(東漢)의 애제(哀帝, 기원전 26~기원전 1) 때 중국에 전래된 불교는 위・진 시대에 이르러 현학이 흥기하여 점차 불교이론과 결합되면서 중국화 된 불교가 광범위하게 전파되기 시작했다.[417] 수・당 시대에 전성기를 맞이하여 위로는 황제에서부터 아래로는 백성에 이르기까지 모두 열광적으로 불교를 신앙했다.[418]

선종적 깨달음의 세계는 문인들에게 지극한 탈속의 정신적 분위기 혹은 무욕과 초탈함으로써 자신의 정체성을 표현하고자 한 강렬한 욕구에 가까웠다. 백거이(白居易, 772~846)는 중년에 들어서 고승과 가까이 지내며 계를 받고 참선에 열중했다. 그가 불교를 받드는 경건함과 불교 사상을 받아들인 진지함은 「취음선생묘지명(醉吟先生墓誌銘)」에 잘 나타나 있다.

밖으로는 유학으로 몸을 수양하고	外以儒行修其身
안으로는 불교로 마음을 다스렸네	內以釋教治其心
더불어 산수와 풍월	旁以山水風月
노래와 시, 거문고와 술로 그 뜻을 즐겁게 했네	歌詩琴酒樂其志[419]

선종의 돈오(頓悟)는 갑작스럽게 깨달음에 도달하는 경지다. 명대 후기

416) 첸파핑(錢發平), 위의 책, p.65.

417) 우더신, 『한 권으로 읽는 불교』, 산책자, 2008, p.8.

418) 우더신, 위의 책, p.195.

419) 우더신, 위의 책, p.260.

사백(思白) 동기창(董其昌, 1555~1636)은 이를 회화제작과 연관시켰다. 회화는 북종화[420]와 남종화로 나뉘는데 남종 문인화는 선종적 깨달음의 최고 경지와 통한다고 하였다. 조선 후기에 나타나는 선종적 추구가 이러한 중국의 취향과 어떻게 관련되는지 모르지만 미학에서 매우 중요한 요소였음은 분명하다. 조선 후기 자하 신위는 "화가가 그림에 빠져드는 것은 선가(禪家)의 오묘한 깨달음(妙悟)과 같고, 이러한 깨달음의 세계는 형태나 채색을 공교하게 잘 그려서 구할 수 있는 경지가 아니다"라고 했다. 한국에서는 신위와 김정희 그리고 선승 초의선사 등은 선(禪)과 예술의 지극한 경지를 주장하며 문예를 이끌어간 인물들이었다.[421]

이와 같이 삼국의 공통적인 분모는 화가들의 그림을 통해서도 확연하게 나타나고 있다. 그림은 그 시대의 기록문화로 삼국에서 나타나는 그들의 표현방식을 통해 찻자리 공간의 공통점을 찾아보도록 한다. 찻자리 공간을 상징화시킨 삼국의 「죽림칠현도(竹林七賢圖)」를 통해 비교・분석해 본다.

중국의 「죽림칠현 영계기(竹林七賢 榮啓期)」에 그려진 나무는 기법이 아주 세밀하고 다양하다. 북방민들이 민간의 삶을 중시하여 목축, 농경 등을 묘사하였다면, 남방에서는 자연을 보다 섬세하고 치밀하게 인식하고자 했다는 점을 알 수 있다. 죽림칠현은 교육을 받은 수준이 아주 높은 사람들이다. 이들은 현실을 부정하고 자기 균형과 때 묻지 않은 자연에서 자아의 해방을 추구하였다.

420) 북종화(北宗畵)는 2대 유파 가운데 하나로 단순히 북화(北畵)라고도 하며 남종화(南宗畵)에 대응하는 말이다. 북종화와 남종화의 역사적 배경은 멀리 남북조시대로 거슬러 올라간다. 곧 200년간이나 계속된 남북조의 대립은 사상적 이념은 물론 화가들의 화풍까지도 달라지게 하였다. 그러나 당시는 남북화의 관념이 뚜렷하지 않았으며, 남북화론으로 갈리게 된 것은 명나라 때의 동기창(董其昌)・막시룡(莫是龍) 등 남종화파 화가가 북종화파인 화원(畵院)과 전문화가들을 비판한 데서 비롯되었다.

421) 고연희, 『조선 시대 산수화, 아름다운 필묵의 정신사』, 도서출판 돌베개, 2007, p.270.

중국 「竹林七賢 榮啓期」[422] 전화(塼畵), 1960년,
강소성 남경시 서선교 동진묘에서 출토, 88cm×240cm

위진(魏晉)의 풍류는 청담(淸談)을 숭상하여 마시는 음료는 술에서 점차 차로 발전되어갔다.[423] 정치권력에는 등을 돌리고 죽림에 모여 거문고를 연주하고 술을 즐기며, 차를 마시고, 청담을 주고받으며, 찻자리 공간에서 세월을 보낸 일곱 명의 선비들이다. 노장사상이 그들의 근본 사상이었다.[424] 이른바 은사(隱者) 부류는 당시의 정치를 반대했을 뿐만 아니라 전통적인 정치, 사회 제도도 반대했다. 그 후의 소위 도가학파는 위진 교체기에 모든 전통적인 사상과 제도를 반대했다.[425] 이런 유형의 지식인들은 문

422) 榮啓期: 중국 춘추시대(春秋時代, BC 8세기에서 BC 3세기에 이르는 중국 고대의 변혁 시대). 사람으로 외물에 구애됨 없이 유유자적한 삶을 누렸다고 함.

423) 치우치핑, 앞의 책, p.234.

424) 변성규, 『竹林七賢』, 문이재, 2002, p.5.

학형식을 중시하면서 예술을 위한 미학이론을 전개하였다. 위·진남북조 시대의 미학은 인물감상에서 나온 미학이라고 일컬을 수 있을 정도로 인물 비평이 매우 유행했다.

한 예로 삼국 시대 위(魏)의 시인 겸 철학자인 혜강(嵇康, 223~262)은 키가 7척8촌이나 되었고, 그를 본 사람들은 "후리후리하고 멋진데다(蕭蕭肅肅)[426] 시원스럽고 명쾌하다"했고, 왕희지에게는 "마치 떠도는 구름과 같고, 날렵함은 놀란 용과 같다"고 했다. 이것은 자연을 근본으로 삼고 자연적인 성정을 중시한 까닭에 자연미가 바로 인물이나 예술의 미적 근본이 되었다.[427]

혜강(嵇康)의 시 「죽림의 교유(竹林交遊)」를 보면 대자연 속에서 소요하고 죽림에서 노니는 구체적인 모습이 보인다.

즐겁도다 동산 가운데 소요하니	樂哉苑中遊
온갖 풀은 향기로운 내음 풍기고	百卉吐芳華
냇가에 이르러 맑은 술 서로 권하니	臨川獻清酤
하얀 이 드러내며 그윽하게 노래하네	微歌發皓齒
거문고 고아한 소리 튕겨내면	素琴揮雅操
맑은 소리 바람 타고 일어나네	清聲隨風起[428]

잠시 현실을 벗어나 스스로를 은자로 다짐하고 자연에서 존재와 정신의 자유를 만끽하고 있는 듯하다. 심신이 불편할 때는 해결책으로 거문고를 연주하며 마음을 다스리는 혜강은 거문고의 명수로 알려져 있다. 당시의 이러한 경향을 비추어 볼 때 충분히 실외의 찻자리 공간을 활용하는 선비들이 많

425) 풍우란, 박성규 옮김, 『중국 철학사 上』, 까치글방, 2011, p.282.

426) 원래 바람 소리를 뜻하나 여기서는 사람의 모습이 자연스럽고 멋진 모양을 말함.

427) 최병규, 『풍류정신으로 보는 중국문학사』, 예문서원, 1999, pp.90~92.

428) 변성규, 위의 책, pp.75~76.

았음을 유추해 볼 수 있다. 그 이유 중의 하나는 지대물박(地大物博)이라 하듯 광활한 영토와 풍부한 문물을 지닌 나라로 자연의 아름다운 풍광이 원림을 이루어 자연스럽게 실외에서 다·주·시·서·화·악(茶酒詩書畵樂)을 즐겼을 것이다. 때문에 중국문화의 여러 장르 중에 시와 서예와 회화 부분은 지식층들이 이 분야를 한데 연관하여 이를 연마하는데 많은 시간과 노력을 기울이는 것을 매우 가치 있는 일[429]로 여겼음을 유추해 볼 수 있다.

송대 조길(趙佶)의 「문회도(文會圖)」를 보더라도 주연(酒宴)과 다연(茶宴)이 함께 하면서 취기를 해소시키는 방법으로 차의 존재를 중요시했음을 인지할 수 있다. 따라서 실외의 놀이공간이 찻자리 공간의 역할까지 함께하고 있었다는 것이다.

북송, 소식(蘇軾), 「서원아집도(西園雅集圖)」 부분

429) 최종세, 『중국 시·서·화 풍류담』, 책이있는마을, 2002, p.12.

조선 후기, 이인문(李寅文), 「서원아집도(西園雅集圖)」

조선 후기, 김홍도(金弘道), 「서원아집도(西園雅集圖)」,
1778년, 수묵담채, 26.9cm×91.2cm 국립박물관 소장

위・진 시대(魏晉時代, 220~420) 죽림에 모여 청담으로 세월을 보낸 죽림칠현에서 맹아하여 남조시대(南北時代, 439~589)에서 꽃을 피웠고 동파(東坡) 소식(蘇軾, 1037~1101)의 「서원아집도」와 유춘(有春) 이인문(李寅文, 1745~1821)의 「서원아집도」, 단원(檀園) 김홍도(金弘道, 1745~?)의 「서원아집도」에서 그 진수를 보여주고 있다. 죽림칠현에서 시작한 「서원아집도」는 문인들의 삶과 마음을 추상으로 이끌어주는 실외 찻자리 공간으로 자유를 공유하며 즐긴다는 의미가 엿보인다. 한국 남도의 무악(巫樂)인 시나위처럼 함께 공유하는 것이다.

「서원아집도」는 일 년 중 좋은 절기에 뜻이 맞는 친구들과 실외 찻자리 공간에서 아름다운 경치를 즐기면서 술과 차를 마시는 문인들의 운치 넘치는 모임이기도 하였다. 그림 아랫부분에는 차로 숙취를 풀기 위해 다동이 화로 곁에서 찻물을 열심히 끓이고 있는 장면이 보인다. 자연에 나가 차를 마시며 즐기는 모습에서 귀의(歸意)하고자 하는 마음, 자연과 함께하고자 하는 마음을 읽어 내릴 수 있다.

다음은 일본 「죽림칠현도」를 통해서 찻자리 공간을 살펴보고자 한다.

설촌주계(雪村周継, 1504~1589), 「죽림칠현도」, 무로마치시대(1575작품) 紙本墨画, 六曲屏風一双右隻各, 169.0cm×335.2cm, 중요문화재, 동경 전산미술관 소장

일본의 「죽림칠현도」에서도 유유자적하는 모습은 삼국이 비슷하다. 하지만 일본의 역사나 환경에 비추어볼 때 그들은 항상 화산의 그늘에서 견뎌야 했고, 내전과 부족 간의 싸움이 되풀이되는 상황 속에서 신경을 곤두세우 자세로 생활해야 했다. 그런 까닭에 한 장소에서 여유롭게 유유자적한다는 것이 용납되지 않는 환경이었다. 따라서 바로 떠날 수 있는 채비를 하면서 은거생활을 하고 있음을 알 수 있다. 집에서 어린 다동 3명이 음식과 마실 거리를 등에 지고 와서 나누어 주고, 2명의 다동은 떠날 채비를 하고, 어린 다동 1명은 나이가 많은 연장자에게 차를 권하고 있는 장면으로 실외 찻자리 공간이라 할 수 있다. 이런 경우는 잠시 난세를 피해 가는 일시적인 은거생활로 항상 준비된 태세인 '가마에' 정신이 심중에 있음을 추측할 수

있다. 또한 위 그림에서는 다동이 찻물을 끓이는 장면이 보이지 않는 점으로 미루어 보아 바로 떠날 채비를 해야 했기에 차는 집에서 끓여오는 방식을 택한 것이라 여겨진다.

다음은 한국 「죽림칠현도」에 보이는 찻자리 공간을 살펴보도록 한다.

춘전(春田) 이용우(李用雨, 1904~1952),
「죽림칠현도(竹林七賢圖)」, 1943년, 32.5cm×47.0cm

한국의 「죽림칠현도」를 보면, 중국 위・진의 교체기에 세상을 등지고 죽림에 모여 청담으로 세월을 보낸 일곱 명의 선비들의 삶이 조선 시대 서화완상을 즐긴 묵객들의 이상이기도 했다. 그림을 보면 어느 청명한 여름날, 대나무 숲이 있는 물가에 앉아 선비 세 사람은 술을 마시고, 그 아래 두 선비는 시를 짓고, 현재 관직에 있는 선비는 무척 부러운 양다리 중간쯤에서 차마 가까이 오지 못하고 뒷짐을 지고 바라보는 그 속마음이 엿보인다. 어린 다동은 찻물을 끓이기 위해 화로에 부채질하고, 거문고를 연주하는 선비 뒤편 탁자 위에는 두 권의 책과 꽃이 꽂혀 있는 화병이 놓여 있는 걸 보아 선비들 방의 구성요소인 문방청완(文房淸玩)으로 꽃도 소중하게 여기고 있음을 알 수 있다. 죽림칠현의 일상사에서 실외 찻자리 공간을 찾아볼 수 있는 그림이다.

운보(雲甫) 김기창(金基昶), 「상산사호도(商山四皓圖)」,
종이에 수묵담채, 45cm×150cm, 1964년

또한 온돌문화에 익숙한 우리의 좌식생활이 습관화된 한국의 「죽림칠현도」에는 바닥에 돗자리를 깔고 앉아서 각자 무언가에 열중하는 모습이 그려져 있고, 다동은 한 쪽에서 찻물을 끓이는 장면이 그려져 있는 것을 흔히 볼 수 있다. 이것은 음식문화에서 살펴보면 우리네 선조들은 즉석에서 끓여 먹는 국물이 있는 탕(湯)을 좋아한 까닭에 마시는 차도 즉석에서 뜨겁게 끓여 마시는 것을 선호했다는 것을 입증하고 있다.

「죽림칠현」과 비슷한 그림으로 「상산사호도」가 있다. 운보(雲甫) 김기창(金基昶, 1913~2001)의 작품으로 죽림칠현과 비슷한 은거생활에서의 다사를 나타낸 그림이다. 수염과 눈썹이 하얀 네 은사 모두 자연 속에서 한가롭게 바둑을 두고, 다동은 차를 열심히 끓이고 있다. 이 그림의 네 신선은 진시황(기원전 256~기원전 210) 때 세상의 어지러움을 피해 섬서성(陝西省) 상현(商縣)의 상산(商山)에 들어가 숨은 선비들로[430] 본래 소재는 중국이지만 우리나라에서도 흔히 민화로 그려 전해오고 있다.[431]

430) 중국 섬서성(陝西省) 상현(商縣)의 남산南山을 별칭하는 이름에서 나온 말이다. 이곳에는 진시왕(秦始王) 말기의 난세(亂世)를 피하여 네 명의 은사(隱士) 즉 동원공(東園公), 염리선생(冉里先生), 기리계(綺里季), 하황공(夏黃公)이 은거하였다 한다. 4명의 은사는 머리도 눈썹도 하얗게 희었기에 '상산사호(商山四皓)'라 불리었는데, 그들은 유가(儒家)의 인의(仁義)가 무너졌음을 한탄하며 상산의 자연에 묻혀서 숨어 살며 속세를 초월한 선인(仙人)의 삶을 살았다고 한다. 그로 인해 상산은 단순 지명보다는 높은 뜻을 지켜내는 지사(志士)를 뜻하는 '높은 말'로 더 인식되기 시작했다.

431) 정영선, 『다도철학』, 앞의 책, p.234.

그림을 통해서 본 찻자리 공간은 근세나 최근이나 인간이 추구하는 목표는 공통성을 지니고 있다. 결국 자연으로 귀착되어야 한다는 자연 친화적 사상이 내포되어 있기 때문이다.

삼국 죽림칠현의 그림을 통해서 진정한 인간의 즐거움은 어디에 있는가를 『논어』 제7편 「술이(術而)」 편을 참고로 하고자 한다. “거친 밥을 먹고 물을 마시며, 팔을 굽혀 베개를 삼고 있어도, 즐거움은 그 가운데 있다(飯疏食飮水 曲肱而枕之 樂亦在其中矣).” 이것은 사람의 수양이 최고에 도달하려면, 먼저 물질적 외부 환경의 유혹에 흔들리지 않아야 된다는 뜻이다.[432)]

한재 이목 『다부』의 「차의 육덕」에서도, 차는 사람으로 하여금 기운을 맑게(氣淸), 마음을 편안하게(心逸), 신선과 같게(仙), 예의롭게(禮)한다고 기록하고 있다. 결국 차를 마심으로 마음을 수신하며 덕을 기른다는 점을 강조하고 있는 것으로 보아 차가 지닌 덕목이 지나치지 않음을 상기할 수 있다.

그림에서 보았듯이 찻자리 공간에서 차보다 술이 주제처럼 보여주는 경우가 있다. 이것은 술은 마시는 사람들이 직접 술병을 들고 서로에게 따라주며 마셨고(직접적인 방법), 차는 다동에게 차를 준비시켰기 때문에(간접적인 방법) 술을 마셨다는 기록에 편중되었을 것이다. 이는 우리가 세 끼니 밥을 먹는 것을 당연지사로 여기듯 차와 술은 같이 하는 일상사로 여겼기 때문이라 사료된다.

술을 마시다 취기가 돌면 술을 깨기 위한 한 방법으로 다동에게 차를 끓이도록 하고 술을 마셨다. 이는 차와 술이 대등한 위치에 있었다는 것을 암시하고 있다. 『금계일기(錦溪日記)』에 보면 ……종을 불러 차를 올리게 하고, 또 술을 가져와서 따르게 하였다. 뜰에 가득한 화초에서 향기로운 바람은 옷깃을 스쳐 가는데 ……서로 두어 잔을 수작하니 이미 한낮이 되었다[433)] 이 글에서도 차와 술이 함께 있음을 알 수 있다.

---

432) 남회근, 『알기 쉬운 논어강의 上』, 위의 책, p.460.

『목은집(牧隱集)』에서 숙취를 풀기 위해 차를 마신다는 대목이 나온다.

가장 한스러운 건 숙취가 아직 안 풀려	最恨宿酲猶未解
홀로 차를 불러다가 회향탕을 마심일세	獨呼茗飮啜茴香[434]

이 시는 한정당(韓政堂)이 좋은 음식으로 종학(種學)의 고원 주석(誥院酒席)을 도와주었는데, 목은(牧隱)이 그 일에 대해 즉시 사례하지 못한 것을 사과했더니, 한정당이 또 술까지 마시도록 권하므로 굳이 사양하고 회향탕(茴香湯)을 마셨다는 내용이다. 또한, 자연의 풍경 속에서 차와 술과 꽃이 항상 함께 하는 공통점이 있다는 것이다. 이에 이응희(李應禧)가 지은 『옥담시집(玉潭詩集)』의 한 부분을 보도록 하겠다.

촌락의 꽃 찾아가서는 긴 붓으로 시 쓰고	村花覓處揮長筆
골짜기 물 찾아가서는 시원스레 시 읊는다	谷水尋時爽一吟
술 마시는 자리에는 바람이 흥을 끌어오고	樽酒對朝風引興
차를 달이는 저녁엔 달빛이 마음을 비추네	鼎茶燃夕月澄心[435]

당대(唐代) 초기 왕부(王敷)[436]의 「다주론(茶酒論)」과 일본 란슈큐 선승(蘭叔 禪僧)[437]의 「주다론(酒茶論)」의 내용에서도 차와 술은 서로의 존

433) 노인(魯認), 『금계일기(錦溪日記)』 「금계일기(錦溪日記)」, 4월 16일, 고전번역총서.

434) 서거정(徐居正), 『목은집(牧隱集)』 「목은시고」 제20권, 시(詩), 고전번역총서.

435) 이응희(李應禧), 『녹님시집(玉潭詩集)』 「옥담유고」, 회문체(回文體)를 써서 회포를 읊어 삼암에게 삼가 드리고 화답을 청하다, 우수고전번역서.

436) 중국 당나라 초기의 구어소설(口語小說). 저자는 진사(進士) 왕부(王敷)라고도 하고, 왕오(王敖)라고도 한다. 차(茶)와 술(酒)이 서로 잘났다고 논쟁을 했으나 결말이 나지 않아 물이 나와서 중재했다는 이야기인데, 고사(故事)는 인용하지 않고, 속어를 많이 쓴 소박한 문장이며, 4언 6언(四言六言)의 구(句)가 많아서 일종의 부(賦)의 형식을 이루고 있다. 둔황(敦煌) 발굴 때 발견되어 1부는 프랑스인(人) 페리오가 파리로 가져가고, 또 1부는 헝가리인 스타인이 런던으로 가져갔는데, 이들 모두가 잘 보존되어 있다.

437) 蘭叔의 『酒茶論』은 乙津寺에 보관되어 왔으나 2차 세계대전 때의 공습으로 乙津寺와 함께 소실되었다. 또 한 권이 京都 妙心寺 養德院에 보존되어 있는데 養德院의 제1세 功澤宗勳이 蘭叔禪僧의 法嗣로 사제지간이었던 점으로 미루어 보아 功澤이 은사인 선사로부터 자필본을 내려받은 것으로 보고 있다.

재와 가치를 인정해 주고 있다.[438] 차를 마시면 번민이 씻기고 술을 마시면 근심을 잊는다는 서로의 공덕이, 시대가 흐르면서 차와 술은 마실 거리로 사회적・문화적 역할을 비슷하게 하고 있었다.

육우의 『다경』 「육지음(六之飮)」에 차와 술의 성질을 지적하고 있다. '목마름을 구하려면 미음(漿)을, 근심과 번뇌를 덜려면 술을 마시며, 정신을 맑게 하고 잠을 깨려면 차를 마신다(至若救渴 飮之以漿 蠲憂忿 飮之以酒 蕩昏寐 飮之以茶)'[439]고 했다. 이는 차와 술이 한자리에서 서로를 필요로 했다는 것을 의미한다.

- 곡수연(曲水宴)을 통한 찻자리 공간의 공통점

앞에서 살펴본 대로 삼국은 문화적・지리적으로 깊은 관계를 맺어 왔으므로 미적 현상이나 미에 대한 인식에 있어 두루 통하고 있다. 특히 놀이・예술문화에 있어서는 성품・외모・학식・사상적 성향・취미 등 외적인 아름다움보다는 내적 수양과 품격을 중시하며 인간의 내면적 가치를 강조했다.[440] 그래서 삼국 정원문화에 있어서 중심적인 역할을 했던 연못의 형태를 이용한 미적 특징을 찾아보겠다.

곡수연은 중국 동진(東晋) 시대 왕희지(王羲之, 307~365)가 남긴 『난정

438) 정병만, 「蘭叔 禪僧의 『酒茶論』小考」 제3회 국제茶문화 학술세미나, 2006, p.18. 일본 란슈큐 선승(蘭叔 禪僧)의 주다론(酒茶論)과, 唐나라 왕부(王敷) 다주론(茶酒論)이 생겨날 정도로 술을 마시면 근심을 잊고, 차를 마시면 번민을 씻어준다는 서로의 공덕이, 시대가 흐르면서 술과 차는 마실 거리로 사회적・문화적 역할을 비슷하게 하고 있었다는 것이다. 어느 한 쪽이 좋고 나쁘다는 良, 不良과 善, 惡이 아니라 기본은 같은 등가(等價)의 존재이다. 망우군(忘憂君)과 척번자(滌煩子)의 자리에 홀연히 나타난 어느 한인(閑人)의 말 한마디는 중용의 오묘(奧妙)함과 선승을 보는 듯하다. "둘은 천하에 가장 빼어난 우물(尤物)이라, 술은 술이요, 차는 차일세(吾言天下兩尤物 酒亦酒哉茶亦茶)."

439) 치우지핑(裘紀平), 앞의 책, p.196.

440) 신은경, 『풍류』, 도서풀판 보고사, 2006, p.22.

기(蘭亭記)』에서 그 전형을 볼 수 있다. 이것은 명예・지위・재력・지식・교양을 갖춘 귀족들이 곡수연을 베풀고 시문을 짓고 가무를 즐기면서 현실에 얽매임 없이 여유롭게 귀족적 취미놀이를 즐겼다. 이런 고사를 본떠서 한국과 일본의 왕궁에도 유상곡수연(流觴曲水宴)의 유배거(流盃渠)가 만들어졌다.

『고문진보(古文眞寶) 후집』의 '난정에서 지은 글'의 서문에 보면, 난정은 중국 동진 때 절강성(浙江省) 소흥(紹興)에 있던 정자이다. 동진 목제(穆帝) 영화 9년(永和九年) 3월 삼짇날, 왕희지를 비롯한 명사 42명이 난정에 모였다. 이곳에서 묵은 때를 씻고 행운을 빌며 곡수연을 베풀었다. 곡수연이란 구부러진 냇물에 여러 사람이 앉아 물에 둥둥 떠 흘러내려 오는 술잔을 차례로 받으며 시를 짓는 놀이로 유상(流觴)이라고도 한다. 이 글은 곡수연에서 지은 시를 한데 모으고 서문으로 쓴 것이다.[441] 중국 절강성 소흥 난정에 보존되고 있는 유상곡수터 이외에도 청대 북경 이화원 내 계상정(禊賞亭)에 곡수거(曲水渠)가 있다. 이 놀이를 유상곡수연이라 하여 그때부터 상류층의 놀이문화로 크게 유행했다.

절강성(浙江省) 소흥(紹興) 유상곡수(流觴曲水) 터

계상정(禊賞亭)의 곡수거(曲水渠)

441) 황견, 이장우・우재호・박세욱 옮김, 『고문진보 후집』, 을유문화사, 2007, p.193.

이렇듯 초기에는 비교적 넓은 자연을 이용하여 곡수연을 열었지만 후기로 갈수록 궁궐 정원이나 풍경 좋은 곳에 곡수거 형태를 설치하여 즐기는 놀이문화가 성행하였다. 한 예로 북송 시대, 소식(蘇軾)의 「서원아집도」를 보면 그림 하단 부분에 차를 준비하고 끓이고 있는 장면이 보인다. 이는 위의 그림들에서 살펴보았듯이 술을 마시며 즐기다가 차를 마심으로 취기를 가시게 하여 정신을 맑게 하였음을 알 수 있다. 당시의 유상곡수 문화는 주연(酒宴)과 다연(茶宴)을 함께하는 정원 시설에 가미시킨 찻자리 공간으로 귀족들의 놀이문화에 한 부분을 담당한 것이다.

조선 시대 문인들의 모임인 난정수계나 서원아집회, 향산구로회(香山九老會)[442] 등은 중국 문인고사에 비유되곤 하였다. 단원 김홍도의 「서원아집도」나 화산관(華山館) 이명기(李命基, ?~?)의 「죽림칠현도」에 보이듯, 문인들은 늘 교류하는 동안 다주시화(茶酒書畵)를 당연하게 여기고 이를 회화작품으로 기록하였다. 즐거운 시간을 가지며 시・서・화를 즐기는 습속은 중국 동진 시대의 왕희지로부터 유래되었다고 볼 수 있다.

이명기(李命基, ?~?), 「죽림칠현도」, 지본담채(紙本淡彩), 26.4cm×30.9cm, 선문대학교 박물관 소장

442) 향산구로회(香山九老會): 백거이(白居易)가 만년에 형부 상서(刑部尙書)로 치사하고 나서는 향산거사(香山居士)라 자칭하고, 여덟 원로들과 함께 구로회(九老會)를 결성하여 서로 왕래하면서 풍류를 즐겼던 데서 온 말이다.

중국 진대의 놀이문화를 구분지어 본다면 왕사(王・謝)식의 놀이는 성품의 호방함과 청담이 중심이고, 왕희지(王羲之)식 놀이는 서화나 시문이 중심이 되며, 석숭(石崇, 249~300)[443]식 놀이는 연락(讌樂)과 가무가 중심이 되었다. 한편으로는 은둔자(隱遁者)식의 놀이도 있었다. 대표적인 예가 죽림칠현이다. 아무튼 중국의 놀이문화는 뭔가에 구속을 받지 않는 호방불기(豪放不羈)의 기풍이라는 것이다.[444] 6세기 제・양(齊・梁) 무렵 이후에는 놀이가 문학적 재능 혹은 문학성으로 문학의 고아한 풍격 즉 문아(文雅)・풍아(風雅)를 의미하여 문학평가의 기준이 되기도 하였다. 중당(中唐) 이후에는 이런 의미로의 놀이 쓰임이 일반화된 경향을 보인다. 당대(唐代)의 놀이 개념을 이해할 수 있는 청련거사(青蓮居士) 이백(李白, 701~762)의 「증맹호연(贈孟浩然)」을 보자.

나는 맹부자를 좋아하나니	我愛孟夫子
그의 풍류는 천하에 널리 알려졌다네	風流天下聞
젊어서는 벼슬을 버리고	紅顔棄軒冕
꽃에 홀려 임금을 섬기지 않았네	迷花不事君

이백이 맹호연(孟浩然, 689~740)을 생각하며 지은 시이다.

세속을 벗어나 자연의 한적한 정취를 사랑한 맹호연의 맑고 고매한 인품을 흠모한 마음이 나타나 있다. 아마도 동병상련(同病相憐)의 처지로서 그의 풍류적인 성향을 좋아했던 모양이다. 이상을 종합해보면 중국에서의 놀이의 개념은 풍아(風雅)와 문아(文雅)의 의미로 확대되면서 후대에 이르러 남녀의 애정을 일컫는 말로 서서히 속화되어 가는 경향을 보였다.[445]

---

443) 자(字)는 계륜(季倫)이고, 어려서의 이름은 제노(齊奴)이다. 중국 서진(西晉) 시대의 문인(文人)이자 관리로 항해와 무역으로 큰 부자가 되어 매우 사치스러운 생활을 하여 중국과 한국 등지에서 후대에도 부자의 대명사로 여겨졌다.

444) 신은경, 앞의 책, p.24.

헤이조쿄(平城京), 이방궁 궁적정원

일본은 대륙에서 정원문화가 전해진 초기에는 사각형의 연못이 만들어졌다. 그러나 나라(奈良) 시대(710~794)에 들어오면 곡선 위주의 연못으로 되어 직선에 의한 조경은 거의 보이지 않는다. 나라 시대의 수도였던 헤이조쿄(平城京)의 좌경삼조(左京三條)에서는 1975년에 S자형 모양의 연못이 있는 궁적정원(宮跡庭園)이 발굴되었다.[446] 이곳은 귀족들이 모여 곡수연을 열었다고 추정되는 곳이다.

일본의 놀이는 섬세함, 화려함, 장식성에 비중이 두어져 전개되었다. 주로 외면에 드러나는 형태적인 아름다움이나 의장(意匠)의 세련됨이 강조된 것이다. 헤이안 중기부터 특정의 장소에 어울리도록 특별한 의장을 고안하여 여러 가지 물건들을 만든다든지 의복에 특별한 장식을 할 때 '풍정(風情)을 다한다'는 의미로 사용했다. 중국의 놀이가 호방함을 특징으로 하는 것과는 달리 일본은 오히려 틀과 격식에 맞추어 섬세하게 꾸미는 쪽의 의미로 발전해 갔다. 이처럼 중세의 놀이형태가 요란한 장식과 화려함이 특징이고 근세의 형태는 시인 바쇼오(芭蕉, 1644~1694)를 중심으로 하는 소박

---

445) 신은경, 위의 책, pp.28~31.

446) 이지선, 위의 책, p.75.

함과, 우키요조오시(浮世草字)를 중심으로 하는 염정(艷情)의 형태 등으로 크게 대별된다.

이렇게 변화가 있었음에도 일본의 놀이는 장식성, 화려함, 기품 등 외적인 아름다움의 요소가 강조되어 사람의 시선을 끌 만한 요소가 내포되어 있을 때 사용되는 말이라 하겠다.[447]

한국에 있어서는, 경주의 포석정지(鮑石亭址), 창덕궁 후원에 있는 옥류천(玉流川)의 유배거(流杯渠), 이담로(李聃老, 1627~?) 백운동(白雲洞) 원림의 별서공간에서 유배거의 흔적을 찾아볼 수 있다.

신라 시대 행해졌던 놀이로 경주의 포석정지(鮑石亭址)에 의해 알 수 있다. 포석정지는 신라의 이궁(離宮)에 있는 유상곡수연을 하던 유배거의 유적이다. 『동사강목(東史綱目)』에서 "포석정 정자는 지금 경주부 남쪽 7리 금오산 서쪽기슭에 있는데 돌을 다듬어 포어(鮑魚)모양으로 만들었으므로 포석정이라 이름 하니 유상곡수의 유적이 완연하다."[448] 또한, 조선의 왕궁인 창덕궁 옥류천에서도 곡수연을 연 흔적이 있다.

한국의 궁중 정원양식을 가장 잘 간직하고 있는 창덕궁 후원은 임금과 세자가 숲을 거닐면서 사색을 하고 국정을 구상했던 휴식공간이다. 창덕궁 후원 장락궁(長樂宮)의 서고 선향재(善香齋) 기둥의 주련(柱聯)에 '새로 고저차[449]를 끓인다(新烹顧渚茶)'라고 음각되어 있다.[450] 고저차는 중국

---

447) 신은경, 위의 책, pp.32~40

448) 안정복(安鼎福), 『동사강목(東史綱目』 「동사강목」 제5하, 정해년 경애왕 4년 왕(王) 김부(金傅) 원년, 고전번역총서.

449) 호주(湖州) 자순차는 절강성 장흥현(長興縣)의 고저산(顧渚山)에서 생산되므로 '고저차'라고도 한다. 그 색깔이 자색이고 모양이 죽순같다고 하여 또 '자순자'라고 불리게 된 것이다. 또는 '고저자순'이라고도 한다.

450) 초의선사, 『동다송』, 앞의 책, pp.272~273.

사적 제1호 경주포석정자 경상북도 경주시 배동 454-3. 통일신라 시대

절강성의 고저산에서 나는 보라색 찻잎을 말한다. 보라색은 가장 고귀한 색이다. 봄에 돋아나는 어린싹이 보라색을 띠기 때문에 황제나 마실 수 있었던 귀한 차였다. 고저차 향기가 그윽한 곳에서 정신을 맑게 하여 학문에 정진하고, 곧은 마음으로 정사를 돌보겠다는 뜻이다. 창덕궁 후원에는 옥류천의 유배거가 있다. 1636년 소요암을 다듬어 그 위에 홈을 파서 휘도는 물길을 끌어들였고 작은 폭포로 떨어져 옥류천이 되었다. 경관이 아름다운 옥류천은 임금이 차를 마시며 명상을 하던 계곡이다.[451] 때때로 흐르는 물 위에 술잔을 띄우고 시를 짓는 유상곡수연이 이곳에서 벌어지기도 했다. 특히 이곳에는 여러 정자가 세워져 있어 숲을 거닐면서 산책하다가 차를 마시며 마음을 가다듬었던 장소이다.

백운동(白雲洞) 원림은 강진군 성전면 월출산 옥판봉에 위치한 전통 별

451) 오병훈, 월간 『차의 세계』, 2011년 1월호, p.32.

창덕궁 후원 옥류천(玉流川)의 유배거(流杯渠)

서(別墅)다. 이곳 공간구성에서 처음 꼽은 것이 유상곡수다. 계곡물을 수로로 끌어와 섬돌 아래로 돌려 마당의 상하지(上下池)를 돌아 다시 방향을 꺾어 시내로 흘러나가게 만든 구곡(九曲)이 백운동 원림 안에 현재까지 남아 있다. 못에는 연꽃이 피어나고, 동산에는 매화가 가득하다. 국화와 소나무, 대나무와 난초를 각각 심어 그 성정을 닮고자 했고, 조롱에는 학을 두어

백운동(白雲洞)에 새로 복원된 유상곡수(流觴曲水)

달빛에 울고, 시렁에는 거문고가 놓여 바람이 지나면 저 혼자 스라렝딩 연주를 한다.[452] 당시의 곡수연의 홍취에서 우리 선조의 고아한 멋을 실감할 수 있다.

452) 정민, 『새로 쓰는 조선의 차문화』, 김영사, 2011, pp.560~563.

2. 한・중・일 찻자리 공간의 상이점

먼저 중국 정원문화에서 찾아보면, 중국의 정원은 호중천지(壺中天地), 소우주(小宇宙) 등으로 표현된다.[453] 세계의 정원문화사에 있어서 유례가 없을 정도로 역사가 오래되었으며, 그 종류 또한 다양 다종한 것이라 할 수 있다.

고대 중국에서는 바다 저편에 신선이 살고 있는 섬이 있어 그곳에 불로불사의 영약이 있다고 믿었다. 이는 도교를 구성하는 중요한 사상 중의 하나로 중국 전국시대 말기에 생긴 불로장수에 관한 사상으로 그 영향이 곳곳에 보인다.

한(漢)나라 무제(武帝, 기원전 156~87)는 별궁인 감천궁을 짓고 연못에 신선도를 조성하여 불로장수를 기원했다. 만년을 산다는 거북이와 천 년을 산다는 학 모양을 배치하여 학섬과 거북섬의 조경이 생겨났다.[454] 당대(唐代, 618~907)에 이르러서는 장안(長安)의 택원은 인공으로 못과 축산으로 이루어졌다. '호중삼도인 봉래(蓬萊), 방장(方丈), 영주(瀛洲)'의 구성방식이었다.[455] 이는 길상의 의미와 불로장생을 표현한 것으로 도교 사상의 영향이 강하게 나타난 예이다. 한편으로는 미덕과 지혜에 대한 인간의 끝없는 추구를 의미하기도 했다.

중국 정원문화에 있어서는 인공으로 못을 파고 축산을 쌓아 삼신산을 만들어 유토피아의 상징물로 삼았다. 화목을 심어 놓고 자연과 인간이 하나 되어 정자나 누각 등에 앉아서 피곤한 심신을 쉬는 과정에서 차를 마시며

453) 이행렬・심우영, 『명청대 정원문화 누가 만들었을까』, 한국학술정보(주), 2009, p.5.

454) 이지선, 위의 책, p.90.

455) 이행렬・심우영, 앞의 책, p.50.

즐거움에 젖는 찻자리 공간이 자연스럽게 형성된 것이다. 중국의 거대한 정원에서 작은 정원규모에 이르기까지 자신을 성찰하는 장소로, 때로는 소통하는 장소로 유익한 역할을 했다는 것이다.

일본 정원문화에서 찾아보면, 일본 정원의 기원은 어디까지 거슬러 올라가야 할지 확실치 않다. 오늘날까지 남아 있는 가장 오래된 문헌 『일본서기(日本書紀)』에 따르면 1세기에 재위한 게이코(景行, 제12대, 기원전 13~130)천황은 '구쿠리노미야(泳の 宮)'의 정원에 제원(弟媛)을 오게 하려고 잉어를 연못에 풀어 조석으로 보고 놀았다.[456] 매우 마음에 들어 그 궁에 잉어가 가득 차게 했다고 한다.

『일본서기』 스이코(推古) 20년(612년) 기록에 보면 백제의 조원 시술자인 노자공(路子工, ?~?)[457]이 일본으로 건너가 자기는 보통사람이 할 수 없는 축산(築山)기술을 가지고 있다고 하였으며, 어전의 남쪽 뜰에 수미산을 상징한 가산(假山)과 오교(吳橋)를 축조하여 일본 조원의 창시자가 되었다.[458]

그 후의 고분시대(3세기 중반~7세기 말)에는 예부터 불교 세계의 중심이 되어 온 수미산을 표현한 돌산 주위에 정원을 꾸몄다. 이 상징적인 산은 600~700년경에 만들어진 모양이다. 612년에 재위했던 스이코(推古, 33대, 554~628)도 궁의 뜰 가운데 작은 연못을 파고 작은 섬을 못 가운데 만들었다. 그 때문에 사람들이 도대신(島大臣)이라고 하였다.[459] 또, 655~661년까지 재위한 여제(女帝) 사이메이(齊明, 제37대, 722~785)도 향산 서쪽에서 배 200척에 석상산(石上山)의 돌을 싣고, 강의 흐름에 따라 내려와서

456) 전용신, 『完譯 日本書紀』, 일지사, 2010, p.122.

457) 612年에 百済에서 건너왔다. 일본은 백제의 귀화인 노자공(路子工)으로부터 수미산공법(須彌山工法)을 전수받은 후 이것을 석가산공법으로 발달시켜 오늘날 일본 정원의 골격을 이루는 요소가 되었다.

458) 정재훈, 『한국전통조경』, 도서출판 조경, 2010, pp.14~15.

459) 전용신, 위의 책, p.402.

궁의 동산에 돌을 쌓아 담을 만들었다.[460]

이렇게 연못가에 수미산을 만들었다. 또한 수미산을 형상화한 이시구미(石組)를 통해 불교의 우주관에서 세계의 중심에 있다는 불교적인 이시구미와 도교적인 이시구미를 발생시켰다. 일본정원에서도 중국에서 전래된 신선 사상의 영향을 받은 요소들이 곳곳에 보인다.

한국 정원문화에 있어서는 한국의 국토는 산이 많은 다산지로 전 국토의 75%가 노년기 형태의 산지이다. 그래서 집을 지을 때에는 냇물이 흐르고, 뒤에 동산이 있는 배산임수(背山臨水) 배치를 따른다. 따라서 집이 지어지면 자연히 뜰과 동산을 이루게 되고 이들 뜰과 동산이 바로 정원(庭園)인 것이다.[461]

한국 정원문화에서 『삼국사기』 「백제본기(百濟本紀)」 제3. 진사왕(辰斯王) 7년(391) 정월의 기록에, "궁실을 중수하고 못을 파고 가산을 만들어 진귀한 새와 이상한 화초를 길렀다[462]."는 내용이 있다.

『삼국사기』 「백제본기」 무왕(武王) 35년(634) 기록을 보면, "3월에 궁 남쪽에 못을 파고 20여 리에서 물을 끌어들였으며 못의 네 언덕에 버드나무를 심고 못 속에 섬을 만들어 방장선산을 모방하였다"[463]라고 하여 도가의 신선 사상에 따라 섬을 만들었음을 알 수 있다.

고려 중엽 『고려사절요』에 의하면 내시 윤언문(尹彦文, ?~?)은 괴석을 모아 수창궁 북원(北園)에 가산을 쌓고 그 곁에 만수정(萬壽亭)이라 이름 지은 작은 정자를 세웠다.

---

460) 전용신, 위의 책, p.470.

461) 주남철, 『한국주택건축』(개정판), 고려대학교 출판부, 2006, p.451.

462) 『三國史記』 卷 第 25 百濟本紀 第三 辰斯王 七年條 "春正月 重修宮室 池造山 鑿以養奇禽異卉)./김부식, 이강래 옮김, 『삼국사기 2』, (주)도서출판 한길사, 2011, p.512.

463) 『三國史記』卷 第 27 百濟本紀 第五 武王 三十五年條 "三月 穿池於宮南 引水二十餘里四岸植以楊柳 水中築島嶼擬方丈仙山./김부식, 위의 책, pp.549~550.

조선 전기 안평대군(安平大君, 1418~1453)은 인왕산 비해당(匪懈堂)에 가산을 만들었다. 15세기 성임(成任, 1421~1484)은 인왕산 기슭에 인공산을 꾸몄다. 그의 벗 채수(蔡壽, 1449~1515)는 조영술이 뛰어난 석가산을 만들어 조선 전기를 대표하고 있다. 조선 중기 석가산은 향리로 물러난 사족들의 정원으로 확산되어 갔다.[464] 이와 같이 한국정원의 기본 발상은 자연환경을 그대로 둔 채, 자연을 기본으로 삼아 펼쳐진 화폭에 정자, 건물을 조성하여 가꾸어진 정원을 통해서 차경의 원리를 한껏 이용한 것이었다.

정원의 구성 원리에 관한 글로는 고려 말기 이규보의 『동문선(東文選)』에 등재된 여러 정원을 기리는 글들이 있다 이규보는 정원을 짓는 사람의 마음, 즉 정원은 주인마음이 우선한다는 점을 「박추부유가당기(朴樞府有嘉堂記)」, 「태재기(泰齋記)」, 「사가재기(四可齋記)」, 「통재기(通才記)」, 「손비서냉천정기(孫秘書冷泉亭記)」에서도 밝히고 있다. 이규보가 말하는 정원구성원리의 기본은 정원을 이루려는 사람(主人)의 마음가짐에 있는 것이지 정원을 직접 만드는 동산바치(匠人)에 있는 것이 아니다[465]라고 하였다. 중국의 계성이 저술한 『원야』 「홍조론(興造論)」에서 "3할은 장인이요, 7할은 주인이다(三分匠 七分主人)"[466]라고 한 말과 같은 뜻이다.

한 예로, 고산(孤山) 윤선도(尹善道, 1587~1671)의 두 편의 시는 자연과 인간의 관계를 잘 일깨워준 명시라 할 수 있다.[467]

> 평생을 경영하여 한 칸 초가를 지어내니
> 반 칸은 청풍(淸風)이요 반 칸은 명월(明月)이라
> 나머지 산천은 들일 데 없으니 둘러두고 보리라.

---

464) 박경자, 『조선 시대 석가산 연구』, 학연문화사, 2008, pp.13~15.

465) 주남철, 『한국의 庭苑』, 고려대학교 출판부, 2010, p.65.

466) 계성, 위의 책, p.40.

467) 정양모, 『너그러움과 해학』, 도서출판 학고재, 1998, p.285.

보리밥 풋나물을 알맞춰 먹은 후에
바위 끝 물가에 실컷 노니노라.
그 밖의 여남은 일이야 부러워할 일이 있으랴.

청풍과 달빛은 본성대로 스스로 움직여 초가의 내부공간을 채웠으나, 청산은 움직임이 없는 자연의 존재이기 때문에 자연 그대로 제자리에 둘러 있는 것이다. 자연의 모습에 녹아든 사람의 눈을 통하여 마음에 가져오고 자연의 상(像)을 짓는 것이다. 본래의 자연 모습을 가져와 즐기는 것이 차경이다. 자연을 있는 그대로 보존하면서 거기에서 생활의 지혜와 자연과 우주의 이치를 터득하는 것이다. 이와 같이 퇴계(退溪) 이황(李滉, 1501~1570)도 차경의 원리에 따라 '차경정(借景亭)'을 짓고 산곡(山谷)의 경치를 즐겼음을 알 수 있다.[468]

시인이 둘러두고 본, 청산(青山) 중 멀리 있는 청산의 모습을 바라보고 즐기는 것이 원차(遠借)이고 앞산 봉우리를 차용하는 것이 앙차(仰借)이다. 들판을 내려다보고 즐기는 것이 부차(俯借)이고 바로 옆 경물(景物)을 차용하는 것이 인차(隣借)이다. 그리고 시절마다 변하는 모습을 그때그때 맞추어 보며 즐기는 것의 응시이차(應時而借)이다.[469]

정원을 꾸미는 마음으로 일정한 공간에 자연의 모든 것을 갖추려 하지 않고 자연 본래의 모습을 빌려 오는 차경의 원리를 택하는 것이 가장 바람직한 마음가짐이다. 나뭇잎 떨어지는 소리, 꽃을 찾아 날아드는 나비와 벌의 모습, 앞내 흐르는 소리, 처마의 낙수 소리, 창호지로 스며드는 달빛 등을 자연스럽게 바라보고 듣고 향기를 맡을 수 있는 정원을 꾸미기를 으뜸으로 한 것이 한국 정원의 구성 원리이다.

---

468) 이황(李滉), 『퇴계집(退溪集)』「退溪先生文集攷證」 卷之二, 第三卷詩, 한국문집총간. '山谷借景(山谷借景亭詩序) 靑神縣尉廳 葺城頭舊屋 作借景亭 下瞰史家水竹.'

469) 계성, 위의 책, p.307.

원래 정원(庭苑)이란 동서양을 막론하고 모두 인공적인 공간에서 자연적인 공간을 재생하고자 한 것이다. 그것은 자연을 기반으로 한 인위적인 꾸밈이었다. 동양 삼국의 정원을 자연스럽게 가꾸고 꾸미고자 하는 것은 서로 통하나 중국의 정원은 모든 구성 요소들이 인간적인 척도를 넘어 광대하고, 자연스러움이 감해지는 반면 일본의 정원은 인위적이고 형식에 맞추는 경향이 있다. 한국의 정원은 인간적 척도의 소박하고 자연스러운 공간을 이루어 사람과 자연이 융합되어 자연과 순리가 자유롭게 존재하는 정원이다. 그러한 정원이 이루어지는 때부터 건축은 완전한 것이 되며 건축과 사람은 비로소 자연과 하나가 되는 것이다.[470]

중국에서 정원을 호중천지(壺中天地)라 했듯이 고요한 연못의 수면과 그 위에 떠 있는 아치형 교각의 그림자, 동천(洞天, 반구형의 동굴)에서 바라보는 밤하늘의 별들과 은하수, 추녀 끝에 달아 놓은 은(銀)으로 제작한 음(音)인지 향(響)인지 구분이 안 되는 풍경소리, 호중삼도인 봉래・방장・영주의 구성방식, 구도상의 차경(借景)을 의경상(意境上)의 차경으로 확대한 방법, 순수한 자연공간의 배치와 인공적인 조원공간의 조화는 유현미를 더한다.

이처럼 환경과 기후에 따라 삼국의 정원문화와 함께 찻자리 공간도 자국(自國)의 특성을 나타내는 형태를 이루어 나갔다. 지리적인 조건상 문화의 흐름이 중국에서 한국을 거쳐 일본으로 건너가 곳곳에 삼국의 정원문화 요소들이 심심찮게 혼용되었지만 찻자리 공간에 있어서는 서서히 차별성을 보이게 된다. 이 점은 차를 즐기는 부류가 지식층들로 지각 있는 행동과 올곧은 사상이 반영된 것이라 추측된다.

중국의 찻자리 공간은 일상적인 생활 속에 차를 마시는 일이 다반사로

470) 주남철, 『한국의 정원』, 위의 책, pp.63~71.

'천인합일'이라는 대자연과의 조화를 선호하는 경향으로 넓은 찻자리 공간을 선호했다. 한국의 찻자리 공간은 유교적인 가치관이 배경이 되어 정신을 주도하는 음료로 정갈하고 차분한 공간을 지향했는데, 일본의 찻자리 공간은 응축된 공간으로 눈으로 보여주는 공간을 추구했다. 이와 같이 삼국은 찻자리 공간에 있어서도 각자의 특징을 연출하면서 찻자리 공간의 확장이 시작되고 있었다.

이 모두가 종교적인 정신에서 행해진 표현으로 권력과 재력이 탄탄한 왕족, 귀족, 예술가들이 함께 만들어낸 작품이다. 그들이 소유하고 있는 넓은 정원에서 자연스럽게 찻자리 문화가 이루어졌음을 글과 그림을 통해서 확인할 수 있었다. 자연과 함께하기를 추구했던 찻자리 공간은 자연 산수에서 인공 정원으로 주변 환경을 변화시켰고, 찻자리 공간은 삼국의 예술문화 창작의 원천이 되었다.

고대나 근세나 삼국은 서로 표현양식은 다르지만 인간이 추구하는 목표는 공통성을 지니고 있다. 자연과 깊이 사귀면서 자연을 이해하고, 자연스럽게 행하는 가운데 정신적인 교감을 찾고자 노력한 흔적들을 엿볼 수 있다. 이것은 자연으로 돌아가고자 하는, 또는 자연의 아름다움과 함께 했을 때가 가장 편안하다[471]는 마음의 표현이기도 했다.

삼국의 놀이문화는 예술적으로 노는 것이었다. 중국은 호쾌하게 어디에도 구속됨 없이 호방불기라 하였고, 일본은 우아하고 세련되게 가염(佳艶)을 추구하였으며, 한국은 운치 있는 멋을 선호했다. 놀이에 정신적인 영역까지 포함하고 거기에 심미적 요소가 더해질 때 비로소 놀이문화가 성립될 수 있었다. 삼국의 미(美)개념은 선(善)을 포함한 혹은 선을 일치시켜 생각하였음을 알 수 있었다.[472] 삼국의 놀이문화는 애초에 재력과 신분・지위

471) 정양모, 앞의 책, p.47.

를 갖춘 정신적 여유를 바탕으로 하는 귀족취미로부터 비롯되었으며 일상적 삶에 구애받지 않는 상류층이 미를 추구하고 향유하는 과정에서 나온 산물이었다.

이상으로 한·중·일 찻자리 공간의 특징들과 그림을 통한 공통점과 상이점을 두루 고찰한 바 한국은 유교정신을 기반으로 한 예(禮)를 바탕으로 행동에서 우러나는 정신을 중시했고, 중국은 대륙적인 기질에 드러난 허실결합의 척도를 즐겼고, 일본은 사면이 바다라는 조건에서 응축된 공간으로 세련미를 지향해 나갔다.

따라서 놀이문화 개념으로까지 발전하여 곡수연을 통한 삼국의 즐거운 정취는 서로 비슷한 형태로 나타났다. 나름대로 환경, 풍토, 의식에 맞게 발전시켜 오늘날에는 특색 있는 찻자리 공간 창출로 새로운 면모를 보여주고 있음을 알 수 있다.

삼국은 외적인 찻자리 공간의 형태는 닮았지만 그 안에 내재되어 있는 정신은 차이가 있었다. 각각의 조건과 상황에 맞는 찻자리 공간 형성이 지식층의 문예활동 공간으로 부상하는 계기를 부여하며, 삼국의 찻자리 공간은 새로운 문화를 형성하고 그 여파가 시대의 유행을 변화시키는 역할을 하고 있음이 역력했다. 진정한 문화를 향유하는 시원인 찻자리 공간은 고상한 품격으로 차 한 잔의 운치를 예술로 창조하는 또 다른 가능성을 보이고 있다.

472) 신은경, 앞의 책, p.67.

제6부

찻자리 공간을 재조명하다

21세기는 정신과 문화와 예술을 추구하는 시대이다. 경제성장이 가져다 준 물질의 풍요는 편리함과 개인화로 인간의 심성을 메마르게 하는 아이러니를 낳는다. 이러한 불확실성의 시대에 중요한 역할을 담당하는 한 방편으로, 문화 공간이 갖는 의미는 대단하다. 그것은 사회적으로 삶의 질을 풍부하게 하는 원동력이 되어 주기 때문이다. 따라서 공간은 문화와 예술영역으로 의미가 확장되어간다. 나아가 공간개념은 우리가 머물고, 생활하며, 생산해 가는 개념이 아니라 창조하고, 편안함을 느끼며, 즐기는 장소라는 전환의 필요성을 인식하게 한다.[473] 결국 공간의 개념은 특정한 장소로 국한되는 것이 아니라 그 안에서 즐겁고 편안하다면 공간이 되는 것이다.

---

473) 곽수정, 「遊休공간의 문화공간화를 위한 콘텐츠 연구」, 국민대 박사학위논문, 2007, p.30.

1. 전통적 찻자리 공간의 재조명

역사 속에서 선조들은 차를 통해 마음을 다스렸으며, 차를 통해 예를 익혀나갔고, 차를 통해 교류하며, 차를 통해 정신문화를 일구어 예술로 승화시켜 나갔다. 한국의 전통사회에서 찻자리 공간은 문・사・철・예(文史哲藝)를 두루 갖춘 상류계층을 위주로 그 명맥을 유지해 왔다. 찻자리 공간은 단순한 놀이공간이 아니라 문화예술 창작과 생산, 교류와 소통, 그리고 인성교육의 산실로 간주되었다. 이는 우리 선조들의 높은 교육수준과 정신적 훈련이 이루어 낸 성과였다고 말할 수 있다. 전통적 찻자리 공간에서 이루어진 문예부흥은 인문학과 예술을 바탕으로 창작의 혁신을 가져다준 새로움의 의지였다.

삼국의 찻자리 공간은 삼국에 내재된 정신이나 사상의 유사성에도 불구하고 시각적 형태에서 상이점을 보여주고 있다. 한국의 최근 차문화 교육의 대상이 주로 주부나 학생들이 많고, 남성보다 여성의 비중이 높아지면서 찻자리 공간은 수양과 예절의 전통성을 교육하는 장소로 활용 전개되고 있다.

중국의 최근 차문화 교육은 문화・실용교육을 접목시켜 실용화를 강조하고, 단계별 시험을 통해 자격제도를 도입하고 있다. 그 특징으로 4요소라 하는 다량(茶量)・시간・온도・다구 선택에 대해 집중적으로 교육하고, 남성 교육에 관심을 가지며, 직장인, 학생, 주부 등 다양한 계층을 교육하고 있다는 점이다.[474]

일본의 최근 차문화 교육은 다도의 이에모토(家元)들이 중심이 되어 젊은 세대에게 다도를 보급하고, 학교에서도 다도를 가르치는 기회를 확립하

474) 정서경, 「한국 차문화 기능의 전승에 관한 연구」, 목포대 박사학위논문, 2012, p.155.

는 데 집중되어 있다. 특히 다도가 여성 수신교육에 있어 필수과목으로 인식되자, 여학교를 중심으로 다의과(茶儀科)가 생겨났다. 다도를 교육의 일환으로 채택하여 남성 중심이었던 일본다도의 세계는 여성 중심으로 변했고, 오늘날 다회에서는 남성보다 기모노를 입은 여성들이 주류를 이루고 있다.[475] 이처럼 삼국의 찻자리 공간은 차문화 교육이라는 목표를 내세워 예술의 정취를 다양한 형태로 표현하면서 국가의 이상을 실어 개성 있는 연출을 시도하고 있다.

이러한 삼국의 차문화 교육을 통해 알 수 있는 사실은, 차문화는 여유와 문화적 공간 등을 제공해주고 정신적 · 정서적 만족을 부여할 수 있다는 점이다. 최근 찻자리 공간의 재구성과 재정립이 필요한 것은 바로 이런 이유 때문이다.

찻자리 공간의 재조명을 위해서는 우선 전통적 찻자리 공간의 장점들을 계승해야 한다. 앞에서 살펴보았듯이 전통사회에서의 찻자리 공간은 시와 그림과 화훼 등의 기본 지식을 갖춘 지식층 위주의 소수가 즐기는 협의적 찻자리 공간이었다. 때문에 당시의 찻자리 공간은 쉽게 다가가지 못할 제한된 계층을 위한 소수의 찻자리 공간으로, 특정계층의 장식과 공간 활용으로 일반대중의 접근이 어려웠던 공간이었다. 찻자리 공간이 개방적이지 못하고 제한적이며, 차의 우월성과 품격만을 고집한다면 그 생명력은 짧을 수밖에 없다. 차가 지닌 정신적 특성과 기능적인 성분들을 대중들과 소통하여, 보건 · 정신 · 문화음료로 승화시키기 위해서는 차의 대중화가 선행되어야 한다.

최근에 이르러 찻자리 공간의 필요성과 중요성이 논의되는 이유는, 물질문명에서 나타나는 인간성 상실, 가치관의 혼란 등으로 사회적 부조화들이 속출되면서 이를 극복하고 대처하는 방안으로 차문화를 대중화시키자는 명제에서 출발하였다. 차문화를 통한 정신부흥과 문예부흥을 위해서는 그에

---

475) 이지선, 위의 책, pp.25~26.

따른 공간이 필요하다. 이런 목적을 달성하기 위한 다시 보는 바람직한 찻자리 공간의 이미지로 재조명되어야 할 것이다.

조기정은 「한국 차문화의 산업의 활로 모색: 정책적 측면을 중심으로」에서, 국민의 건강증진과 전통 차문화의 창달을 통해 차의 생산과 소비를 촉진시키기 위해서는 국가 차원의 획기적인 정책이 필요하다고 말했다. 그는 차산업진흥을 위해서는 법률을 제정하여 값싸고 질 좋은 차를 안정적으로 공급하고, 교육을 통해 차(문화)의 가치를 확산시켜 차의 소비를 촉진하는 법률을 제정해야 한다 등의 방안을 제시하였다.[476] 이 중 "초・중・고등학교 학생들에게 전통 차문화를 정기적으로 교육한다."는 주장은 차문화 대중화 및 확산을 위한 효과적인 방법의 제시였다. 그에 의하면 인성 교육을 실시할 수 있는 가장 적합한 장소로 찻자리 공간이 필요하며, 이의 확산에 정부의 투자를 촉구하였다.

왜냐하면 가치관의 정립을 위해 자신을 되돌아볼 수 있고, 인간성 회복을 위해 소통과 교류의 공간이 절실히 요구되는데 여기에 가장 적합한 장소는 찻자리 공간이기 때문이다. 근대화 이후 기계화된 삶 속에서 휴식과 여유와 느림을 통해 자아를 성찰하고, 변화되는 사회에 대한 적응력을 향상시키기 위해서는 새로운 충전이 필요하다. 또한 어린아이나 청소년들의 인성 교육을 위한 장도 절실히 요구된다. 이런 이유 때문에 선조들의 정신적 가치가 실현되고 꽃을 피운 전통적 찻자리 공간 문화에 대한 재조명이 필요하고 이를 토대로 새로운 찻자리 공간 대안의 한 방법으로 계절과 찻자리 공간의 상관성을 통해 지향할 수 있는 합리적인 찻자리 공간을 선조들의 기록을 근간으로 하여 꾸며보도록 한다.

---

476) 조기정, 「한국 차문화의 산업의 활로 모색-정책적 측면을 중심으로」, 한국차문화 제3집, (주) 미스터페이퍼, 2012. 5, p.11.

2. 계절과 찻자리 공간의 상관성

예로부터 우리 선조들은 자연의 미를 최고로 여겨왔으며, 우주의 순리를 역행하지 않는 삶을 다복하다고 간주하여 왔다. 이런 이유 때문에 시대에 따라 늘 새로운 변화의 시도를 자연에서 터득하려 하였다. 계절에 맞는 음식을 섭취하고, 계절에 맞는 의복을 착용하고, 계절의 변화 속에서 삶을 설계하고 조화를 이루어 나갔다. 자연과 더불어 한 잔의 차를 대하면서도 선조들은 인간 삶의 지표인 정신적인 가치관을 미적으로 표현하려 했다. 특히 찻자리 공간에서 차를 마시면서 자신의 내적 가치관을 시와 그림을 통해 승화시켰다. 한편 이들은 미적 표현을 통해 시각적인 기준보다는 상징적인 기준에 더 큰 정신적 가치관을 부여하였다. 이러한 경향은 찻자리 공간에서도 예외가 아니었다. 또한 외부적으로는 계절과 상황에 맞는 미적 특징을 중요하게 생각하면서 찻자리 공간을 지향해 나갔다. 이는 다양한 변화를 수용해야 하는 현재의 찻자리 공간에 중요한 의미를 부여하였다.

역사 속에 찻자리 공간은 선비들의 자유공간이었다. 선비들은 높은 심미안을 지녔기 때문에 사물을 관찰하면서 자연, 특히 매(梅)・난(蘭)・국(菊)・죽(竹)・연(蓮)・송(松) 등을 찻자리 공간의 구성요소에 적용시켰다. 그 예로 조선 선기 인제(仁齋) 강희안(姜希顔, 1417~1464)의 「화목구품(花木九品)」을 통해 알 수 있다. 강희안은 송・죽・연・국・매 등을 품격의 1품으로 선정했고, 또한 부록 『화암수록(花菴隨錄)』에서는 「구등품제(九等品第)」에서 매・국・연・대・송을 1등급으로 선정하였다.

한편 이들은 찻자리 공간에서 자연의 정취와 즐거움을 느끼면서 계절에 맞는 차나 다구를 통해 즐거운 분위기를 고조시켰을 뿐만 아니라 계절과 선비들이 지향하고자 하는 의미를 지닌 사군자나 그 외의 식물들도 가까이 하였다. 이는 찻자리 공간에서 꽃과 식물 등의 자연물에 대한 표현은 선비들의 여흥과 정신적 즐거움을 고조시키는 중요한 수단이었기 때문이다. 즉, 찻자리 공간에서 차를 통해 시흥을 즐기고, 취미생활을 하고, 예술과 자신들의 사상을 정립하며 발전시켰던 것이다. 이 과정에서 이들은 다양한 차를 체험하였고, 계절과 차와 어울리는 분위기를 연출하고자 계절에 맞는 식물들을 가까이 두었으며, 시화첩(詩畵帖)을 통해 표현하기도 하였다. 이에 선비들은 높은 식견으로 사물을 관찰하면서 매・연・국・죽・송 등을 통해 그 정경에서 특별한 운치와 멋을 발견했다는 것이다. 이처럼 선비들은 지호락(知好樂)의[477] 이치를 이해하고 계절에 맞는 식물을 통해 철저하게 실천해 나갔다.

이와 같은 즐거움에 취했을 때 운치와 멋을 중시하는 선비들은 어떤 종류의 차를 마시면서 분위기를 더욱 고조시켰을까? 하는 궁금증이 생긴다. 그래서 나름대로 품격과 등급이 높은 매・연・국・죽・송과 가장 잘 어울리는 차를 살펴보기로 한다. 이를 위해 차의 「사방도(四方圖)」, 『다신전(茶神傳)』의 「음다(飮茶)」 편, 차의 색상에 따른 6대 다류를 기준 삼아 계절에 적합한 차의 기능적 측면과 상관성에 어울리는 구성을 설정해보도록 한다.

茶의 「사방도」[478]를 기준 삼아 살펴보면, 겨우내 움츠린 몸과 마음을 풀어 주는 한 방법은 한 잔의 차를 통해서이다. 이른 봄에 햇차인 녹차를 마셔야 1년의 시작인 봄을 느낄 수 있다. 계절의 미감에서 기운을 얻는다. 녹차

477) 『논어』 「옹야(雍也)」 편에, 올바른 것을 아는 것은 좋아하는 것만 못하고, 좋아하는 것은 즐기는 것만 못하다(知之者 不如好之者, 好之者 不如樂之者).

478) 염숙, 『다도학 개론』, 전남대학교 출판부, 2009, p.73.

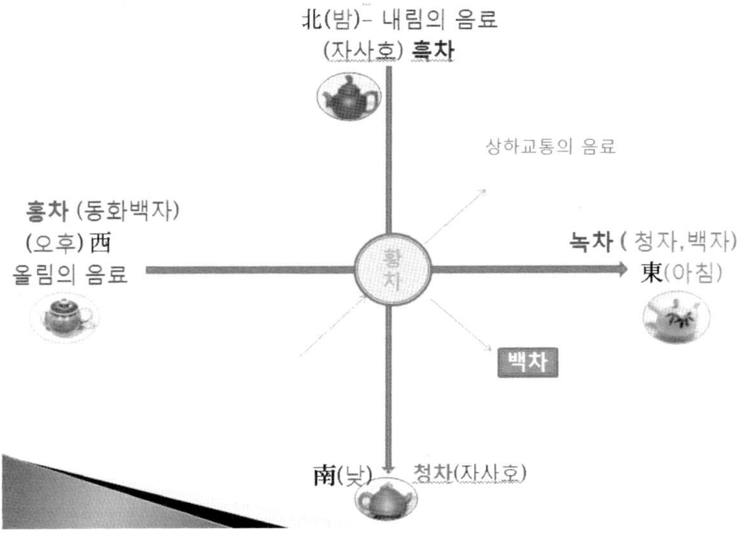

茶의 「四方圖」

가 지닌 기능에 따라 정신을 맑게 해주는 까닭에 숙취 제거를 위해서도 좋다. 직장인들이 출근해서 당연하게 커피를 마시듯 녹차나 백차는 하루 주기 중 아침이나 오전에 마시는 것이 제격이다.

여름은 햇볕 량의 증가로 반발효차가 요구되는 시기이다. 반 발효차는 기름기가 많은 요리에 잘 어울린다. 느끼함을 없애주고 소화를 도와주는 작용을 한다. 더운 여름에 뜨거운 청자류를 마신다면 이해가 안 될 수도 있다. 이열치열(以熱治熱)이라는 말이 있듯이 한여름 더위에 뜨거운 차를 마셔서 더위를 물리친다거나, 힘은 힘으로써 물리친다는 의미로 흔히 쓰이는 말이다. 더불어 배탈도 미연에 방지하기도 한다. 하루 주기 중에 점심 전후에 마셔야 알맞고, 이는 바쁜 일상에서 잠시 쉬어가자는 의미도 포함되어 있다.

가을에는 활동이나 감정이 왕성하지 못하고 침체되는 계절로 기운을 상승시켜 줄 붉은 홍차류가 제격이다. 주로 예술을 창작하는 전문인들이 선호하는 차이기도하다. 하루 주기 중에는 오후 세 시에서 네 시 경이 될 것이다. 늦은 오후에 마시는 차 한 잔은 에너지를 충전하는 데 충분하다.

긴 겨울을 지내며 추위를 이겨내는 한 방법으로 여러 가지 음료를 애용하곤 한다. 직장이나 가정에서 각자의 방식대로 겨울나기를 하겠지만 이럴 때는 따끈한 차를 마셔 몸의 기운을 상승시켜보는 것도 좋은 방법이다. 흑차류로 하루 주기 중 저녁과 밤 시간이 좋다. 이를 기준하여 사계절에 알맞은 찻자리 공간을 연출하면서 몸과 마음을 보양할 수 있다.

황차(黃茶)는 후발효차로 상하좌우교통의 음료로서 사계절 구별 없이 무시로 마시는 가장 보편적이고 편안한 음료의 기능을 지녔다. 투명한 황색을 띠며 맑고 부드러운 맛과 향은 황차 만이 갖는 장점이다.

『다신전』 제10장 「음다」 편을 기준 삼아 살펴보면, 차를 마시는 데에는 사람이 적을수록 좋은데, 사람이 많으면 시끄럽고, 시끄러우면 고상한 분위기가 적다고 기록되어 있다. 이를 찻자리에 적용시킨다면 차가 지닌 품격을 간접적으로나마 체험할 수 있을 것이다.

홀로 마시면 신령스럽고	獨啜曰神
둘이 마시면 뛰어나며	二客曰勝
서넛이 마시면 취미스럽고	三四曰趣
오륙 명이 마시면 보편적이며	五六曰泛
칠팔 명이 마시면 그냥 베푸는 것이다	七八曰施479)

차의 색상에 따른 6대 다류에는 백차 · 녹차 · 청차 · 황차 · 홍차 · 흑차로 분류되며, 발효정도에 따른 분류에는 불발효차 · 반발효차 · 발효차 · 후발효차로 크게 분류된다. 형태에 따른 분류는 고형차 · 잎차 · 가루차를

479) 초의선사, 강우석 옮김, **『茶神傳』**, 사회교육연구회, 2003, p.123.

기준으로하고 있다. 제다방법에 따른 분류에는 크게 덖음과 증제가 있다. 그 외에 찻잎 따는 시기에 따른 분류, 모양에 따른 분류, 살청 및 건조방법에 따른 분류 등 여러 가지 재가공차류(대용차, 화차) 등이 있다.

- 녹차・백차와 설중매(雪中梅)

매화는 소나무 대나무와 함께 삼우(三友)라 하여 높이 친다. 진대(晉代) 무제(武帝, 236~290)가 공부할 때 글을 열심히 읽으면 매화나무에 꽃이 피고 책 읽기를 게을리하면 꽃이 시들어졌다는 고사에서 생긴 상징어다.[480] 그 후부터는 문학을 사랑한 꽃나무라 하여 호문목(好文木)이라는 매화의 별칭이 생겼다. 매화는 '눈과 달빛으로 핀다.'는 말이 있다. 봄이 와서 매화가 피는 것이 아니라 매화가 피어서 봄인 것이다.[481] 그래서인지 매화는 얼어야 핀다는 말도 있다.

퇴계 이황은 매화에 대한 사랑이 남달리 유별났으며, "내 평생 즐겨함이 많지만 혹독하리만큼 매화를 사랑한다(我生多癖酷好梅)."고 『매화시첩(梅花詩帖)』에 적고 있다. 추운 겨울날 매화나무 밑에 앉아 도자기를 둥근 통 모양으로 만들어 그 속에 불을 피워 따뜻하게 한 다음, 그 위에 앉도록 고안한 의자에 앉아 매화 감상을 하였다. 퇴계만의 독특한 매화 감상법이기도 하다. 퇴계는 매화가 피는 겨울에 운명했다. 그는 운명하는 날 아침에 기르던 분매에 "매화에 물을 줘라"[482]고 명했다. 이것이 퇴계의 마지막 유언이었다. 퇴계는 이토록 매화를 무척 사랑했다.

480) 이어령, 『매화』, 위의 책, p.20.

481) 손광성, 『나의 꽃 문화 산책』, 을유문화사, 1996, pp.31~34.

482) 안형재, 『한국의 매화』, 북랜드, 2001, pp.64~66.

고려 말기 양촌(陽村) 권근(權近, 1352~1409)의 『양촌집』 「은대(銀臺)의 여러 학사(學士)의 영매시(詠梅詩)의 운을 차한다」 시의 부분에서 분매(盆梅)를 시원(始原)으로 한다.

높은 선비 섣달 매화를 아주 좋아해	高人偏愛臘天梅
화분에 길러서 일찍 피게 만들었네	培養盆中最早開
한자리 맑은 향기 봄소식 부드럽고	一榻淸香春婉娩
몇 가지 성긴 그림자 달과 함께 서성이네	數枝踈影月徘徊
눈 속의 향기로 참매환 줄 알겠으나	雪林香動認眞梅
차가운 꽃봉오리가 섣달에 필 줄 몰랐다	不覺寒葩臘月開[483]

조선 후기 석당(石塘) 이유신(李維新, ?~?)의 「가헌관매도(可軒觀梅圖)」를 보면 알 수 있듯이, 조선 시대 선비들은 분매를 실내에 들여놓고 차를 마시면서 감상하는 일이 많았다. 강희안의 『양화소록』 「매화」 편에 보면 "원예를 배우는 선비들은 반드시 먼저 매화를 심으니 아무리 많이 있어도 싫어하지 않았다." 또 "매화는 운치가 있고 품격이 있어 고상하다"고 말했다.[484] 일어서서 분매를 감상할 만큼 나무의 키가 높다. 전원생활의 기

이유신(李維新), 「가헌관매도(可軒觀梅圖)」

483) 권근(權近), 『양촌집(陽村集)』 「양촌선생문집」 제9권, 시(詩), 은대(銀臺)의 여러 학사(學士)의 영매시(詠梅詩)의 운을 차한다, 고전번역총서.

뿜은 선비들의 사랑채에 잘 나타나 있다. 이런 상황에서는 선비들은 어떤 차를 선택했을지 추리해 본다.

계절: 겨울~이른 봄

장소: 사랑채, 별장

시간: 밤

사람: 1~2명

차: 흑차, 녹차나 백차

찻자리꽃: 분매

(1) 기나긴 겨울밤에 추위를 비껴가기 위해 전다법(煎茶法)으로 가열기(加熱器)를 이용하여, 준비한 '흑차+마른생강+마른계피+통후추' 등을 약 500cc 용량의 돌솥에 물과 함께 적당량 넣고, 벗이 오기 1시간 전부터 은근하게 끓이기 시작한다. 온 방 안은 훈훈한 열기와 차의 향기로 시린 손을 호호 불며 찾아오는 친구의 얼어붙은 몸과 마음을 녹이기에 충분하다.

담소를 나누면서 차를 따라 마시다가 어느 정도 추위가 가시면 방문을 활짝 열어젖히고, 차가운 달빛 아래 눈 속에 초연히 핀 매화를 본다. 창문을 통해서 희미하게 비치는 성긴 그림자에 쓸쓸하지만은 않으니, 은은하게 다가오는 매화 향에 매화는 눈과 달빛으로 핀다는 말을 실감한다. 마음이 통하는 벗과 둘이 마시는 차 맛은 마냥 즐겁기만(好友爲隣樂不支) 하여, 둘이 마시면 뛰어나다(二客曰勝)는 의미를 실감한다.

484) 강희안, 위의 책, p.58.

좋은 벗을 이웃하니 마냥 즐거워라	好友爲隣樂不支
언제나 담소 속에는 경계가 담겼다네	每將談笑寓箴規
눈 갠 경치가 어여쁜데 산이 더욱 좋구나	正憐晴雪山逾好
매화꽃에 밝을 달빛이 지레 기쁘다네	預喜新梅月未虧[485]

(2) 맑은 빛의 녹차나 백차를 포다법(泡茶法)으로 약 70도 정도에 우려내어 백자 찻잔에 따라, 분매에 피어 있는 꽃봉오리 하나를 조심스레 따서 맑은 빛이 감도는 백자 찻잔에 띄운다. 핑그르르 돌면서 곱게 피어나는 매화의 춤사위에 눈이 즐겁고, 은은히 피어오르는 매화 향에 멀리서 매화꽃이 피는 소리를 듣는 듯하다. 밥 대신 하루 세끼씩 꽃향기에 취하고(細嗅三時欲替飡)[486] 싶은 마음에 어느덧 방안에는 봄 향기가 가득하다. 매화삼매경이 따로 없다. 홀로 마시면 신령스럽다(獨啜曰神)는 기분을 감히 이해할 수 있다.

- 황차와 연당우(蓮塘雨)

연(蓮)은 귀화식물로 원산지는 인도이다. 연은 잎을 '하(荷)'라 하고 열매를 '연(蓮)'이라고 하며 뿌리는 '우(藕)'라고 한다. 꽃이 아직 피지 않은 것을 '함담(菡萏 연꽃의 봉우리)'이라 하고 이미 핀 것을 '부용(芙蓉)'이라고 하는데 통칭하여 '부거(芙蕖)'라고 한다.[487] 같은 식물인데도 세세하게 명칭을 구분하는 예는 별로 없다. 이것은 고대부터 중국인들이 연꽃을 중요한

485) 이남규(李南珪), 『수당집(修堂集)』 「수당집」 제1권, 시(詩), 속정원록(續貞元錄) 병소서(并小序), 고전번역총서.

486) 이남규(李南珪), 『수당집(修堂集)』 「수당집」 제1권, 시(詩), 속정원록(續貞元錄) 병소서(并小序), 고전번역총서.

487) 유중림, 『증보산림경제 1』, 농촌진흥청, p.207(흰꽃이 피는 것은 뿌리가 아주 좋아 먹을 만하다. 1마디가 매끄럽게 윤이 나면 1마디가 또 생긴다고 한다).

영양공급원이나 약품[488])으로 여겼기 때문이다.[489])

연꽃의 씨는 열매껍질 속에서 이미 발아를 시작하기 때문에, 영원성의 상징인 동시에 숨어서 형성되는 존재의 상징이었다.

연은 아름다운 빛깔과 그윽한 향기, 그리고 좋은 열매까지 갖추고 있어 완전무결한 꽃이라는 것이다. 이에 연꽃의 풍정을 읊은 시가 많다. 그래서 연꽃의 시제로 「우하(雨荷)」 「연당야우(蓮塘夜雨)」 「하당야월(荷塘夜月)」 등이 있다. 조선 전기의 사가정(四佳亭) 서거정(徐居正, 1420~1488)의 「상련(賞蓮)」 시를 보면, 비 오는 어느 날 연꽃이 만발한 연못에서 느끼는 풍정을 읊조린 시로, 평상시에 체험하지 못한 새로움을 표현하고 있다.

연꽃은 수도 없고 못물은 출렁거리는데	荷花無數灩方池
잎 그림자 꽃향기에 비 오는 것도 기관일세	綠影紅香雨更奇
하루 종일 보고 또 보고 읊고도 부족하여	盡日看看吟不足
서늘한 석양에 지팡이 짚고 한참을 서 있네	晩涼扶杖立多時[490])

우리 민속에 '하로당(荷露餳)'이라는 것이 있는데 연꽃에 맺힌 이슬을 털어다가 엿을 곤 것으로 이것을 먹으면 여자들은 속살까지 예뻐진다고 한다. 또 '하로차(荷露茶)'라는 것이 있다. 이것도 연꽃이나 연잎에 맺힌 이슬을 털어다가 끓인 차를 말한다. 한번 마시면 심신이 상쾌해지니 얼굴에 화색이 돌아 예뻐지지 않을 수 없다는 것이다. 아쉽다면 최근에는 공기의 오염으로 연잎의 이슬로 찻물을 대신 할 수 있는 운치가 사라져 못내 서운하다.

---

488) 『신농본초경』에도 우실(藕實) 혹은 연실(蓮實)이라는 명칭으로 기재되어 있다.

489) 나카무라 고이치, 조성진・조영렬 옮김, 『한시와 일화로 보는 꽃의 중국 문화사』, 도서출판 뿌리와이파리, 2004, p.146.

490) 서거정(徐居正), 『사가집(四佳集)』 「사가시집」 제51권, 시류(詩類), 연꽃을 완상하다, 고전번역총서.

또 하나로는 껍데기를 벗긴 연육(蓮肉) 반 줌을 생강 두어 쪽과 함께 은근한 불에 달이면 그 빛깔이 매우 아름답다. 샴페인 빛깔과 비슷하며 향기 또한 그윽하다. 마시고 나면 연꽃의 요정을 만난 기분이다. 이것을 '연자차(蓮子茶)'라고 한다.[491]

청대(淸代) 『부생육기(浮生六記)』에 나오는 진운(陳芸)이란 여인이 저녁에 연꽃이 오그라들기 전에 얇은 비단에 차를 싸서 화심(花心, 꽃의 한가운데 꽃술이 있는 부분)에 놓았다가 다음날 아침 연꽃이 벌어질 때 꺼내서 차를 빗물(天泉水)에 달이기를 즐겼다고 한다. 그 차의 향내는 유난히도 좋았다[492]는 기록이 있다. 사랑하는 남편에게 향기로운 차를 내기 위한 그 정성이 아름다움으로 투영되어 다가온다.

조선 중기 옥담(玉潭) 이응희(李應禧, 1579~1651)의 「달밤에 김중사와 더불어 두 성의 연못가 정자에 가서(月昏與金仲思造斗成蓮亭)」의 시에도 연꽃 향에 잠시 취한 자신을 시로 표현하고 있다.

벗과 함께 작은 숲 속의 정자에 나아가니	携朋得造小林亭
아름다운 경치가 오늘밤 몹시도 맑구나	美景今宵分外淸
달이 못물에 비치니 옥거울이 잠긴 듯	月印池心涵玉鏡
바람이 나뭇가지에 이니 금아쟁 울리는 듯	風生樹杪轉金箏
기이한 향기 소매에 어리니 연꽃 움직이는 줄 알겠고	奇香擁袖知荷動
맑은 기운 사람에게 스며드니 이슬이 내림을 알겠구나	灝氣侵人覺露橫[493]

달빛이 환한 정자가 있는 연못가를 마음이 통하는 친구와 한가롭게 거닐었다. 맑은 밤 경치에 바람 소리도 음률로 느껴지고, 연꽃향기에 취해 흔들

---

491) 손광성, 『나의 꽃 문화 산책』, 을유문화사, 1996, p.152.

492) 심복, 지영재 옮김, 『부생육기(浮生六記)』, 을유문화사, 2004, p.88.

493) 이응희(李應禧), 『옥담시집(玉潭詩集)』「달밤에 김중사와 더불어 두성의 연못가 정자에 가서(月昏與金仲思造斗成蓮亭), 우수고전번역서.

리니 시간 가는 줄을 몰랐다. 여름 밤이슬에 한기가 느껴져 그제야 밤 깊은 줄을 알았다는 것이다.

조선 중기 간이(簡易) 최립(崔岦, 1539~1612) 「맑게 갠 달밤의 연꽃(霽月蓮)」의 시를 통해 연꽃의 고결한 자태를 찬탄하며 읊조리고 있다.

삿된 기색 하나 없이 물 위에 갓 핀 부용꽃	芙蓉出水色無邪
한번 방긋 웃으매 천하의 꽃들을 압도하네	一笑便傾天下花
군자의 그 품격을 누가 또다시 계합할꼬	君子風期誰再契
가련토다 밝은 달 갠 때가 하 많으니	可憐明月霽時多494)

송(宋)나라 염계(濂溪) 주돈이(周敦頤, 1017~1073)의 「애련설 (愛蓮說)」에 "국화는 꽃 중의 은자(隱者)요, 모란은 꽃 중의 부귀자(富貴者)요, 연꽃은 꽃 중의 군자(君子)이다."라는 말이 나온다. 주돈이처럼 연꽃을 보고서 군자의 품격을 느낄 사람이 얼마나 있으며, 혼탁한 세상에서 연꽃은 혼자 고상한 자태를 선보이고 있는 것이 애처롭게 보인다는 말이다. 이런 상황에서는 선비들은 어떤 차를 선택했을지 추리해 본다.

계절: 여름

장소: 대청

시간: 오후

사람: 7명 이상

차: 반개한 연꽃(큰 백련), 황차

찻자리꽃: 연꽃

494) 최립(崔岦), 『간이집(簡易集)』「간이집」 제8권, 동군록(東郡錄), 맑게 갠 달밤의 연꽃(霽月蓮), 고전번역총서.

(1) 찻물을 돌솥에 부어 가열기에 끓인다. 넓적한 옹기그릇에 반개한 연꽃 한 송이(백련 큰 것)를 받침대로 고정하여 세운다. 약 60~70도 정도 되는 물을 옹기그릇의 7~8부 정도 부어가면서, 꽃잎이 활짝 펴질 수 있도록 형태를 만들어 가면서 물의 양을 조절한다.

우려낸 연꽃차를 2~3회 마시다가, 황차 우린 물을 첨가해 준다. 상하좌우교통의 음료인 황차는 어느 음료하고도 잘 어울리는 차이다. 연꽃에서 우러나는 향과 맛이 부족할 때 색・향・맛을 상승시키는 방법이다. 처음에는 은은한 연꽃 향을 즐기다가 부드러운 황차의 맛으로 여러 사람의 입맛을 새롭게 해 준다. 칠팔 명이 마시면 그냥 베푸는 것(七八曰施)으로 편안하게 나누어 마시면 될 것이다. 찻자리꽃은 옹기그릇 속에서 활짝 만개한 연꽃 그 자체이다. 여름 길목에서 만나는 연꽃의 도도함은 특별한 운치로 즐거움을 선사한다.

또 한 방법으로는 해뜨기 전에 연꽃의 꽃봉오리를 열어 가는 황차 한 움큼을 꽃술 속에 가득히 넣어 삼 껍질로 대강 잡아매어 하룻밤을 묵힌다. 다음 날 일찍이 꽃을 따서 찻잎을 쏟아내고 건연지에 싼 차를 불에 쬐어 말린다. 먼저와 같은 방법으로 또 따른 꽃 속에 찻잎을 넣는다. 이렇게 여러 차례 한 것을 꺼내어 불에 쬐어 말린 다음 거두어 사용한다. 좋은 향기와 맛이 난다.[495]

(2) 효성스러운 차

준비물: 유리로 된 드립퍼(Dripper), 유리주전자, 알코올 램프, 찻잔 두 개, 반개한 작은 연꽃(백련 작은 것) 한 송이, 연잎 한 장, 새벽녘에 받아 낸 연잎에 맺힌 이슬.

495) 김명배, 『중국의 다도』, 명문당, 2007, p.263.

어느 여름날 오후, 효성이 지극한 아들은 연꽃이 만개한 연못이 있는 정자로 어머니를 모시고 나가 야외 찻자리를 준비한다. 어머니의 정갈한 모시 치맛자락 사이로, 연향의 미소가 흔들린다.

① 어머니께 차를 드리기 위해 새벽녘에 받아둔 이슬을 유리주전자에 부어 알코올 램프에 올려 끓인다. 주전자에서 미미성(微微聲)이 들리기 시작하면 물의 '성변오소변법(聲辨五小辨法)'[496]으로 물 끓는 상태를 봐가면서 물의 성변(聲辨)을 어머니께 설명해드리자 '송풍송(松風聲)'을 최고라 하신다.

② 반개한 연꽃 한 송이(小蓮)를 유리로 된 드립퍼(Dripper)에 세워서 넣고, 물을 약 50~60도까지 식힌 후 주전자를 높이(약 20㎝) 들어 아주 천천히 연꽃이 들어 있는 드립퍼에 물을 따른다. 연꽃이 생화이기 때문이다. 삿

---

496) 물을 끓인 것, 이를 감별하는 방법은 크게 세 가지 방법(三大辨)과 작게 15가지 방법(十五小辨)이 있다.

첫째 물이 끓는 형태를 보고서 분별하는 형변(形辨): 해안(蟹眼), 하안(蝦眼), 어목(魚目), 연주(連珠), 용천(湧泉), 등파고랑(騰波鼓浪), 세우(細雨)이다.

둘째 물이 끓는 소리를 듣고서 분별하는 성변(聲辨).

셋째 물이 끓는 증기를 보고서 분별하는 기변(氣辨): 일루(一縷), 이루(二縷),삼루(三縷), 사루(四縷), 난루(亂縷), 연취(煙翠), 기직충관(氣直冲貫)이다.

(2) 성변오소변법(聲辨五小辨法): 탕(湯水)이 끓는 소리(聲)를 듣고 분별하는 법이다. 탕관 밖에서 소리를 듣고서 분별하기 때문에 외변(外辨)이라고도 한다. 미미성(微微聲), 초성(初聲), 전성(轉聲), 진성(振聲), 취성(驟聲), 송풍성(松風聲),회우성(檜雨聲), 삼매음(三昧音), 무성(無聲)은 모두 성변(聲辨)이다.

* 미미성(微微聲)은 탕에서 맨 처음 나는 소리로서 초성이 울리기 직전에 미세하게 들릴 듯 말 듯 나는 소리이다.
* 초성(初聲)은 미미성에서 날카롭게 변해서 강하게 나는 소리이다.
* 전성(轉聲)은 초성이 잦아지면서 날카로움이 작아지고 굴러가는 듯한 소리를 낼 때를 말한다.
* 진성(振聲)은 굴러가는 소리가(轉聲) 진동하는 소리(振聲)로 변한 것을 말한다.
* 취성(驟聲)은 진동하는 듯한 소리(振聲)가 말을(馬) 몰아가듯이 달리는 소리를(驟聲) 말한다. 소리가 휘몰리는 것 같다.
* 송풍성(松風聲)은 소나무에 바람 스치는 소리이다. 이 소리는 절정의 소리로서 산란한 마음을 편안하게 해주며 정(定)에 들 수 있도록 도와주며 우주 가운데서 나는 소리 중에서 가장 미묘한 소리이니 가히 삼매(三昧)에 들 수 있는 소리이다. 모든 다인들은 이 소리를 사랑한다.
* 회우성(檜雨聲)은 전나무에 빗방울이 떨어지는 소리이다. 송풍성과 같은 소리이다. 이를 줄여서 송풍회우(松風檜雨)라고도 한다.
* 삼매음(三昧音)은 삼매경(三昧境)에 들 수 있는 소리이다. 송풍성이나 회우성을 삼매음이라고도 한다.
* 무성(無聲)은 송풍성이 조금 지나서 작아지면서 온 천지가 잠든 듯이 조용하며 탕이 끓는 소리는 전혀 나지 않고 물결소리만 미세하게 나는 상태를 말한다. 이 상태를 순숙(純熟)했다고 한다. 무성인 상태가 오래 지속되면 물결치는 소리만 들린다.

된 기색 하나 없는 반개한 부용꽃에서 어머니의 맑은 기품을 발견한다.

③ 큰 연잎을 다탁 대용으로 정자마루 바닥에 깔고 두 개의 찻잔(약 45~50cc)을 찻잔받침 위에 놓는다.

④ 찻잔에 담은 연꽃차를 공손히 낸다. 단 2잔만 드린다. 첫째 잔은 향을 음미함이요, 둘째 잔은 맛을 음미함이다. 정성이 깃든 최고의 차(대용차)를 어머니께 드린 것이다. 효성은 마음에서 우러나오는 것으로 작은 행복을 주워담는 순간이다.

- 홍차와 은일국(隱逸菊)

중국 위(魏)나라 종회(鍾會, 225~264)는 「국화부(菊花賦)」에서 다섯 짧은 글로 국화의 생태를 절묘하게 표현했다.

> 첫째, 동그란 꽃송이가 높다랗게 달린 것이 천극(天極)을 본 뜬 것이요
> 둘째, 잡색이 섞임이 없는 순수한 황색은 땅의 빛깔이고
> 셋째, 일찍 심어 늦게 피는 것은 군자의 덕이며
> 넷째, 서리를 뚫고 꽃이 피는 것은 굳세게 곧은 기상이요
> 다섯째, 술잔(찻잔)에 꽃잎이 떠 있음은 신선의 음식이다.[497]

이는 국화의 모든 것을 극찬한 언어이며, 국화를 섬세하게 관찰함으로써 국화의 굳센 기상을 환유의 세계로 보았던 것이다. 조선 중기 간이(簡易) 최립(崔岦, 1539~1612)의 「이슬 젖은 국화꽃(裛露菊)」에서 된서리에서도 피어난 국화의 강인한 성정과 고고함을 표현하고 있다.

이슬 맺힌 꽃을 따며 향내 맡으면 그저 그뿐	裛露餐苗已飽香
된서리 아래 노란 꽃만 귀하게 여길 것이 있나	何須始貴傲霜黃

---

497) 강희안, 이병훈 옮김, 『양화소록』, 을유문화사, 2000, p.51.

팽택처럼 돌아가서 감상하고도 싶다마는	甘心歸後陶彭澤
세상이 어지러워 거친 삼경도 없는 것을	世亂併無三徑荒[498]

동진(東晉) 때 도연명(陶淵明, 365~427)은 된서리(淸霜) 아래에서 피는 국화꽃을 좋아했다는 말이다. 도연명의 「화곽주부(和郭主簿)」 시에 "숲길에 피어 빛을 발하는 향기로운 저 국화여, ……우뚝 된서리 아래 걸물이 되었도다(芳菊開林耀……卓爲霜下傑)."라고 하여 국화를 상하걸(霜下傑)로 묘사한 대목이 나온다.

또한 팽택 현령(彭澤縣令)을 지낸 도연명의 「음주(飮酒)」 시에 "가을 국화는 빛깔도 좋을시고, 이슬 머금은 그 꽃을 따다가, 시름 잊게 하는 술에 띄워서, 나의 세상 버린 뜻을 더욱 멀리하노라(秋菊有佳色 裛露掇其英 汎此忘憂物 遠我遺世情)."라는 구절이 있고, 또 그의 「귀거래사(歸去來辭)」에 "세 개의 오솔길은 거칠어져 간다마는, 솔과 국화는 그래도 여전히 있네(三徑就荒 松菊猶存)."라는 말이 나온다. 도연명은 은자로서의 삶을 살면서 국화의 성정을 자신의 삶에 비유하여 시름을 견디어 내고 있음을 알 수 있다. 이로 인해 국화는 초연한 선비의 상징이 되었다.

『禮記 上』「月令」에 보면 "가을의 끝 달인 9월은 국화가 피는 때(季秋之月 鞠有黃華)"라고 했다.[499] 여기에서 황화는 바로 누런 꽃이니 국화를 말한다. 국(鞠)은 국(菊)과 같은 옛글자이다. 오색 중에 황색은 중앙을 뜻하는 말이니 계절 가운데 오곡백과를 수확하는 가장 고귀한 달이라는 뜻이다.

음력 9월 9일 중양절(重陽節)[500]은 극(9)에 달한 양기(9)가 음기(겨울)로

498) 최립(崔岦), 『간이집(簡易集)』「간이집」 제8권, 동군록(東郡錄), 이슬 젖은 국화꽃(裛露菊), 고전번역총서.

499) 이상옥, 『예기(禮記) 上』, 명문당, 2003, p.505.

500) 음력(陰曆) 9월 9일. 중구(重九)라고도 하는 데, 9는 원래(原來) 양수(陽數)이기 때문에 양수(陽數)가 겹쳤다는 뜻으로 중양이라 함.

향해가는 때로, 액막이 식물인 오수유(吳茱萸, 오산초烏山椒)를 몸에 차고 높은 곳을 오르는 풍습이 있었다. 또, 이날 국화를 머리에 꽂거나 국화주를 마시는 풍습도 널리 퍼져 있었는데 모두 국화가 생명을 연장시켜 주고, 악령과 병마를 쫓아줄 거라고 믿었기 때문이다.

『양화소록(養花小錄)』에 범석호(范石湖, 1126~1193)가 쓴 「국보(菊譜)」를 인용하기를, "산림에 묻혀 사는 사람들이 국화를 군자에다 비유하여, 가을이 되면 모든 초목이 시들고 죽는데, 국화만은 홀로 싱싱히 꽃을 피워 풍상 앞에 거만스럽게 버티고 서 있는 품격이, 산인(山人)과 일사(逸士)가 고결한 지조를 품고 비록 적막하고 황량한 처지에 있더라도 오직 도(道)를 즐겨 그 즐거움을 고치지 않는 것과 다름이 없다"고 말한다.[501]

고려 말기 도은(陶隱) 이숭인(李崇仁, 1347~1392)의 「이자안 (李子安)을 방문하고 밤에 돌아와서 그 다음 날 시 세 수를 지어 읊다」를 보면,

용수산 몇 봉우리 다가와 담장 누르고	數朶龍巒近壓墻
서리보다 하얀 달빛 뜨락에 가득하였지	滿庭明月白於霜
돌아가 국화차를 다시 마셔 보았으면	欲歸更啜黃金茗
아침에도 향기가 입 안에 묻어나는걸	齒頰朝來尙帶香[502]

늦가을 뜨락에 내린 휘영청 밝은 달빛이 고와도 보여, 자신도 모르게 찻잔에 어리는 국화향기를 그린다. 그 여운이 다음 날 아침까지도 입안에 남아 있을 것이라는 상상에 내심 흐뭇해하는 모습이 그려지는 시이다. 이런 상황에서는 선비들은 어떤 차를 선택했을지 추리해 본다.

501) 양희안, 『양화소록』, 위의 책, p.50.

502) 이색(李穡), 『목은집(牧隱集)』 「목은시고」 제30권, 시(詩), 이자안(李子安)을 방문하고 밤에 돌아와서 그 다음 날 시 세 수를 지어 읊다. 고전번역총서.

계절: 가을

시간: 오후, 밤

장소: 대청마루, 회사 휴게실

사람: 1~7명

차: 황차, 국화(감국), 홍차

찻자리꽃: 국화

국화꽃이 피는 계절은 늦가을의 정취가 완연하다. 빛바랜 가을에 만난 국화는 그리운 친구와의 옛 추억을 생각나게 한다. 감국(甘菊)이 익을 때쯤이면 꽃을 따서 차를 만들어 겨울을 준비한다. 이것은 '국화꽃의 늦은 계절에 향기로움을 보고자 함이다(要看寒花晩節香).' 국화 향에 취하고 싶다는 심경이 절실하게 배어 있다.

(1) 국화와 벗 삼고 차를 마시다

'서리보다 하얀 달빛 뜨락'에 피어 있는 국화는 대국(大菊)으로, 백국·황국들을 초대하여 차를 준비한다. 돌솥에 물을 부어 가열기에 얹어 찻물을 끓인다. 다관에 황차와 감국 몇 조각을 넣고 포다법으로 우린다.

찻잔은 국화분(菊花盆) 수(예: 7송이)에 따라 대청마루에 있는 다탁 위에 쭉 진열하고 차를 정성스레 따라 권한다. 국화꽃 향기가 뜨락에 가득하다. 찻잔에 달그림자 떠 있음은 "신선의 음료로 아침에도 향기가 입 안에 묻어나겠구나." 하니 내려다보던 구름이 시샘하고 달을 가린다. 세상사를 피하여 숨어 사는 일사(逸士)의 쓸쓸함을 국화를 벗 삼아 차로 달래는 심정이 엿보이지만 한편으로는 즐기는 마음이 더욱 크게 다가온다.

(2) 가을은 국화의 계절이라 한다. 황금빛으로 빛나는 국화와 홍차의 빛깔이 서로 어울려 가을을 연출한다. 홍차는 색상부터 화려하여 창작활동을 하는 분야에 종사하는 예술가들이 선호하는 차이다. 시각적으로도 다른 차에 비해서 구성조건이 화사하고 기운을 북돋우는 분위기를 연출하기 때문이다. 해서 '오름의 차'라고도 한다. 하루 중에서 늦은 오후에 지친 에너지를 보충하기로는 홍차가 제격이다.

'녹색 탁자 위에, 빨간색 찻잔에, 주홍빛의 홍차를 부어 마신다.' 이것을 색채심리에서 풀어보면, 여기서 녹색은 약간 어둡고 회색빛이 감도는 녹색으로 안전함의 상징이다. 그것은 오래 바라볼 때 편안한 색이며, 기능적이기 때문이다.[503] 주황(주홍)이란 이름은 과일 오렌지와 함께 생겨났다. 해서 "노랑빨강"이라고도 불렀다. 주황(주홍)은 음식을 맛있게 느끼게 하기 때문에 맛있는 색으로 인식되어 있다. 주황은 즐거움과 사교, 흥겨운 일을 연상시키는 것으로 이 색이 지닌 장점이다.[504] 여기서 빨강을 최고의 목적지로 볼 때, 주홍빛의 홍차로 빨강을 고조시키며 보는 사람의 시각은 따뜻한 기운을 받아 하루의 피로가 확 풀리는 느낌을 받을 것이다. 늦은 오후 서넛이 마시면 취미스럽다(三四曰趣)고 하듯이 나름의 풍취(風趣)를 즐길 만하다.

- 청차와 세한죽(歲寒竹)

대나무의 원산지는 동남아시아로 열대식물이다. 『삼국유사』 「감통(感通)」 월명사 도솔가(月明師 兜率歌) 조에 보면, 신라 경덕왕(景德王, ?~765) 때 승려 월명(月明)이 언제나 사천왕사(四天王寺)에 살면서 대나무로

503) 에비 헬러, 이영희 옮김, 『색의 유혹 2』, 예담 출판사, 2002, p.73.

504) 에비 헬러, 위의 책, pp.80~83.

만든 피리를 잘 불었다. 일찍이 달밤에 피리를 불며 문 앞의 큰길을 지나가자, 달이 그를 위해서 운행을 멈추었다는 기록이 있다.[505)]

같은 대나무라 해도 시대 상황, 신분, 계층, 처한 환경 등에 따라 그 의미가 달리 해석된다. 귀족계급이나 서민의 경우는 대나무를 장구(長久)나 수명장수 등 길상적인 의미를 지닌 나무로 해석했다. 그러나 선비들의 경우는 대나무는 자신의 고아한 품격을 은유적으로 드러내는 매개체였으며, 서화일체(書畵一體)의 심오한 예술의 경지를 체득할 수 있는 이상적인 소재였다.[506)] 이런 여러 가지 이유에서 선비들의 문인화 소재로 사랑을 받아왔다.

이처럼 도구를 넘어선 대나무는 유교문화권에서는 아버지를 상징한다. "아버지의 상(喪)에는 둥근 대나무 지팡이를, 어머니 상(喪)에는 네모진 오동나무 막대기를 짚는다."고 한다. 또한 둥근 것은 하늘을 상징하는 부성원리(父性原理)요, 네모난 것은 땅을 가리키는 모성원리(母性原理)라는 천원지방(天圓地方)의 상징체계[507)] 속에서 우리는 살고 있다.

고려 말기 가정(稼亭) 이곡(李穀, 1298~1351)의 「촌사(村舍)에 제하다」에서 대나무를 무척 좋아했던 동진(東晉)의 왕휘지(王徽之, ?~383, 왕희지의 다섯째 아들)에 대한 고사를 비유적으로 표현한 시이다.

나는 푸른 바닷가에 터 잡고 살고 싶어	我欲卜居滄海濱
어촌은 어딜 가나 모두 미음이 끌린다오	漁村到處盡堪憐
이 집엔 술도 있고 대나무 또한 많으니	此家有酒仍多竹
벽에 제하며 주인에게 물을 것도 없겠네	題壁何須問主人[508)]

505) 일연, 김원중 옮김, 『삼국유사』, (주)민음사, 2010, p.545.

506) 이어령, 『대나무』, (주)도서출판 종이나라, 2006, p.137.

507) 이어령, 『대나무』, (주)도서출판 종이나라, 2006, pp.6~9.

508) 이곡(李穀), 『가정집(稼亭集)』「가정집」 제20권, 율시(律詩), 촌사(村舍)에 제하다, 고전번역총서.

대나무를 좋아해서 “하루도 차군이 없이는 살아갈 수 없다(何可一日無此君).”라고 말했던 왕휘지가 어느 날 어떤 선비의 집에 멋있는 대나무가 있는 것을 보고는 그 집에 들렀다.

집주인이 술자리를 마련해 놓고서 그가 돌아오기만을 기다렸는데, 왕휘지는 이를 아랑곳하지 않고 곧장 대숲으로 가서 감상한 뒤에 바로 떠나려 하였다. 이에 주인이 당황하면서 문을 닫아걸고 못 나가게 하며 그를 끝내 만류하자 왕휘지가 그 성의를 높이 평가하여 그 자리에 머물러서 함께 술을 마신 뒤에 떠났다는 고사가 전한다.

이처럼 대나무가 선비들에게 사랑을 받는 이유는, 맑은 바람결에 바스락거리는 소리를 내며, 달빛 아래에서는 산뜻한 그림자를 드리운다. 그럼에도 눈서리가 몰아치는 겨울에는 푸른빛을 잃지 않고 고결한 기품을 보인다. 눈서리에도 굽히지 않는 의연한 선비의 기상을 갖고 있었기 때문이다.[509]

조선 중기 이응희(李應禧)의 「국화 핀 화단에서 새로 심은 대나무를 읊다 라는 시에 차운하다(次菊塢詠新竹韻)」에서는 대나무의 품격을 높이 평하고 있다.

서리 눈 이기는 높은 풍모에 수석이 맑은데	霜雪高標水石清
몇 떨기 대나무를 이제 초당에다 심어 놓았다	數叢今寄草堂生
은을 체질하는 달빛 아래 새 가지가 움직이고	篩銀月下新杪動
옥을 찧는[510] 바람 앞에 빽빽한 잎사귀 우는구나	舂玉風前密葉鳴
이미 소나무 매화와 벗하여 절조가 같으니	旣友松梅同節操
장차 복사꽃 오얏꽃을 함께 섞어 심어야겠다	宜將桃李混畦町
공이 이 나무를 좋아해 정원에 심은 줄 아노니	知公愛此爲庭實
오랜 세월 고락 속에 함께 곧은 절개 지키리라	夷險多年共保貞[511]

509) 이어령, 『대나무』, (주)도서출판 종이나라, 2006, p.56.

510) 대나무를 옥으로 비유했다. 즉 바람이 불어 대나무가 서로 부딪치는 것을 옥을 찧는다고 표현한 것이다. 당(唐)나라 옹도(雍陶)의 「위처사교거(韋處士郊居)」에 “만 가닥 찬 옥이 섰고 한 시내엔 안개가 자욱해라(萬條寒玉一溪煙)” 하였다.

대나무를 예찬하는 시로 대나무 잎 사이로 달빛이 비쳐드는 것을 은가루를 체로 치는 것과 같다고 칭송하면서 나무의 품격을 비교하고 있다. 소나무와 매화는 군자에 비유되고 복사꽃 오얏꽃은 소인에 비유된다. 군자는 어려운 때에도 지조가 변치 않으니 소인은 어려운 때에는 일신을 위해 지조는 버린다. 이와 같이 대나무는 가을, 겨울이 되어도 늘 푸른빛을 잃지 않지만, 복사꽃과 오얏꽃은 제철이 지나면 꽃이 지고 시든다. 그래서 대나무의 변치 않는 지조를 보이기 위해 복사꽃 오얏 꽃을 함께 심어두고 보겠다는 것이다. 허나 복사꽃과 오얏꽃의 희생이 오히려 미덕으로 여겨지는 까닭은, 결국 식물을 편애하는 것이 아니었음을 알 수 있다.

우리의 선비들은 차를 좋아하여 집 주변에 대나무를 심었다. 대숲에서 절반은 그늘지고, 절반은 햇빛이 드는 반음반양(半陰半陽)의 대나무 숲에 차나무를 심어 새순이 나올 때 댓잎에서 떨어지는 이슬을 머금어 푸른색이 돌 때 찻잎을 채취하여 만든다. 이를 죽로차(竹露茶)라고 한다.[512] 대나무가 사람에게 베푸는 덕목 중의 하나이다.

조선 중기 석주(石洲) 권필(權韠, 1569~1612)의 「대(竹)」라는 시의 부분을 살펴보면, 대나무의 잎에는 봉황이 깃들어 쉬고(葉鳳宿),[513] 뿌리는 용이 서린 듯하고(根龍), 안개 어리어 세세하게 향기롭고(和煙細細香), 달빛을 띤 채 무성하게 푸르다(帶月猗猗綠),[514] 곧은 자태 밝고 깨끗해 군자를 짝할 만하니 그래서 대를 군자에 비겼었지[515]라는 표현으로 보아, 당시

---

511) 이응희(李應禧), 『옥담시집(玉潭詩集)』「옥담유고」, 국화 핀 화단에서 새로 심은 대나무를 읊다. 라는 시에 차운하다(次菊塢詠新竹韻), 우수고전번역서.

512) 이어령, 『대나무』, (주)도서출판 종이나라, 2006, p.228.

513) 봉황은 대나무 열매, 즉 죽실(竹實)이 아니면 먹지 않기 때문에 이렇게 말한 것이다. 이 때문에 봉황을 죽조(竹鳥)라고도 한다.

514) 『시경』「위풍(衛風)」기욱(淇澳)에 "저 기수(淇水)의 모퉁이를 보니, 푸른 대나무가 무성하도다. 문채 나는 군자여, 절차탁마하듯 하도다(瞻彼淇澳 菉竹猗猗 有匪君子 如切如磋 如琢如磨)." 하였다.

515) 권필(權韠), 『석주집(石洲集)』「석주집」 제8권, 잡체(雜體), 대, 고전번역총서.

선비들의 대나무에 대한 견해가 상당한 수준에 이르렀음을 알 수 있다. 더구나 대나무를 세한삼우(歲寒三友)로 생각하는 것도 대나무의 품성을 자신들의 정신적 지주로 여겼기 때문이리라. 이런 상황에서는 선비들은 어떤 차를 선택했을지 추리해 본다.

계절: 이른 봄
시간: 오후, 밤
장소: 별서(別墅), 별장
사람: 1명, 4인 가족
차: 댓잎차(대용차), 청차
찻자리꽃: 대나무 숲

대나무는 바람이 불면 서늘한 기운이 일어나 "옥을 찧는 바람 앞에 빽빽한 잎사귀 우는구나(舂玉風前密葉鳴)"[516]라고 하듯이 맑고 청아한 울림을 인간에게 선사한다. 늘 푸른빛을 잃지 않고 세월 속에 묵묵히 지조를 지키고 있다.

(1) 어느 이른 봄 오후, 우물에서 방금 떠 온 맑은 물을 돌솥에 부어 가열기에 얹어 놓고, 물 끓는 형태인 형변 오소변법(形辨 五小辨法)이 진행되는 동안 대나무로 만든 단소(短簫)을 꺼내어 청성곡(淸聲曲, 약 5분 30초) 한바탕을 늘어지게 불어본다. 이른 봄날의 대숲은 새로운 자태로 소리를 즐긴다. 끓는 물은 등파고랑(騰波鼓浪)을 지나 가랑비 내리듯 세우(細)에 잠

516) 찬 옥은 대나무를 형용한 말로 쓰인다. 당나라 옹도(雍陶)의 「위처사교거(韋處士郊居)」에 "만 가닥 찬 옥이 섰고 한 시내엔 안개가 자욱해라(萬條寒玉一溪煙)."하였다. 백거이(白居易)의 「수미지(酬微之)」에 "소리소리 고운 곡조는 찬 옥을 두드리는 듯(聲聲麗曲敲寒玉)." 하였다.

긴다.

끓인 물로 찻잔을 데우고 다관에 차(댓잎차)를 약 2~3g 넣은 후 물을 천천히 부어 차를 우려낸다. 색·향·맛이 좋은 차를 우려내려면 중정법(中正法)[517]으로, 이는 오직 마음에서 그 덕을 실천하도록 정성을 다하는 것이다. 백자찻잔에 따른 비취빛의 차는 맑고 투명하여 청량한 기운마저 돈다. 한 모금 입안에 퍼지는 은은하고 개운한 향에 고아한 품격이 느껴진다. 혼자 마시면 신령스럽다(獨啜曰神)는 심오한 뜻을 이제야 조금 알 것 같다. 왜 대나무를 청우(淸友)로 칭하는지 짐작할 만하다.

(2) 어느 토요일 이른 봄밤이다. 별장에 4인 가족이 둘러앉아 청차의 향을 즐겨보는 훈훈한 시간이다. 청차는 향의 풍미를 느끼는 것이 첫째 목적이다. 대나무 잎 사이로 달빛이 비쳐드는 것을 은가루를 체로 치는 것과 같은 정경이 유리창 너머에 펼쳐져 있다. 이른 봄에 느끼는 세한(歲寒)은, 따끈한 차 한 잔의 운치를 부른다.

① 커피포트(coffeepot)에 물을 끓인다. 청화백자인 문향배(聞香杯)와 자사(紫沙)로 만든 다관(茶罐)을 뜨거운 물로 먼저 예열시킨다. 그 이유는 차향은 높은 온도에서 추출되기 때문이다. 덥힌 다관에 청차를 적당량 넣고 뜨거운 물을 부어 우린다.

② 우려지는 동안 커피포트를 높이 들어 주대에서 뜨거운 물이 가늘게

517) 1. 차의 양과 탕수의 양을 알맞게 하여 중정을 지키는 법(한 잔 분량은 한 수저 2~3그램으로 증제차는 맛이 연하고 부드러워 양을 많이 하고 부초차는 약간 적은 양을 넣는다).
2. 차를 우려내는 시간을 늦지도 빠르지도 않게 중정을 지키는 법(1~3분이면 차가 우러남)
3. 우러난 차를 찻잔에 따를 때 급주나 완주를 하지 않고 자연스럽게 따라 차의 양과 농도를 고르게 하여 중정을 지키는 일.
이 중정법은 그 덕(德)이 중용(中庸)에 있다. 이 중용을 얻는 데에는 팔에 그 책임이 있다. 마음이 조급하거나 착잡해도 안 되고 서두르거나 게을러도 안 되며 편안하고 자연스러운 자세로 임해야 한다. 이처럼 중정을 얻게 되면 자연히 차의 신(神)과 체(體)를 규명할 수 있다./이진수, 『차의 이해』, (주)꼬레알리즘, 안양, 2006, pp.129~130.

나오도록 조정하면서 다관뚜껑위에 뜨거운 물(95도 이상)을 부어 차의 추출을 돕는다(자사호(紫沙壺)는 보온력이 높아 청차나 보이차를 우리는 데 적당하다).

③ 예열한 문향배에 우린 차를 각 향배에 $\frac{1}{3}$씩 부어가면서 맛과 향을 골고루 나눈다. 문배를 향배 위에 거꾸로 덮는다. 양손으로 문배와 향배를 잡고 빠른 동작으로 거꾸로 뒤집어 향배 속의 차를 문배로 옮긴다. 오른손의 향배를 코로 가져가 향을 맡는다. 청차는 눈으로 탕색을 감상하고, 코로 차향을 즐긴다. 차는 마시는 것이 아니라 오감(五感)을 열고 느끼는 것이다.

조선 중기 간이(簡易) 최립(崔岦, 1539~1612)의 「노죽(露竹)」 시를 보면, 이슬방울까지도 소중히 여긴 선조들의 지혜를 엿볼 수 있다.

이슬방울 보아도 보이지 않더니만	露滴看不見
휘어진 대를 보니 이슬이 무거운 모양이네	竹垂覺露壓
숨어서 사는 이가 한 방울씩 털어내어	幽人遽拂拭
仙人의 술법을 시험해 보시려나[518]	欲試丹鉛法[519]

앞글에서 연꽃이나 연잎에 맺힌 이슬로 차를 끓이거나, 엿처럼 고아 먹는다는 대목이 있다. 댓잎에 맺힌 이슬을 모아다가 차를 끓인다면 그 맛 또한 감로(甘露)에 버금가는 상징성을 내포하고 있는 것이다. 대나무 숲에서 자란 찻잎으로 만든 죽로차(竹露茶)나 그들이 지니고 있는 품성은 비슷할 것이라 여겨진다. 우리 선조들의 세심한 관찰력과 호기심이 운치로 작용하여 새벽녘에 내리는 이슬방울까지도 그냥 지나치지 않았다는 점이다. 즐거움이 솔솔 일어나는 묘미(妙味)가 차 한 잔에 머문다.

---

518) 한 무제(漢武帝)가 신선술에 미혹된 나머지 승로반(承露盤)에 감로(甘露)를 받아 마셔 수명을 늘려 보려고 했던 고사가 있다.

519) 최립(崔岦), 『간이집(簡易集)』「간이집」 제6권, 초미록(焦尾錄), 석양정(石陽正) 중섭(仲燮)의 여덟 폭 묵죽(墨竹)에 제하다. 노죽(露竹), 고전번역총서.

- 흑차와 설야송(雪夜松)

『삼국사기』에 보면, "「애장왕(哀莊王, 788~809)」 2년(801), 10월 몹시 추워서 소나무와 대나무가 모두 죽었다." 하였는데 이것은 소나무에 관한 최초의 기록이다.[520] 『삼국유사』 「김유신(金庾信, 595~673)」조에 보면, "김씨 집안의 재매부인(財買夫人)이 죽어 장사지냈다. 매년 봄이면 이곳에는 온갖 꽃이 피어나고 송화(松花)가 온 골짜기 숲에 가득 날렸다. 이에 골짜기 어귀에 송화방(松花房)이라는 암자를 지었다."[521]는 기록이 보인다.

종(種)이 다양한 소나무 속에 속하는 특색 있는 이 나무는 추운 지방에서부터 북반구의 아열대 지역까지 분포되어 있다.

소나무는 특별한 조건 없이 탁 트이고 빛이 많이 드는 장소이면 잘 자란다.[522] 우리 국토와 잘 어울리는 나무라고 할 수 있다. 소나무는 일명 솔·송목(松木)·송수(松樹)라고도 불린다.

옛날의 시인 묵객들이 솔바람(松風)소리를 송뢰(松籟)[523]·송운(松韻)[524]·송도(松濤)[525] 같은 애칭으로 부르며 아름다운 음악처럼 감상했다. 그중에는 눈 내리는 날 밤에 듣는 설야송뢰(雪夜松籟)를 으뜸으로 친 것을 보면 솔바람 소리는 극한의 추위와 고난에서 창조된 역설의 미학이었음을 알 수 있나.[526] 되게도 「설야송뢰」라는 시에서 '깊은 산중 소나무 사이로 맑은

520) 김부식, 『삼국사기 1』, (주)도서출판 한길사, 2011, p.253.
521) 일연, 『삼국유사』, (주)민음사, 2010. p.123.
522) 마리안네 보이헤르트, 이은희·전경화 옮김, 『Flower & Tree』, 을유문화사, 2002, p.240.
523) 송풍(松風)(솔숲 사이를 스쳐 부는 바람).
524) 바람에 흔들리어 나는 소나무의 맑은 소리를 시의 운에 비유(比喩·譬喩)하여 일컫는 말.
525) 소나무가 바람결에 흔들려 물결 소리 같이 나는 소리.
526) 이어령, 『소나무』, (주)도서출판 종이나라, 2006, p.8.

소리 가득하네(空山竽籟萬松間)'[527]로 표현하면서 맑은 소리로 비유하고 있다. 모진 바람이 오히려 소나무를 맑은 거문고 소리처럼 울리게 하는 악기로 만든 것이다. 요즈음 세대들은 첼로의 울림과 비슷하다면 이해하기가 빠를 것이다.

고려 말기 가정(稼亭) 이곡(李穀, 1298~1351)의 「기행(紀行) 시 한 수를 지어 청주 참군(淸州參軍)에게 주다」의 부분을 보면,

나는 산을 하나 사서 이 세상 떠나	我欲買山去
푸른 산 빛 들어오게 격자창 열어 놓고	鑿翠開風欞
정원에는 기르나니 소나무 대나무요	園中養松竹
문밖에는 찰벼와 메벼 심고 싶어라	門外種稌秔
울울창창 나무 그늘에 앉아도 보고	茂樹坐鬱鬱
차디찬 맑은 샘물을 마셔도 보고	淸泉飮泠泠
날마다 세심경이나 펼쳐 보면서	日讀洗心經
세상일에 얽혀들지 않게 하고파라	無令世故嬰[528]

은퇴를 뜻하는 해학적인 표현으로 백거이(白居易, 772~846)의 시에 "지금부터 세상만사 떨쳐버리고, 처자 데리고 산속에 들어가 살고 싶어라(從此萬緣都擺落 欲攜妻子買山居)."라는 구절을 비유해서 표현한 시다.

속세를 떠나 가족과 자연으로 돌아가 소나무와 대나무 그 외에 여러 가지 화초를 기르며 조용히 살고 싶다는 의미를 담고 있는 시다. 두 나무를 상징적으로 내세워 자신의 마음을 간접적으로 표현하는 방법을 택하고 있다. 대나무처럼 고아한 품격을 유지하며, 소나무처럼 지조・절개를 지키며 살고 싶다는 것이다.

527) 이황(李滉), 『退溪集』「退溪先生文集」卷之三, 詩, 韓上舍永叔江墅十景, 雪夜松籟, 한국문집총간.
528) 이곡(李穀), 『가정집(稼亭集)』「가정집」 제14권, 고시(古詩), 기행(紀行) 시 한 수를 지어 청주 참군(淸州參軍)에게 주다, 고전번역총서.

이응희(李應禧)의 「눈 내린 날 회포를 읊다(雪日詠懷)」를 보면,

외진 산골에 날씨가 추운데	天寒窮谷裏
초가집은 몹시 가난하여라	白屋正堪貧
방 안에서 무릎을 껴안고 있고	抱膝屛間客
붓을 쥐고서 벼루의 먹물 적신다	提毫硯北身
차가 끓으니 게 눈을 보겠고	茶騰看蟹目
눈이 떨어지니 용비늘이 보여라	雪落見龍鱗
돌길에는 아무도 오는 이 없으니	石逕無人到
그 누가 이 친척을 찾아줄거나	誰能問六親[529]

외진 산골의 추운 겨울날, 큰 뜻을 펼쳐보지 못한 어느 선비의 울울한 심정을 표현한 시이다. 적적한 마음을 달래고자 붓을 쥐고서 벼루에 먹물 적셔 글을 써 볼까 한다. 돌솥에 끓는 찻물은 서서히 게의 눈(蟹眼)처럼 방울을 만들며 막 끓기 시작하면서 쏴아쏴아 솔바람 소리를 내고 있다. 이제 늙은 소나무에 쌓인 눈도 내리기를 멈췄다. 눈도 그쳤으니 누군가가 찾아와서 함께 차를 마셨으면 하는 절실한 마음이 드러난다. 이런 상황에서는 선비들은 어떤 차를 선택했을지 추리해 본다.

계절: 겨울

시간: 밤

장소: 별서

사람: 3명

준비물: 흑차

찻자리꽃: 소나무

529) 이응희(李應禧), 『옥담시집(玉潭詩集)』「옥담사집」, 눈 내린 날 회포를 읊다(雪日詠懷), 우수고전 번역서.

고려 후기 원재(圓齋) 정추(鄭樞, 1333~1382)의 「눈으로 차 달이기」 시에 “눈물로 차를 달일 수 있다(雪水可以煎茶).”[530]라는 부분이 있다. 눈이 흠뻑 내린 어느 겨울밤, 소나무가지에 쌓인 눈을 바가지로 퍼서 돌솥에 가득 담아 가열기로 끓인다.

눈이 녹아드는 소리를 들으며 차 한 덩이를 돌솥에 집어넣는다. 한 친구는 거문고 줄을 고르며 눈 내리는 밤의 설야송뢰와 합주를 시작한다. 거문고의 묵직한 음률은 혹한에도 서 있는 소나무의 변함없는 위상을 닮고자 한다. 이 정취를 화폭에 담고자 한 친구는 지필연묵(紙筆硯墨)을 끌어당긴다. 조용히 각자 하고 싶은 대로 행하며 말이 없어도 좋은 시간이다. 진정한 다우들의 모습이다. 차는 끓고, 거문고 소리는 윤택해져, 붓 가는 대로 세월을 낚고, 은빛 설야(雪夜)는 추위를 더하며, 격식 없는 차 한 잔에도 아름다운 조화가 머문다. 서넛이 마시면 취미스러운(三四曰趣) 정취에 겨울밤은 깊어가고, 고요함을 익히고 한가로움을 훔치는(習靜偸閑) 즐거움이 솔솔 일어나는 시간이다.

조선 후기 형암(炯庵) 이덕무(李德懋, 1741~1793)의 「중추집(中州集)에서 고려(高麗)에 대하여 읊은 시」를 보면,

아침엔 압록강 복숭아꽃 반겨 맞아주고	鴨江桃葉朝迎渡
저녁엔 절령의 송화가루로 탕을 끓이네	岊嶺松花夜煮湯
소나무에 구름 덮였으니 비 개지 않누나	松頂雲凝雨不晴
솔바람 이어 빗소리 또 들리네	聽了松聲又雨聲[531]

530) 김명배, 『한국의 茶詩감상』, 대광문화사, 1999, p.204.

531) 이덕무(李德懋), 『청장관전서(青莊館全書)』 「청장관전서」 제32권, 청비록1(淸脾錄一). 「중주집(中州集)에서 고려(高麗)에 대하여 읊은 시」, 고전번역총서.

송화(松花)

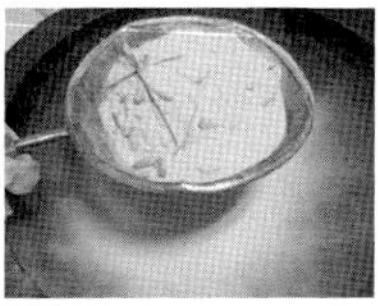
송홧가루

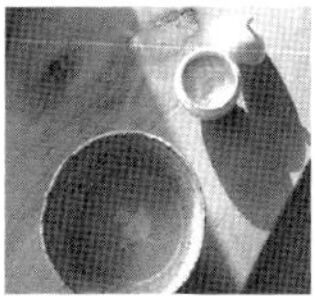
송화차

송화 다식

송홧가루(松花粉)는 봄철에 소나무에서 나오는 꽃가루이다.

봄날에는 송홧가루를 받아서 가제주머니에 담아 물에 넣고 자탕(煮湯)하여 송화차(松花茶)로, 또는 송홧가루를 말차 타듯이 하여 마시기도 한다. 송홧가루를 꿀에 버무려 틀에 찍어내어 다식으로, 여린 솔잎을 뜯어서 설탕에 재워 두었다가 여름에 시원한 솔잎차(松葉茶)로 마시는 방법 등 다양하다. 또한 솔방울로는 향을 만들기도 한다. 이렇게 소나무는 정신적으로, 물질적으로 인간에게 많은 은혜를 베푸는 나무이다.

혜심(慧諶) 진각국사(眞覺國師, 1178~1234)의 「묘고대에 올라짓다(妙高臺上作)」 시의 부분을 보면,

소나무 아래서 솔방울을 따서	松下摘松子
차를 달이니 그 맛이 더욱 향기롭다	烹茶茶愈香532)

솔방울로 차를 달이는 이야기는 명대(明代) 전예형(田藝衡)의 『다천소품(茶泉小品)』에서, 산속에서라면 마른 솔가지를 쓰는 것이 묘책이라고 생각한다. 만일 솔방울을 많이 쌓아두고 차를 달이면 더욱 고상함이 갖추어진다고 했다. 조선 시대 정약용이 유배지인 강진의 다산초당에서 읊은 「사경시(四景詩)」 중에서 차부뚜막(茶竈)에도 솔방울(松子)을 주워 차를 달였다

532) 임혜봉, 『한국의 불교茶詩』, 민족사, 2005, p.52.

는 시구가 보인다.[533] 사람들은 불길 살피기에도 신경을 쓰면서 나름대로의 운치를 살렸음을 알 수 있다.

옥담(玉潭) 이응희(李應禧)[534]의 시 「삼가 차운하다 심선(敬次沈諿)」에서 유익한 벗(友)의 세 가지를 식물을 통해서 비유하고 있다.

몸에 병이 많아지신 뒤로부터	自從多病後
벗을 사귀는 범위가 넓어지셨네	交道渙無涯
덕은 외롭지 않아 솔과 국화 있고	德不孤松菊
이웃으로는 지금 대와 매화 있어라	隣今有竹梅
누가 세 가지 유익한 벗 말하는가	誰論三益美
네 가지 벗이 좋음을 다시금 알겠네	更覺四爲佳
천지에 염량의 기후가 바뀔 제	天地炎涼變
너희를 보며 흉금을 여시누나	襟懷向爾開[535]

이 시에서는 옥담(玉潭)이 뜰에 소나무, 국화, 대나무, 매화를 기르고 있기 때문에 이웃이 있다고 한 것이다. 이것은 『논어』 「이인(里仁)」 편에 "덕은 외롭지 않다. 반드시 이웃이 있다(德不孤 必有隣)."[536]는 말을 비유해서 표현한 것이다. 따라서 이들 식물을 유익한 세 벗으로 생각하고, 『논어』 「계씨(季氏)」 편의 "유익한 벗이 세 가지가 있고, 해로운 벗이 세 가지가 있으니, 벗이 정직하고 신실하고 문견이 많으면 유익하다(益者三友 損者三友 友直 友諒 友多聞 益矣)."[537]라고 설명하고 있다. 따라서 어떤 기후변화가 있어도 소나무와 대나무는 늘 푸르고, 매화와 국화는 꽃을 피우는 것을,

---

533) 김명배, 『중국의 다도』, 명문당, 2007, p.293.

534) 이 책에서 옥담(玉潭) 이응희(李應禧)의 시가 여러 편 인용되는 것은 선조인 안양군이 연산군 때 억울한 죽임을 당하면서 관직에 나아가지 말라고 한 유언을 따라 벼슬길에 나아가지 않고 학문에만 전념하였기에 옥담의 시가 상당량 있다.

535) 이응희(李應禧), 『옥담시집(玉潭詩集)』 「옥담유고」, 삼가 차운하다 심선(敬次 沈諿), 우수고전번역서.

536) 주희, 박헌순 옮김, 『논어집주(論語集註) 1』, (주)도서출판 한길사, 2010, p.225.

537) 주희, 박헌순 옮김, 『논어집주(論語集註) 2』, (주)도서출판 한길사, 2010, p.422.

군자의 모습에 비유하면서 식물이 지닌 공덕을 칭송하고 있다.

살펴본바 찻자리 공간에서 한 잔의 차를 마시는 방법까지도 선비들은 자신만의 운치를 추구하고자 했음을 느낄 수가 있다. 자연의 순리를 거스르지 않는 범위 내에서 순응하는 지혜로움을 매 · 연 · 국 · 죽 · 송 등을 주제로 설정하여, 선비들이 기록한 문헌들을 통해 계절과 상관되는 찻자리 공간을 엮어보았다. 시간이 흘러도 근세나 현재나 미래에도 식물에 가치를 부여하는 인간의 심성은 비슷할 것으로 생각한다. 그것은 식물이 지닌 본성의 아름다움과 향기가 있기에 찻자리 공간에서도 인격과 동일시하여 화격(花格)으로써 미묘한 재미나 흥취들로 가득 채워가고 있다.

이처럼 계절에 어울리는 차와의 동반은 사람들에게 건강과 작은 여유를 안겨준다. 한 템포 쉬어가는 방법을 간접적으로 시사하고 있다. 생활공간에 작은 화분이라도 갖다놓고 차와 벗하며 서로의 공감대를 키워가는 찻자리 공간이 되기를 염원한다.

3. 바람직한 찻자리 공간의 기능

문예부흥은 찻자리 공간에서 도출해 내는 문화의 혁신으로, 곧 문학과 예술을 바탕으로 한다. 창작을 이끌어내는 찻자리 공간만이 지닌 장점이다. 최근에 이르러 찻자리 공간의 필요성과 중요성 그리고 개인과 가정, 사회에 어떠한 방법으로 이바지할 수 있을지 현실적인 방안을 모색하는데 초점을 둔다.

최근 사회에서 나타나는 현상 중에서 청소년의 방황, 빠른 퇴직으로 인한 넘치는 인력, 5일 근무제로 남은 시간 채우기, 고령화로 노인들의 대처

방안 등이다. 이들의 공통점은 '갈 곳이 없다', '노는 방법을 모른다' 는 점이다. 결과적으로 소통의 결핍에서 오는 현상들이다. 이들이 휴식으로 재충전할 수 있는 공간이 시급한 문제로 대두된다. 문제 해결 방안의 하나가 놀이적 성격을 지닌 문화가 깃든 찻자리 공간의 활용이다.

찻자리 공간을 3가지로 구분한다면, 전통적·현대적·복합적인 찻자리 공간으로 구분된다. 중·장년층은 고풍스럽고 편안한 전통적인 공간을 선호하고, 젊은 층은 실용성과 기능성을 갖춘 현대적인 공간을 우선시하겠지만 앞으로 지향해야 할 공간은 복합적인 공간이다.

춤이 만인의 공통언어인 것처럼 우리의 찻자리 공간도 대중과 밀착될 수 있는 광의적인 공간으로 확장시켜야 한다. 남녀노소가 함께 공유하며 차·커피·술·음식 등 다양한 식도락이 선택되는 사교와 문화가 함께하는 소통의 공간으로 상향되어야 한다. 찻자리 공간은 모두가 조금씩 자기를 연출하는 퍼포먼스의 공간으로 무엇이든 거의 할 수도 있고, 아무것도 하지 않아도 좋은 자유의 터전[538]이 되어 마음의 짐을 잠시 내려놓고 함께하는 복합공간의 기능을 갖추어야 한다.

실제적인 측면으로 접근하여 유아기·청소년기·중년기로 구분하여 3세대가 서로 예의를 지키며, 배려하고, 화합하는 기운이 가정과 학교와 직장에 두루 파급될 수 있는 방안이 필요하다. 찻자리 공간의 장점은 우선 먹을거리를 앞에 놓고 대화가 시작된다는 점이다.

유아기를 살펴보면, 국가의 미래는 어린이의 교육에 있다. 아이의 안에 미래가 있기 때문이다. 인간의 인성은 3~4살 무렵에 약 90% 이상이 완성된다. 교육 대책의 하나로 가정에서부터 차(茶)도구를 소꿉놀이에 응용하여 가족이 차를 마시며 함께 노는 것이다. 이는 앞 장에서 언급한바 찻자리 공

538) 이광주, 『베네치아의 카페 플로리안으로가자』, 도서출판 다른세상, 2001, pp.138~139.

간에서 가치 있는 놀이로 문예부흥에 일조한 선비들의 장점을 잠시 빌려 오는 것이다.

놀이문화로 시작하는 차도구와의 만남은 도자기와의 만남이기도 하며, 조심스럽게 다루는 도구이기에 자연스럽게 예의범절을 익힌다. 즉, 인성교육의 시작이다. 이로써 부모와 자녀의 관계는 친밀해지며 서로의 마음을 읽는다. 소통은 대화를 이끌어내며 애정과 관심은 어린아이를 바르게 성장시킨다. 이런 환경은 긴 인내와 시간을 요구한다. 가볍게 즐긴다는 마음으로 '차소꿉놀이'를 가정놀이문화로 정착하도록 유도하는 것이 차문화 전공자들이 담당할 몫이다.

청소년기를 살펴보면, 빠른 속도로 발전하는 인터넷의 방대한 정보는 청소년의 행복지수를 높여주고 있는듯하지만 청소년의 유토피아는 점점 멀어지고 있다. 대다수 부모들은 자녀를 지식 위주로 교육시키는 것을 최고의 목표라 여긴다. 눈에 보이는 발전이 인간의 행복과 직결된다는 것이다.[539] 이런 조건은 청소년들에게 규정된 삶의 이탈을 허용하지 않는다는 점이 결국 청소년들의 마음을 힘들게 한다. 상황을 비판하기에 앞서 장점을 찾아 살려보자는 것이다. 청소년들의 고민을 들어주고, 꿈을 꿀 수 있는 기회를 열어주며, 마음을 풀어보는 찻자리 놀이문화공간을 제공해주자는데 초점을 맞춘다.

첫째, 초・중・고등학교에서 의무교육으로 교과과목인 차프로그램을 통해 즐겁고 건전하게 노는 방법을 가르친다. 그 안에는 음악과 미술교육이 필수로 들어가야 한다. 이는 창의력을 키우기 위한 목적이 있다. 교육목표는 각자의 기량을 발견하여 그 장점을 스스로 찾도록 유도한다. 이는 자신감과 당당함으로 사회생활의 적응력을 키우는 밑거름이 되기 때문이다. 얼

539) 최혜실, 『디지털시대의 문화 예술』, 문학과지성사, 2006, p.67.

핏 들으면 놀면서 무슨 일을 할까? 하지만 디지털(digital) 문화시대를 걸어가는 젊은이들의 일하는 모습은 농경사회나 산업혁명사회와는 확연하게 달라지고 있다. 놀면서 아이디어를 창출하는 시대로 재미가 동기부여의 큰 원동력이 된다. 한 예로 청소년들이 즐겨 부르는 랩뮤직(rap music)은 현대판 음유시이다. 이들의 노래가사에 귀를 기울여 청소년들의 마음을 순식간에 읽어 낼 줄 알아야 한다. 청소년들의 호소를 잘 들어주는 것이다.

둘째, 다행히도 다례교육장이 전국적으로 확산되어 있는 상황이지만, 성인들을 위한 구성으로 되어 있다. 영어・수학・논술학원이 청소년들을 위해 존재하듯이 청소년의 취향에 맞는 프로그램이 갖추어진 교육장이 필요하다.

공귀옥의 논문 「차생활이 청소년의 심리변화에 미치는 영향」에서 심리변화에 미치는 지표로, 차 마시는 행위에 앞서 사전 교육을 실시하는 인문단계, 구체적 행위를 통한 다도 학습 단계, 일상화되어 실천하는 반복 학습단계로 구분하여[540] 실시한 결과 학생들의 대화는 진중해지고, 의사소통이 원활해지며, 차의 나눔을 통해 배려의 마음이 길러지는 효과가 있다고 했다. 청소년들의 사고가 긍정적 방향으로 상향되는 좋은 사례이다.

중년기를 살펴보면, 물질은 풍요로워지지만 마음은 점점 빈곤해진다. 삶의 절반을 직장에서 보내다 보니 자신을 바라볼 시간, 자신이 무엇을 좋아하는지, 노년에 대한 대책을 세울 마음의 여유가 없었다. 가족과 벗들과의 소통은 줄어들고 대다수 사람들은 시대가 만들어 낸 위대한 유산(인터넷) 앞에서 시간을 채우고 있다. 대화의 단절이 가져다준 후유증이다. 최근의 한 방법으로 산책길을 만들어 건강과 소통을 겸하는 통로를 각 지방자치단체에서 활성화하고 있다. 주변의 경관을 이용하여 잠시 쉬었다가는 이동 찻자리 공간을 설치하는 계획도 세울 만하다. 그 옛날 한 지붕 아래에서 삼대

540) 공귀옥, 「차생활이 청소년의 심리변화에 미치는 영향」, 조선대학교 박사학위, 2012, p.9.

(三代)가 모여 살던 때에는 가장(家長)을 구심점으로 예(禮)를 행하는 마음이 형성되었기에 질서를 지키며 배려와 여유가 공존했다. 과거는 시대를 이어주는 끈으로 찻자리 공간이라는 매체를 통해서 정신적인 여유를 찾아갈 수 있도록 건강하게 노는 법을 제공한다. 각 대학에서 실시하는 평생학습의 다례교육 참여도 노년을 아름답게 채우는 한 방법이다.

이러한 요소들로 21세기를 채운다면 인간의 몸과 마음은 삶의 충전을 통해 진정한 행복을 찾을 것이다. 즉, 찻자리 공간의 특성을 통해서 생산적으로 잘 놀 수 있는 방법을 일깨우고, 심신의 에너지를 통해 창의력을 발휘하도록 유도하는 것이다.

그렇다면 구체적인 방안으로 다시 보는 바람직한 찻자리 공간의 기능을 구분한다면 다음과 같다. 첫째 심신 수양의 공간, 둘째 소통과 문화의 공간, 셋째 예술・창작의 공간, 넷째 휴식과 치유의 공간, 다섯째 인성교육의 공간으로 나눌 수 있다. 이러한 구성요소들이 잘 응용되도록 물질, 행위, 정신, 예술이 함축된 인공자연적인 찻자리 문화공간으로의 확장은 모두의 행복지수를 높여 주며, 사회는 아름다운 이야기로 뉴스 시간을 장식할 것이다.

- 심신 수양의 공간

찻자리 공간은 전통적인 찻자리 공간의 중요한 기능 중 하나인 심신(心身)을 수양하는 공간으로 사용되어 왔다. 이 공간의 주체자는 선비였다. 선비는 유교의 인격 개념으로 수련을 통해 다듬어진 사람이다. 중국 송대의 유학자로 새로운 유교이론을 창시하였던 염계(濂溪) 주돈이(周敦頤, 1017~1073)의 『통서(通書)』「지학(志學)」 편에, “성인은 하늘처럼 되기를 희망하고, 현인은 성인처럼 되기를 희망하고, 선비는 현인처럼 되기를 희망

한다(聖希天 賢希聖 士希賢).”고 하였다.[541]

이는 선비의 계층적 단계를 설명하는 것으로 선비는 현자의 아래 단계로서 군자의 단계로 상승하기 위해 노력해야 하는 존재임을 알 수 있다. 이에 선비는 타고난 것이 아니라 수련 과정을 통해 다듬어지는 것이다. 수련과정은 일시적인 단계가 아니라 평생을 지속해 가는 과정으로 다양한 찻자리 공간을 통해서 선비의 자격인 학문적 식견과 도덕적 행실과 예술적 재능을 연마해야 하는 과정이다.

사군자(士君子)로서 학식과 인격을 갖추었을 때 선비로 존경받고 선비로서 자부심을 가질 수 있었다. 선비는 물질적 욕심을 버리고 정당한 도리를 실현하고자 노력해야 하는 사람이기에, 맑고 투명한 물의 기질을 닮고자 다사를 준비하는 과정에서 물의 중요성을 인식하고 강조하였다. 또한 다사의 과정은 수련의 과정으로 받아들여졌다. 손수 물을 떠 오고 다로 옆에서 손수 부채로 바람을 일으켜 불기운을 조절하며 끓어오르는 감정을 조절하였다. 끓는 물소리를 통해 마음을 비웠고 맑은 차 한 잔으로 호연지기를 길렀다.

조선 전기 한재 이목의 『다부』를 통해 차의 공을 살펴보면, 혼자만의 고요를 즐기면서 먼 명상의 여정을 떠나고자 할 때 찻자리 공간이 유용하였다. 이곳에서 차는 다정한 도반으로서 사색을 풍요롭게 해주는 자기 성찰의 자양제였다. 이처럼 차는 신체적 갈증뿐만 아니라 정신적 갈증도 해소해주는 심신 수양제였다. 육체적 고통과 함께 정신적으로 쇠약해갔던 지조 있는 사람들의 울분은 차의 성분뿐만 아니라 차생활을 통한 수양과 수련의 과정을 통해 찻자리 공간에서 다스려질 수 있었다. 또한 인간의 욕망(물욕 · 식욕 · 색욕)에서 오는 집착은 사람의 성정을 잃어버리게 하는 것으로 이를 제거하기 위한 다양한 방법이 모색되었는데, 한재는 차를 통한 찻자리 공간

541) 최립(崔岦), 『간이집(簡易集)』 「간이집」 제9권, 희년록(稀年錄), 고전번역총서.

에서 이를 가능하게 하였다. 신체적으로 건강음료였던 차는 숙취를 다스림으로써 흩어진 감정을 바로 잡을 수 있는 음료로도 활용되었다.

옛 선조들의 시와 그림을 통해 알 수 있듯이 술을 마신 다음 차를 마시고 시심(詩心)이 일거나 정신이 맑아지면 붓을 들기도 했다. 이처럼 우리 선조들은 차의 공(功)을 찻자리 공간에서 행하고 있었다. 이는 차에 마음을 진정시켜 주는 성분인 데아닌(Theanine), 카페인류와 카테킨(Catechin)의 복합체, 비타민 B군, 정유성분인 향과 시각적으로 녹색을 띠고 있는 엽록소 등이 들어 있기 때문이었다. 또한 차의 성품은 냉성(冷性)이 있어 감정이 격할 때 차를 마시면 이러한 성분들이 총체적으로 효과를 발휘하게 되어 사람으로 하여금 근심과 울분을 풀어주는 이완제 역할뿐만 아니라 이성적인 사고를 갖게 하기도 한다.[542)]

유가의 사상을 수용한 조선 시대 선비들은 심신수양(心身修養)의 일환으로 찻자리 공간에서 음악을 즐김으로써 몸과 마음뿐 아니라, 사회적 관계 맺음과 자연과 우주 만물이 하나의 유기체로 형성되어 조화와 질서의 원리가 관통하고 있음을 철저하게 인식하였다. 또한 근기(近畿)의 명산(名山)과 심사(深寺)는 매우 좋은 찻자리 공간이 되었다. 그곳에서는 심신수양에 남모르는 고미(苦味)를 맛보기도 하였다. 이처럼 실외 · 실내 찻자리 공간은 몸의 양생뿐만 아니라 정신 수양의 공간이었음을 알 수 있다.

- 소통과 문화의 공간

소통 · 교류의 기본은 예(禮)이다. 『논어』 「요왈(堯曰)」 편에는"예를 알지 못하면 꿋꿋이 설 수 없다(不知禮 無以立也)."[543)]고 하였다. 옛사람들

542) 염숙, 「寒齋 李穆의 도학정신과 다도사상」, 원광대 박사학위논문. p.96.

은 손님과 주인 사이에 겸손을 표하고 우정을 나누는 데 있어 차를 매개로 삼아 예를 다하였다. 인간관계의 왕래에서 주인 모두가 손님과의 화합을 희망한 것은 옛날이나 지금이나 예외 일 수는 없다.

찻자리 공간에서 다례(茶禮)의 행위는 원활한 소통과 교류를 이루게 하였다. 차는 예를 갖추게 하고 정을 돈독히 하는 형식을 기반으로 한 정신적 도구로서 역할을 했음을 알 수 있다. 『논어』「학이(學而)」 편에는 "예의 작용은 조화를 귀하게 여긴다(禮之用 和爲貴)."[544]고 하였다. 이는 소통과 어울림이 인간의 삶에서 중요한 덕목에 해당하는 예의의 실질적인 내용으로 소통, 즉 조화의 중요성을 강조하고 있다.

실외 찻자리 공간에서는 자연과 소통하였고, 실내 찻자리 공간에서는 실내 찻자리 공간을 구성하는 것들과 소통을 하였다. 무엇보다 중요한 것은 자신과의 소통하는 방법을 터득했던 공간이었다. 이러한 소통을 통해 찻자리 공간의 구성원이 지닌 사유, 정보교환, 행동, 생활 등을 습득하여 계승 발전해 오면서 찻자리 공간의 문화를 창출해 냈다. 찻자리 공간의 문화란 찻자리 공간에서 습득된 행동과 행동의 여러 결과의 종합체로 차문화이다.

이처럼 우리 선조들은 찻자리 공간에서 자연과의 교감을 통해 겸허하고 온화한 풍모와 예의 바른 언행을 지키며 아름다운 풍속을 이루려 노력하였다. 이는 사람과 사람의 관계소통에 중요성을 인식하였고 아름다운 풍속은 곧 문화적 삶이었다. 서로를 존중하며 화합하는 기풍은 찻자리 공간이란 탈세속적 공간에서 차를 대하며 가능하였음을 알 수 있다.

---

543) 남호근, 송찬문 옮김, 『알기 쉬운 논어강의 下』, 씨앗을뿌리는사람, 2002, p.1271.

544) 남호근, 송찬문 옮김, 『알기 쉬운 논어강의 上』, 씨앗을뿌리는사람, 2002, p.64.

- 예술·창작의 공간

찻자리 공간에서 이루어지는 시와 그림, 음악과 화훼 등을 통해 자연의 질서, 인간이 지켜야 할 도리, 선비정신 등이 자연스럽게 스며들어 내려왔다.

차를 좋아했던 우리 선조들은 한적하고 풍광이 아름다운 곳을 찾아 서실(書室)을 짓고 학문과 도리를 토론하기도 하였다. 또한 자연을 삶의 공간으로 적극 끌어들이는 한 방법으로, 화가의 그림을 모방하여 정원조성을 시도함으로써 이상적인 자연을 구현하려 했다. 이에 정원의 설계는 화가들의 몫이 되었다.

산과 물이 어울리는 공간은 속세에서 벗어난 수양하는 공간으로, 자연이 주는 흥겨움과 가슴 속 깊이 진리를 체득하는 기쁨이 넘치는 공간이었다. 그들은 그곳에서 자연을 관조하고, 깨닫고, 즐기면서 새로운 예술세계를 창조하였다. 때로는 문방 청완을 통해 창작이 이루어지기도 하였다.

그들이 그린 그림에는 공통적으로 아름다운 풍광 속에 작은 집이 있고 그 안에서 독서를 하거나 차를 마시며 자연을 완상하고 있는 모습을 볼 수 있다. 그들은 자연을 통해 심신을 수양하며 자연의 순환과 이치를 깨달았다. 그곳은 그들의 이상을 꿈꿀 수 있는 협의적이면서 광의적 의미를 갖는 심미적 찻자리 공간이기도 하였다.

그들의 창작의 모티브는 자연이었다. 자연과 교감하며 자연과 자신이 유기적 관계를 갖고 있는 그 자체가 예술이었다. 그것이 찻사리 공간으로 이용했던 정자나 누, 심산유곡(深山幽谷)이 되기도 하였다. 혹은 집 앞뜰의 너럭바위, 사랑방, 대청마루에서 이루어지기도 하였다. 이곳에서 한 잔의 차는 시 화 악(詩畵樂)를 행할 수 있는 원동력이 되었다. 이처럼 찻자리 공간은 예술세계를 잉태하며 생산하는 산실이 되어주었다.

- 휴식과 치유의 공간

옛 선비들의 하루도 거르지 않는 독서와 여유로운 삶을 『대학(大學)』「經 1~2章」에서 찾아볼 수 있다. '큰 학문의 길은 밝았던 덕을 밝히는 데 있고, 백성과 하나가 되는 데 있으며, 지극히 좋은 상태(善)에 머무는데 있다(大學之道 在明明德 在親民 在止於至善).'는 구절을 통해 배움의 의미를 살펴보면, 명명덕은 근본이 되는 부분이고, 친민은 말단이 되는 부분으로 지어지선은 근본이 되는 부분과 말단이 되는 부분이 통합된 상태이다. 그러므로 배우고자 하는 사람은 공부함에 있어 마땅히 명명덕과 친민이 다 이루어진 상태인 지어지선을 최종목표로 삼아야 한다는 것이다.

또한 '가서 머물러야 할 목적지를 안 후에(방향) 결정됨이 있고, 방향이 결정된 후에 고요할 수 있으며, 고요해진 후에 평온할 수 있고, 평온해진 후에 잘 생각할 수 있다(知止而后有定 定而后能靜 靜而后能安 安而后能慮 慮而后能得).'[545]에서는, 이러한 큰 도를 행하기 위해서는 자신의 능력을 알고 능력에 맞는 뜻을 바르게 세우면 고요할 수 있고, 고요하게 된 다음 평온할 수 있고, 평온한 다음 생각이 알찰 수 있고, 생각이 알찬 다음 자신이 세운 뜻을 얻을 수 있다는 의미이다.

그렇다면 진정한 휴식이 무엇인지, 그리고 왜 필요한지, 휴식을 통해 무엇을 얻을 수 있는지에 대해 위의 글에서 간접적으로 시사해주고 있음을 알 수 있다. 즉, 휴식이란 심신의 치유이며, 진정한 휴식으로 인해 진정한 치유가 되었을 때 자기 뜻을 얻을 수 있음을 말하고 있다.

이처럼 선비들은 휴식과 심신을 치유하는 공간으로 별서(別墅)나 정원을 조성하고 그 안에 누정(樓亭)을 지어 활용하였다. 그곳에서 독서나 차를 마시

545) 이기동, 『대학·중용강설』, 성균관대학교 출판부, 2010, pp.21~28.

며 자연을 관조하고 휴식을 취하며 세속에 지친 심신을 치유할 장소로 삼았다. 누정은 자연경관 감상의 묘미를 함께하는 휴식의 공간으로서, 정서적 만족감을 주는 공간인 동시에 선비들이 공유한 정신문화의 산물이기도 하였다.

서원의 누정도 학문하는 사람이 차를 마시며 답답함을 풀고 호연지기를 함양할 수 있게 하기 위한 찻자리 공간으로 여유와 치유의 공간이기도 하였다. 또한 향리나 관아의 누정은 사신을 영접하고 벼슬아치들을 접대하는 장소 혹은 여행객들의 휴식 장소로 사용되었다.

이러한 휴식과 치유의 공간은 선비들의 삶의 질을 높이고 삶을 재충전하고자 할 때 새로운 활력을 불어넣었던 공간이다. 대자연과 교섭하면서 자연의 이치와 인간의 본성을 찾는 정적 풍류의 공간이기도 했다.

- 인성교육의 공간

인간과 동물의 차이점은 인문 문화(人文文化)가 있다는 점이다. 인문 문화는 삶의 체험과 역사에서 나오는 것으로 특히 우리나라의 역사는 수많은 침략과 어려움을 겪은 뒤 우리 전통 문화 체계를 완성하였다. 문화는 이처럼 인간다움을 만드는 소중한 것으로 인간의 존엄성을 회복하는 것이다. 조선 중기 유학자 율곡(栗谷) 이이(李珥, 1536~1584)의 『격몽요결(擊蒙要訣)』[546]을 통해 인성교육의 중요성을 되새겨봄 직하다.

"사람이 이 세상에 태어나서 학문이 아니면 사람 구실을 하면서 살아갈 수 없다. 이른바 학문이라고 하는 것은 정상에서 벗어나거나 일상생활과 벗어나 별도로 존재하는 일이 아니다. 단지 아버지가 되어서는 마땅히 자식을

546) 율곡선생이 42세 때에 부제학을 사퇴하고 3월에 파주(坡州) 율곡(栗谷)에 돌아왔다가, 10월에 해주(海州) 석담(石潭)으로 가서 은병정사(隱屛精舍)를 짓고 제자를 가르칠 때에 지은 책으로 학자들에게 도학(道學)의 입문을 제시한 책이다. 격몽(擊蒙)은 몽매한 것을 물리친다는 뜻이다.

사랑하고, 자식이 되어서는 마땅히 부모를 사랑하며, 신하가 되어서는 마땅히 임금에게 충성하며, 부부 사이에서는 마땅히 내외를 구별하고, 형제간에는 마땅히 서로 우애하고, 어린 사람이 되어서는 마땅히 어른을 공경하고, 친구사이에는 마땅히 신의를 지키는 것이므로, 모두 일상생활 속에서 일에 따라 각각 그 마땅함을 얻는 것일 뿐이요, 현묘(玄妙)한 곳에 관심을 집중시켜서 기이한 효력을 바라는 것이 아니다. 다만 배우지 못한 사람은 마음이 욕심으로 가득 차 식견이 어둡게 된다. 그 때문에 반드시 독서를 통해 이치를 궁구함으로써 마땅히 행해야 할 도리를 밝힌 뒤에 조예가 올바름을 얻어서 실천함이 중도에 부합될 것이다.

요즘 사람들은 학문이 일상생활 속에 있음을 알지 못하고 제멋대로 고원(高遠)해서 실천하기 어려운 것으로 생각한다. 그 때문에 학문하는 일을 다른 사람에게 미루어 버리고 스스로 포기함을 편안히 여기니 어찌 슬퍼할 만한 일이 아니겠는가."[547]라고 하여 교육을 통해 지식의 양적 축적을 추구하는 것이 아니라, 도리를 밝히고 이를 실천함으로써 인격의 이상을 성취하는 데 목표를 둠을 알 수 있다.

의리와 예법보다는 인정과 은혜를 중시하고 부모로부터 가르침을 받는 가정교육과 스승으로부터 가르침을 받는 학교 교육이 인격의 성취에 필수적 조건임을 알 수 있다. 이처럼 교육은 가정, 학교 등 어느 곳에서나 이루어지는 일상생활과 벗어나지 않았다. 이러한 교육은 공간에 구애받지 않고 다반사처럼 차를 마시며 이루어졌다. 특히 찻자리 공간은 언제나 살아 있는 교육의 공간이 되었다.

이러한 다섯 가지 기능적 구성요소들을 통해 바람직한 찻자리 공간을 모

547) 이이(李珥), 『율곡전서(栗谷全書)』「栗谷先生全書卷之二十七」 擊蒙要訣, 한국문집총간.
"人生斯世 非學問 無以爲人 所謂學問者 亦非異常別件物事也 只是爲父當慈, 爲子當孝, 爲臣當忠, 爲夫婦當別, 爲兄弟當友, 爲少者當敬長, 爲朋友當有信 皆於日用動靜之間 隨事各 得其當而已 非馳心玄妙 希覬奇效者也 但不學之人 心地茅塞 識見茫昧 故必須讀書窮理하여 以明當行之路然後 造詣得正而踐履得中矣 今人不知學問 在於日用 而妄意高遠難行 故推與別人 自安暴棄 豈不可哀也."

색하고자 한다. 찻자리 공간의 유형을 크게 분류하여 보면 전통적 · 현대적 · 복합적 찻자리 공간으로 정리할 수 있다. 현재 운영되고 있는 찻자리 공간을 통해 찻자리 공간의 유형과 찻자리 공간의 구성 요소의 조건 구비 등을 살펴보고 이를 바탕으로 찻자리 공간의 특성을 제시하고자 한다.

먼저 인근 지역인 전라남도에 위치한 찻자리 공간, 광주광역시에 위치한 찻자리 공간, 서울에 위치한 찻자리 공간을 선정하였다. 선정 기준은 첫째, 서로 다른 세 종류의 유형을 선택하였다. 둘째, 찻자리 공간의 구성 요소의 조건 구비 여부에 대해 살펴보았다. 셋째, 전통 찻자리 공간에서 나타난 기능적 요인들을 기준으로 하여 살펴보았다. 넷째, 그 외 나타난 제반 사항들을 살펴보았다. 이를 토대로 바람직한 찻자리 공간의 형태와 방안을 모색하여 제시하고자 한다.

〈표 1〉 전통적 · 현대적 · 복합적 찻자리 공간

위치 및 상호	전남	광주	서울
찻자리 공간의 유형	전통적 찻자리 공간	현대적 찻자리 공간	복합적 찻자리 공간
공간 좌석 배치	좌식	입식	좌식 · 입식
주요 음료	녹차, 황차	다양한 차와 허브 음료 및 한방 음료	각종 차, 허브 음료
다식	계절 식재료를 이용한 한국 떡류	상황에 따른 퓨전 음식	비스킷과 쿠키 가래떡
공간 구성 요소	고가구, 그림, 시, 꽃, 벽난로, 책장, 차도구 장식 등	차와 관련된 다양한 물품들	커피 및 차에 관련 자료, 예술 관련된 자료
공간 구성의 특징	전통적 농가를 활용한 찻자리 공간	현대적 상가로 판매 위주 상업적 찻자리 공간	현대적 찻자리 공간 갤러리
공통점	차에 관련된 상품 구비	차에 관련된 상품 구비	차에 관련된 상품 구비
장점(특색)	도시를 벗어난 전원적 분위기	접근성과 다양한 물품 구입 용이	예술품 감상과 각종행사
단점	접근성 불편	상업적 인간관계	상업적 인간관계
기능적 요소	휴식 공간	소통 공간	문화 공간
주변 환경과 분위기	자연과 조화 전원적 분위기	도시 중심의 상가분위기	현대적 분위기
선호 계층	중년층	다양한 층	다양한 층

<표 1>에서 나타난 찻자리 공간을 통해 살펴본바 현재 전남, 광주, 서울지역에서 운영되고 있는 찻자리 공간은 상업적 요소가 짙게 내재되어 있음을 알 수 있다.

전남의 경우 전통적 찻자리 공간의 모습을 유지하고 있다. 자연과 어우러진 농촌 마을에 위치하여 전원적 분위기와 함께 전형적인 휴식을 위한 찻자리 공간이다. 실내 공간의 장식도 전통 방식을 고수하여 한국적 이미지를 즐기려는 중년층의 사람들이 선호하고 있다.

광주의 경우 전형적인 상업 위주의 찻자리 공간으로서 차에 관련된 물품들을 판매하는 장소로 부속적 개념의 찻자리 공간이다. 도심에 위치하여 접근성이 용이하고 격식에 구애를 받지 않는 공간으로 소통이 활발히 이루어지는 공간이다.

서울의 경우 현대적이며 복합기능을 갖추고 있는 공간이다. 요즘 유행을 반영하듯 다양한 차 종류와 각종 행사로 손님들에게 최대한의 서비스를 제공하는 공간이다. 위의 3 장소의 찻자리 공간이 지니고 있는 장단점을 고려하여 새로운 개념의 바람직한 찻자리 공간을 모색해 본다면, 그 공간은 다음과 같은 요소를 갖추고 있어야 할 것이다.

첫째, 전통적 찻자리 공간이 지니고 있는 휴식 공간의 요소 및 장점들을 활용해야 한다. 둘째, 현대적・복합적 찻자리 공간에서 나타난 실용적 요소와 문화적 요소 등 장점을 융합시켜 새로운 형태의 찻자리 공간문화를 만들어야 한다. 셋째, 전통적 찻자리 공간의 기능적 요소를 재조명하여 새로운 문화와 함께 공존하며 발전시켜 나가야 한다.

오늘날 상업적인 찻자리 공간은 음료뿐 아니라 식욕을 충족시키는 장소가 되기도 하고, 휴식과 만남의 장소로 편안한 분위기를 요구하고 있다. 최근에는 공공 기관이나 기업들은 메시지를 전달하고자 할 때 티타임(Teatime)을 이용하여 다양한 행사를 마련한다. 이때의 찻자리 공간은 긍정적인 의사

소통 효과를 얻기 위해 다양한 공간 구성과 친환경적 디자인 그리고 독특한 이미지 창출에 신경을 써야 한다.[548)]

한편 찻자리 공간은 문화적으로 풍요로운 삶을 향유하는 계층이 많아짐에 따라 시청각적인 즐거움을 느끼는 여흥의 공간 역할까지 담당해야 하는 장소로 발전하고 있으며, 시대의 흐름을 선도하는 공간의 역할과 자연환경에 역행하지 않는 공간 구성도 요구받고 있다. 따라서 변화에 의한 적절한 자극을 보여주는 전문성을 가미한 찻자리 공간의 구성이 필요하다. 예를 들면, 티타임을 이용한 짧은 시간에 그 목적에 맞는 간단한 소품들의 연출로 독특한 가치를 발휘하는 기능과 역할을 제공하는 방안이다. 즉 신선한 감동과 체험의 가치를 고객들에게 선사하는 것으로, 생동감이 넘치는 찻자리 공간을 창출하는 것이다.

<표 1> 전통적 · 현대적 · 복합적 찻자리 공간의 분석을 바탕으로 다시 보는 바람직한 찻자리 공간의 형태를 제시하면 다음 표와 같다.

〈표 2〉 바람직한 찻자리 공간

바람직한 찻자리 공간	
목적	사교, 휴식, 교육, 문화, 예술, 산업
찻자리 공간 형태	복합적 찻자리 공간
공간구성 요소	각종 음료, 차 관련 물품, 차 관련 자료 및 서적
찻자리 공간 활용도	① 다양한 음료의 종류 ② 정보 · 교류 · 사교 · 소통의 공간 ③ 식욕충족 ④ 갤러리 (시(詩) · 서(書) · 화(畵) · 화(花) · 조각) ⑤ 공연장(다양한 장르의 음악 공연) ⑥ 세미나실(각종 단체나 기관들의 세미나) ⑦ 네트워크 형성 ⑧ 인성교육과 차문화 교육 장소

548) 서정호, 「테이블 데커레이션 유형에 따른 화예디자인 특성에 관한 연구」, 숙명여대 석사학위논문, 2003, p.30.

<표 2> 바람직한 찻자리 공간의 형태를 통해서 이루고자 하는 목표는 다음과 같다. 찻자리 공간을 통한 차문화의 대중화, 찻자리 공간을 통한 소통과 교류 확대, 찻자리 공간을 통한 차문화 산업발전, 찻자리 공간을 통한 차문화 예술발전, 찻자리 공간을 통한 인성교육함양 등이다. 이러한 찻자리 공간 구성요소들로 바람직한 찻자리 공간의 기능과 역할을 극대화시킨다면 인간의 몸과 마음은 삶의 충전을 통해 진정한 행복을 찾을 수 있을 것이며, 더불어 사회는 아름다운조화로 따뜻한 인간애를 선사할 것이다.

제7부

마무리

찻자리 공간이란 차를 마실 수 있는 조건이 갖추어진 장소, 혹은 차를 마시는 공간으로 활용할 수 있는 공간을 의미한다.

찻자리 공간은 냉수나 숭늉을 마시는 1차적인 갈증해소 차원이 아닌, 다사를 행하면서 인간의 도리를 익히며, 예술의 근간이 되는 종교・철학・도덕・예술 등을 포함하는 물질적・정신적 문화세계를 구축하는 장소이기도 하다. 궁극적으로는 사람다운 사람으로 살아갈 수 있도록 인격을 수련하는 장소이다. 우리의 평범한 일상에서 마음과 행실을 수양하는 곳으로, 행복한 삶을 살도록 해 주는 발판이 찻자리 공간인 셈이다.

한국의 전통적 찻자리 공간은 선비계층이 주축을 이룬 공간으로 그 시대를 지배하던 정신과 사상이 반영된 공간이었다. 한국은 다사의 과정을 통해 정신수양을 중시하고 있었다. 다사를 통해 심신을 수련하고 예를 익혀 덕을 실천하였다. 이러한 경향은 전통적인 유교사회에서 선비들의 생활과 그 정신세계인 유학의 세계관을 반영하고 있었다.

선비나 경화사족들은 경치 좋은 곳에서 차를 즐기며 자연을 관조(觀照)하면서 호연지기를 키웠고, 집안에 정원을 만들어 벗을 청해 다주시화(茶

酒詩畵)로 정신적 즐거움을 도모했다. 또는 많은 선비가 정치적 원인으로 현실에 뜻을 두지 못하고 산림에 묻혀 은일할 때 찻자리 공간은 수신과 위안의 공간으로 안분지족을 실천하는 공간이었다. 선비들은 손수 다사를 실천하면서 자신들만의 찻자리 공간에서 조용히 자연의 소리와 접함으로써, 긴장과 중압감에서 벗어나 휴식을 하며 심신을 치유하는 공간으로 활용하기도 하였다.

이처럼 전통사회에 나타난 찻자리 공간은 선비들의 특별한 공간이었다. 이는 찻자리 공간의 청사(淸事)에서 알 수 있듯이 그 옛날 과학적인 근거도 없는 상황에서 자연에 대한 아름다움을 시와 그림으로 나타낸 것은, 문(文)・사(史)・철(哲)과 시(詩)・서(書)・화(畵)를 잘 조화시킨 이성과 감성을 두루 갖춘 인격자였다는 점이다. 이들은 정신적인 충만감을 각자의 기량에 맞게 흥과 풍류로 전환하여 예술작품으로 구현했다. 인생은 짧고 예술은 길다는 말이 새삼스럽게 다가온다. 인간의 예술세계는 제한이 없는 과거, 현재, 미래를 드나드는 자유로운 상상으로 인해 미학적 사고가 내면에서 이루어지고 있음을 상기시켜주고 있다.

이러한 지식을 기반으로 사물에 대한 관찰력이 예술적인 감각으로 시나 그림으로 표출되어 찻자리 문화 공간의 기틀을 만들어 준 계기가 된 것이다. 이는 태어날 때부터 갖추어진 환경에서 바른 언어사용과 바른 행동거지로 마음을 고양시키는 훈련을 받았던 까닭으로, 이것들이 바탕이 되어 성인이 되어서는 도리를 지키며 상대를 배려하는 참마음으로 주변의 귀감이 되는 것이다. 사회전체가 행복해지는 본보기라 할 수 있다.

중국의 찻자리 공간을 비추어 보면, 인문환경을 아주 중요시했고, 자연산수를 인공정원으로 조성하였으며, 차경을 의경(意境)으로 확대시켜 찻자리 공간의 묘미를 즐겼다. 천인합일 사상의 영향을 깊이 받아서 자연과의 조화를 추구하여 자연 속에서 차 마시는 것을 좋아하였다.

인문환경에서 차를 마시는 사람들이 기본적으로 갖추어야 할 조건은 고상한 인품과 시(詩)・사(詞)・부(賦)에 대해 능통해야 하며, 독서・악기・그림・장기・화훼 등 다방면으로 교양을 갖추어야 하는 것이었다. 차를 마시기 위한 다구나 차를 선택함에 있어서도 기능성과 완상을 겸한 최고의 다구를 선택하여 찻자리의 품격과 심미안을 높였다. 더구나 차를 마시는 사람들은 학식을 갖춘 사람들로 구성되어 최고의 학문과 정보를 교류하는 공간 역할을 했음을 유추해 볼 수 있다.

일본의 찻자리 공간을 비추어 보면, 자연을 집안으로 끌어들이려는 경향이 있었다. 이러한 사고에서 발전한 것이 샷케이(借景)였다. 이처럼 자연의 일부를 실제 생활공간에 축소화하여 절제된 행동으로 표현함으로써 일본의 독특한 미로 승화시켰다. 이는 내면적 자기 형식의 한 형태로 응축된 풍류 공간을 표현하고자 함이었다. 그 유사성에는 노멘(能面)이라는 가면을 통해 노(能)에서 보여주는 '가마에(준비)'부터라 할 수 있다. 즉, 축소한 형태이다. 다도(茶道), 화도(華道), 궁도(弓道)와 함께 도(道)자가 붙어 있는 것이면 무엇이든 '가마에'로 부터 출발하는 의미를 지니고 있다. 대표적인 예로 센 리큐가 만든 대나무 꽃 통에 동백꽃 한 송이로 간소함의 극치를 보여준 것과 같이 축소문화에 강한 일본은 눈으로 보는 문화를 더욱 지향하고 있음을 알 수 있다. 곧 응축된 풍류 공간의 정치였다.

한・중・일 삼국의 찻자리 공간 공통점은, 자연을 예찬하는 마음이 근간이 되어 세상과 소통하는 방법으로 자연산수를 인공정원으로 꾸며나갔다는 점이다. 정원의 확산은 찻자리 공간의 등장을 촉진하고 차문화를 창출하는 기회를 부여했다. 삼국의 그림을 통해서 공통적으로 나타난 것은 실외 찻자리 공간은 물이 흐르는 강가나 인공연못 주변에서 찻자리 문화를 정착시켰다는 점이다. 시각적인 형태는 달라도 심층에 깔려 있는 정신적인 사상은 서로 맞물려 있었음을 알 수 있다.

한국의 찻자리 공간의 특징이 실천하는 다례로 승화되어 운치와 멋으로 표현되었다면, 중국의 찻자리 공간의 특징은 아름다움을 예(藝)로 승격시켜 풍아로 표현하였고, 일본의 찻자리 공간의 특징은 간소함의 극치를 도(道)로 심화시켜 다도라는 명분을 확립했다. 이처럼 찻자리 공간의 품격은 각국의 기질에 합당한 퍼포먼스로 찻자리 공간의 상이점으로 나타났지만, 삼국의 찻자리 공간은 문화를 창조하는 곳이었다는 공통점을 지니고 있었다.

한・중・일 삼국의 전통 찻자리 공간의 장점들을 응용하여 합당한 찻자리 공간을 재조명해보면, 전통적 찻자리 공간이 자연의 성정을 통한 단순하고 소박한 정신을 강조한 찻자리 공간이었다면, 현재의 찻자리 공간은 소비층의 라이프스타일에 맞는 문화와 예술의 개념이 혼용된 찻자리 공간으로 변화되어야 한다는 점이다.

찻자리 공간의 3가지 주체인 차, 차도구, 인간의 상호 보완적인 역할이 새로움을 창조하는 다시 보는 바람직한 찻자리 공간 문화의 창출인데, 여기에는 첫째 심신 수양의 공간, 둘째 소통과 문화의 공간, 셋째 예술・창작의 공간, 넷째 휴식과 치유의 공간, 다섯째 인성교육의 공간으로 재조명한다는 전제조건이 충족되어야 한다.

21세기에 들어오면서 경제성장이 가져다준 물질의 풍요는 편리함과 개인화로 소통의 단절을 가져와, 인간의 심성을 메마르게 하는 상황을 초래하고 있다. 이러한 시점에서 다시 인간중심의 문예부흥을 전개해야 할 필요성이 절실히 요구되는바, 차문화와 찻자리 공간의 재조명은 이런 목적에 부합하는 요소로 간주되고 있다. 이를 위해 역사를 통해 우리 선조들이 일궈 낸 문화적 유산이었던 찻자리 공간을 살펴보고 다시 조명해 봄으로써 다시 보는 바람직한 찻자리 공간 방안에 대한 모색이 필요한 시점이다. 현재 운영되고 있는 전통적 · 현대적 · 복합적 찻자리 공간을 분석하여 장단점을 파악한 후 그 결과를 절충 · 보완하고 확장시킨 <표 2>의 바람직한 찻자리 공간을 제시하였다.

바람직한 찻자리 공간 형태를 통해서 이루고자 하는 목표는 첫째 찻자리 공간을 통한 차문화의 대중화, 둘째 찻자리 공간을 통한 소통과 교류 확대, 셋째 찻자리 공간을 통한 차문화 산업발전, 넷째 찻자리 공간을 통한 차문화 예술발전, 다섯째 찻자리 공간을 통한 인성교육함양 등이다.

전통과 현대가 조응하는 바람직한 찻자리 공간은 물질과 정신이 함께하는 찻자리 공간 문화로 전환하고, 다양한 사회적 요구를 수용하여 차문화와 찻자리 공간을 대중화하는 방법을 모색하기 위해 향후 부단한 연구와 실제적인 현실 참여가 이루어진다면, 찻자리 공간은 차 한 잔의 운치로 즐거움의 표상(表象)이 되어 우리들의 심금을 울리는 좋은 다우(茶友)가 되어줄 것이다.

참고문헌

1. 단행본

가브리엘반 쥘랑(Gabrirlle Van Zuylen), 『세계의 정원』, (주)시공사, 2010.
강현숙, 『일본의 전다도』, 도서출판 조율, 2010.
강희안, 『양화소록』, 을유문화사, 2000.
계성(計成), 『園冶』, 예경, 1993.
고병익, 『동아시아의 전통과 변용』, 문학과지성사, 1996.
고세연, 『차의 미학』, 도서출판 초의, 1994.
고연희, 『그림, 문학에 취하다』, (주)아트북스, 2011.
_____, 『조선 시대 산수화, 아름다움 필묵의 정신사』, 도서출판 돌베개, 2011.
구태훈, 『일본문화사』, 재핀리서치21, 2011.
국립광주박물관, 『남종화의 거장 소치 허련의 200년』, 비에이디자인, 2008.
국사편찬위원회, 『그림에게 물은 사대부의 생활과 풍류』, 두산동아, 2007.
권영걸, 『한・중・일의 공간조영』, 도서출판국제, 2008.
김대성, 『초의선사 동다송』, 동아일보사, 2004.
_____, 『차문화 유적답사기 상』, 사찰문화연구원, 2005.
_____, 『차문화 유적답사기 중』, 사찰문화연구원, 2005.
김명배, 『일본의 다도』, 보림사, 1987.
_____, 『한국의 다시감상』, 대광문화사, 1999.
_____, 『다도학』, 학문사, 2002.
_____, 『중국의 다도』, 명문당, 2007.
김미란, 『일본문화』, 형설출판사, 1997.

김부식, 『삼국사기 1』, (주)도서출판 한길사, 2011.
______, 『삼국사기 2』, (주) 도서출판 한길사, 2011.
김영기, 『한국미의 이해』, 이화여자대학교 출판부, 1988.
김운학, 『한국의 차문화』, 도서출판 이른아침, 2004.
김원중, 『唐詩』, (주)민음사, 2008.
김의숙, 『한국 민족제의와 음양오행』, 집문당, 1993.
김정현, 『중국인 이야기 1』, 도서출판 멜론, 2010.
김창배, 『차묵화첩』, 인사동문화, 2006.
김철수, 『도시공간의 이해』, 기문당, 2006.
김학성, 『디자인을 위한 색채』, 조형사, 1995.
김형준, 『이야기 인도사』, 청아출판사, 2007.
김희영, 『이야기 중국사 2』, 청아출판사, 2011.
건도홍, 『문방청완』, (주)대원사, 2006.
나종면, 『조선 시대의 예술론』, 한국학술정보(주), 2009.
나카무라 고이치(中村公一), 『한시와 일화로 보는 꽃의 중국문화사』, 뿌리와이파리, 2004.
나카스나 아키노리(中砂明德), 『우아함의 탄생』, 민음사, 2009.
남회근, 『알기 쉬운 논어강의 上』, 씨앗을뿌리는사람, 2002.
______, 『알기 쉬운 논어강의 下』, 씨앗을뿌리는사람, 2002.
노자, 『노자 도덕경』, 정우서적, 2010.
동기창, 『화안(畵眼)』, (주)시공사・시공아트, 2004.
라오서(老舍), 『찻집』, 지식을만드는지식, 2009.
러우칭씨, 『園林』, 도서출판 대가, 2009.
로미 롤링스(Romy Rawlings), 『정원과 건강』, (주)시그마프레스, 2003.
로버트 어윈, 『이슬람 미술』, 도서출판 예경, 2005.
류건집, 『한국차문화사 上』, 도서출판 이른아침, 2007.
______, 『한국차문화사 下』, 도서출판 이른아침, 2007.
______, 『茶賦 註解』, 도서출판 이른아침, 2009.
린다 이 글레햄(Linda E. Graham), 『일반식물학』(제2판), 월드사이언스, 2008.

마리안네 보이헤르트, 『Flower & Tree』, 을유문화사, 2002.
마야자키 마사카츠, 『하룻밤에 읽는 중국사』, 랜덤하우스코리아(주), 2007.
마이클 조던(Mchael Jordan), 『초록덮개』, 지호출판사, 2004.
메리 C.밀러(Mary C. Miller), 『실내 건축의 색채』, 교문사, 1997.
박경자, 『조선 시대 석가산 연구』, 학연문화사, 2008.
_____, 『조선 시대 정원』, 학연문화사, 2009.
박규태, 『일본정신의 풍경』, (주)도서출판 한길사, 2009.
박석무, 『다산 정약용 유배지에서 만나다』, (주)도서출판 한길사, 2010.
박영대, 『우리그림 백가지』, (주)현암사, 2007.
박은봉, 『한 권으로 보는 세계사 100장면』, 도서출판 가람기획, 1993.
박전열, 『남방록연구』, (사)한국차인연합회, 2012.
박정혜, 『조선 궁궐의 그림』, 도서출판 돌베개, 2012.
박종석, 『부러진 대나무』, 도서출판 개미사, 2003.
박철상, 『세한도』, (주)문학동네, 2010.
박희준, 『차 한 잔』, (주)계문사, 2003.
백기수, 『美의 사색』, 서울대학교 출판부, 1986.
변성규, 『竹林七賢』, 문이재, 2002.
부국문화재단, 『완당과 완당바람』, 동산방, 2002.
비토 마사히데(尾藤正英), 『사상으로 보는 일본문화사』, 예문서원, 2003.
서긍(徐兢), 『고려도경』, 황소자리출판사, 2005.
석용운, 『한국다예』, 보림사, 1991.
소동파, 『마음속의 대나무』, 태학사, 2009.
스틴 · 에렐 · 라스무센(Steen · Eiler · Rasmussen), 『건축예술의 체득』, 야정문화사, 2007.
식공간연구회, 『음료의 이해』, 교문사, 2006.
신은경, 『풍류』, 도서풀판 보고사, 2006.
심복(沈復), 『부생육기』, 을유문화사, 2004.
송재소, 『한국의 차문화 천년 1』, 도서출판 돌베개, 2009.
_____, 『한국의 차문화 천년 3』, 도서출판 돌베개, 2011.
쓰지노부오(辻惟雄), 『일본미술 이해이 길잡이』, (주)시공사 · 시공아트, 2006.

아키야마 데루카즈(秋山光和), 『일본회화사』, 소와당, 2010.
야나기 무네요시(柳宗悅), 『다도와 일본의 美』, 도서출판 소화, 2010.
안형재, 『한국의 매화』, 북랜드, 2001.
안혜정, 『내가 만난 일본미술이야기』, (주)아트북스, 2010.
양현지, 『낙양가람기』놀와, 2001.
에비 헬러, 『색의 유혹 2』, 예담 출판사, 2002.
염 숙, 『다도학 개론』, 전남대학교 출판부, 2009.
_____, 『다도학 입문서』, 국학자료원, 2011.
염숙・엄영욱, 『중국역사 속에 꽃피운 차문화』, 전남대학교 출판부, 2009.
염정삼, 『설문해자주』, 서울대학교 출판부, 2008.
오원지 오연(吳阮之 吳然), 『茶悟人生』, 陝西人民出版社, 2008.
오주석, 『오주석이 사랑한 우리그림』, (주)월간미술, 2010.
오카쿠라 텐신, 『차의 책』, 산지니, 2009.
왕총런, 『중국의 茶문화』, 에디터, 2004.
우더신, 『한 권으로 읽는 불교』, 산책자, 2008.
유재건, 『이향 견문록』, 글항아리, 2008.
유중림, 『증보산림경제』, 농촌진흥청, 2003.
윤상인・박전열, 『일본을 강하게 만든 문화코드』, 도서출판 나무와숲, 2011.
윤일이, 『한국의 사랑채』, 산지니, 2005.
이가림, 『미술과 문학의 만남』, (주)월간미술, 2000.
이광주, 『베네치아의 카페 플로리안으로가자』, 도서출판 다른세상, 2001.
이기동, 『논어강설』, 성균관대학교 출판부, 2010.
이겸노, 『문방사우』, 대원사, 2001.
이마미치 도모노부(今道友信), 『동양의 미학』, 다흘미디어, 2005.
이목, 『이목의 차노래』, 두레미디어, 2001.
이미혜, 『공간디자인과 테이블 스타일링』, 기문당, 2007.
이상옥, 『禮記・中』, 명문당, 2003.
이상희, 『꽃으로 보는 한국문화 1』, 넥서스BOOKS, 1999.
_____, 『꽃으로 보는 한국 문화 2』, 넥서스BOOKS, 2004.

______, 『꽃으로 보는 한국문화 3』, 넥서스BOOKS, 2004.
이선옥, 『사군자』, 도서출판 돌베개, 2011.
이성원, 『천년의 선비를 찾아서』, 도서출판 푸른역사, 2008.
이블린 맥퀸(Evelyn B. McCune), 『한국의 병풍』, (주)보진제, 1997.
이어령, 『일본문화와 상인정신』, (주)문학사상사, 2003.
______, 『국화』, (주)도서출판 종이나라, 2006.
______, 『난초』, (주)도서출판 종이나라, 2006.
______, 『대나무』, (주)도서출판 종이나라, 2006.
______, 『매화』, (주)도서출판 종이나라, 2006.
______, 『소나무』, (주)도서출판 종이나라, 2006.
______, 『축소지향의 일본인』, (주)문학사상, 2010.
이용우, 『차와 다도』, 도서출판 삼보애드컴, 2003.
이원복, 『홀로 나귀를 타고 미술 숲을 거닐다』, 이가서, 2008.
이지선, 『일본의 전통문화』, 제이엔씨, 2008.
이진수, 『차의 이해』, (주)꼬레알레즘, 2006.
______, 『찻자리의 미학』, 도서출판 지영사, 2006.
이행렬・심우영, 『명청대 정원문화 누가 만들었을까』, 한국학술정보(주), 2009.
일연, 『삼국유사』, (주)민음사, 2010.
임혜봉, 『한국의 불교茶詩』, 민족사, 2005.
장언푸(張恩富), 『한 권으로 읽는 도교』, 산책자, 2008.
장지아지(張家驥), 『중국의 전통 조경문화』, 문운당, 2008.
장파(張法), 『동양과 서양, 그리고 미학』, 푸른 숲, 2009.
쟈크 브누아메상(Jaques Benoist-Méchin), 『정원의 역사』, 도서출판 르네상스, 2005.
쟈크 브로스(Jacques Brosse), 『식물의 역사와 신화』, 디자인 가필드, 2005.
전용신, 『完譯 日本書紀』, 일지사, 2010.
정동주, 『한국인과 茶』, 도서출판 다른세상, 2004.
정 민, 『미쳐야 미친다』, 도서출판 푸른역사, 2005.
______, 『꽃들의 웃음판』, (주)사계절 출판사, 2007.

______, 『18세기 조선 지식인의 발견』, (주)휴머니스트 출판그룹, 2008.
______, 『한시미학 산책』, (주)휴머니스트 출판그룹, 2010.
______, 『새로 쓰는 조선의 차문화』, 김영사, 2011.
______, 『일침』, 김영사, 2012.
정양모, 『너그러움과 해학』, 도서출판 학고재, 1998.
정영선, 『다도철학』, 도서출판 너럭바위, 1996.
______, 『한국茶문화』, 도서출판 너럭바위, 2007.
정순희, 『일본인의 미의식과 정신』, 도서출판 보고사, 2007.
정옥자, 『우리선비』, (주)현암사, 2010.
정재훈, 『한국전통조경』, 도서출판 조경, 2010.
제임스 조지 프레이저(James George Frazer), 『황금가지』, 동서문화사, 2007.
조기정, 이경희 『동서양의 차문화』, 금성정보출판사, 2003.
______, 『차와 인류의 동행』, 서우얼출판사, 2007.
조근대, 「中國茶詩」, 현암사, 1999.
조설근, 『홍루몽 3』, 청계출판사, 2007.
조은정, 『테이블 코디네이션』, 국제, 2010.
조명철 · 김보한 · 김문자 · 이재석, 『일본인의 선택』, 도서출판 다른 세상, 2002.
존 로벨, 『침묵과 빛』, Spacetime, 2009.
주남철, 『한국주택건축』, 일지사, 1981.
______, 『한국건축의 장』(개정판), 일지사, 1985.
______, 『한국건축의 장』(제3판), 일지사, 1997.
______, 『한국주택건축』(개정판), 고려대학교 출판부, 2006.
______, 『한국의 정원』, 고려대학교 출판부, 2010.
주영하, 『그림 속의 음식, 음식속의 역사』, (주)사계절 출판사, 2009.
주칠성, 『동아시아의 전통철학』, 예문서원, 1999.
주희, 『논어집주(論語集註)』, (주)도서출판 한길사, 2010.
지순임, 『중국화론으로 본 회화미학』, 미술문화, 2008.
진 쿠퍼, 『그림으로 보는 세계문화 상징사전』, 까치글방, 2007.
짱유화, 『차과학개론』, 보이세계, 2010.

창홍(常宏), 『미학 산책』, 시그마 북스, 2010.
천병식, 『역사 속의 우리다인』, 도서출판 이른아침, 2004.
첸파핑(錢發平), 『한 권으로 읽는 유교』, (주)웅진씽크빅, 2008.
초의선사, 『다신전』, 사회교육연구회, 2003.
________, 『초의선사의 동다송』, 동아일보사, 2004.
최계원, 『우리 차의 재조명』, 도서출판 차와사람, 2007.
최범술, 『한국의 다도』, 보연각, 1975.
최병규, 『풍류정신으로 보는 중국문학사』, 예문서원, 1999.
최성현, 『조선상류주택이 내부 공간과 가구』, 이화여자대학교 출판부, 2007.
최종세, 『중국 시·서·화 풍류담』, 책이있는마을, 2002.
최현재, 『조선 중기 재지사족의 현실인식과 시가문학』, 선인, 2006.
치우지핑(裘紀平), 『다경도설』, 도서출판 이른아침, 2005.
크리스틴 구스(Christine Ghth), 『에도시대의 일본미술』, 도서출판 예경, 2004
크리스토퍼 루페뷔르(Christophe Leféburе), 『카페의 역사』, 효형출판, 2002.
톰 스텐디지(Tom Standage), 『역사 한 잔 하실까요?』, 세종서적(주), 2010.
파버·비렌(Faber Biren), 『색채의 영향』, (주)시공사, 2008.
폴 발리(Paul Varley), 『일본문화사』, 도서출판 경당, 2011.
풍우란, 『중국 철학사 상』, 까치글방, 2011.
허 균, 『한정록 1』, 솔출판사, 2004.
______, 『한정록 2』, 솔출판사, 2004.
허원중, 『지도로 보는 세계 사상사』, 시그마북스, 2009.
홍경모, 『사의당지, 우리집을 말하다』, 청아문화사, 2009.
홍대용, 『을병연행록 1』, 도서출판 경진, 2012.
홍만종, 『우리 신선을 찾아서』, 도서출판 돌베개, 2010.
황 견, 『고문진보 후집』, 을유문화사, 2007.
______, 『고문진보 전집』, 을유문화사, 2010.
황지원, 『중국회화의 기운론』, 계명대학교 출판부, 2006.

2. 외국문헌

강전행삼(岡田幸三),『岡田幸三 花の伝書』, 株式會社 神無書房, 2007.
관기시정(官崎市定).『中國史 下』, 岩波書店, 1978.
교림삼(喬林森),『茶席設計』, 上海文化出版社, 2007.
납옥가인(納屋嘉人),『春夏秋冬 茶花づかい』, 株式會社 淡交社, 2002.
범증평(范增平),『中華茶藝學』, 臺海出版社, 2000.
오원지 오연(吳阮之 吳然),『茶悟人生』, 陝西人民出版社, 2008.
육항(陸杭),『中國 傳統 藝術 圖鑑』, 東方出版社, 2010.
이신령(李新玲),『詩化的 品茶藝術』, 中國農業出版社出版, 2008.
이영매(李永梅),『茶道 上』, 天津古籍出版社, 2007.
이영매(李永梅),『茶道 下』, 天津古籍出版社, 2007.
여열(余悅),『中國茶文化經典』, 光明日報出版社, 1999.
장소선주(庄昭選注),『茶詩三百首』, 南方日報出版社, 2003.
진기록(陳奇祿),『中國古典插花藝術』, 行政院新聞局 漢聲雜誌社, 1976.
촌송방언(村松邦彦),『はじめての 茶花』, 株式會社 主婦の 友社, 2006.

3. 학위 논문

곽수정,「유휴공간의 문화공간화를 위한 콘텐츠 연구」, 국민대 박사학위논문. 2007.
구혜원,「CAFE 실내공간 계획에 관한 연구」, 홍익대 석사학위논문, 1993.
공귀옥,「차생활이 청소년의 심리변화에 미치는 영향」, 조선대 박사학위논문, 2012.
김건우,「차문화공간의 현대적 해석과 공간조성 연구」, 원광대 석사학위논문, 2005.
김태경,「한국 茶筵花의 시대적 전개양상」, 대구가톨릭대 박사학위논문, 2004.

노근숙, 「일본 초암차의 형성과정을 통해 본 차문화 구조에 관한 연구」, 원광대 박사학위논문, 2008.
박경준, 「꽃과 색 및 현태분석이 인체와 스트레스 반응에 미치는 효과」, 삼육대 석사학위논문, 2007.
박현일, 「한국 색채문화의 사회미학적 연구」, 원광대 박사학위 논문, 2003.
서정호, 「테이블 데커레이션 유형에 따른 화예디자인 특성에 관한 연구」, 숙명여대 석사학위논문, 2003.
송해경, 「초의의순의 茶道觀 연구」, 원광대 박사학위논문, 2007.
양선규, 「조선 시대 시·서·화의 정신과 사상 연구: 원당 김정희를 중심으로」, 한남대 사회문화대학원, 2006.
염숙, 「寒齋 李穆의 도학정신과 다도사상」, 원광대 박사학위논문, 2007.
이경희, 「한국 차문화 전승 연구」, 목포대 박사학위논문, 2008.
이미혜, 「중세 이케바나의 연구」, 중앙대 석사학위논문, 2006.
이선아, 「한국차문화공간의 감성적 색채 전략에 관한 연구」, 홍익대 석사학위논문, 2003.
이일희, 「생태적 관점에서 본 차문화공간에 관한 연구」, 성신여대 박사학위논문. 2004.
이지연, 「벽오사를 통해서 본 조선 말기 여항문인화 작품 연구」, 한국교원대 석사학위논문, 2010.
정서경, 「한국 차문화 기능의 전승에 관한 연구」, 목포대 박사학위논문, 2012.
정은희, 「19세기 조선 사대부가 여성의 차문화 연구」, 원광대 박사학위논문, 2009.
진정현, 「오카쿠라텐신(岡倉天心)의 『차의책(茶の本)』 고찰」, 고려대 석사학위논문, 2010.
하보숙, 「조선조 차문화의 미의식에 관한 고찰」, 성균관대 석사학위논문, 2008.
하승애, 「동양의 화훼디자인 양식과 변천에 관한 연구」, 상명대 박사학위논문, 2004.
허인경, 「문방사우 연구」, 홍익대 석사학위논문, 2008.

홍윤주, 「현대 꽃장식 경향에 따른 꽃의 이미지 분석」, 서울여대 박사학위논문, 2004.
홍정숙, 「차문화공간에 어울리는 茶花 연구」, 목포대 석사학위논문, 2007.

4. 일반 논문

고연미, 「에도시대 바이사오 고유가이(賣茶翁 高遊外)의 賣茶의 의미와 형태」, 한국차학회지 제17권 제4호, 2011.
______, 「일본중세 賣茶圖의 찻집문화 고찰」, 일본불교사연구 제2호, 2010.
고연희, 「정약용의 花卉에 대한 관심과 花卉詩 고찰」, 동방학 제7집, 2001.
김명배, 「차문화연구지」, 한국차문화연구소, 1993.
김주연, 「실내공간에 있어 자연광에 의한 시지각적 현상에 관한연구」, 한국실내디자인학회지 제13호, 1997.
박윤수, 「홍현주의 음다생활 고찰」, 차문화연구지 제12권, 2003.
송희경, 「19세기 碧梧社의 雅會;서울대학교 박물관 소장 『五老會帖』에 관한 연구」, 서울시립대학교 부설서울학연구소, 2003.
안대회, 「18 · 19세기의 주거문화와 상상의 정원」, 진단학회, 영남대학교, 2002.
오병훈, 월간 『차의 세계』, 2011.
이경희, 「주거공간의 차문화 활용에 관한 고찰」, 비교민속학 제32집, 2006.
정병만, 「蘭叔 禪僧의 酒茶論小考」 제3회 국제茶문화 학술세미나, 목포대학교 개교 60주년 기념, 2006.
조기정, 「중국 茶道의 형성과 변천 고찰」, 중국인문과학 제48집, 2011.
______, 「喬覺의 茶詩 考察」, 한국차문화 제2집, (주)미스터페이퍼, 2011.
______, 「한국 차문화의 산업의 활로 모색-정책적 측면을 중심으로」, 한국차문화 제3집, (주)미스터페이퍼, 2012.

주남철, 「이조시대주택의 공간성」, 대한건축학회지 13권 34호, 1969.
최성렬, 「불교문화와 차문화」 제5기 조선대학교 국제 문화아카데미, 2011.
현영조, 「동양의 전통적 차문화 공간 연구」, 한국차학회지 제8권 제3호, 2002.
홍정숙, 「17세기 네델란드의 차무역이 영국문화에 미친 영향」, 한국차학회지 제17권 제4권, 2011.

5. 한국고전종합DB

『조선왕조실록』
『국역승정원일기』

강희맹(姜希孟), 『동문선(東文選)』, 고전번역총서.
권 별(權鼈), 『해동잡록(海東雜錄)』, 고전번역총서.
기대승(奇大升), 『고봉집(高峯集)』, 고전번역총서.
김시습(金時習), 『매월당집(梅月堂集)』, 한국문집총간.
김정희(金正喜), 『완당집(阮堂集)』, 고전번역총서.
남구만(南九萬), 『약천집(藥泉集)』, 고전번역총서.
노인(魯認), 『금계일기(錦溪日記)』, 고전번역총서.
박은(朴誾), 『읍취헌유고(挹翠軒遺稿)』, 고전번역총서.
서거정(徐居正), 『동문선(東文選)』, 고전번역총서.
______, 『사가집(四佳集)』, 고전번역총서
______, 『목은집(牧隱集)』, 고전번역총서.
______, 『해동역사(海東繹史)』, 고전번역총서.
성삼문(成三問), 『성근보집(成謹甫集)』, 한국문집총간.
안정복(安鼎福), 『동사강목(東史綱目)』, 고전번역총서.
이곡(李穀), 『가정집(稼亭集)』, 고전번역총서.
이규보(李奎報), 『동국이상국집(東國李相國文集)』, 고전번역총서.

이덕무(李德懋), 『청장관전서(青莊館全書)』, 고전번역총서.
이색(李穡), 『목은집(牧隱集)』, 고전번역총서.
이숭인(李崇仁), 『도은집(陶隱集)』, 고전번역총서.
이응희(李應禧), 『옥담시집(玉潭詩集)』, 우수고전번역서.
이제신(李濟臣), 『청강선생후청쇄어(淸江先生鯸鯖瑣語)』, 고전번역총서.
이황(李滉), 『퇴계집(退溪集)』, 한국문집총간.
정도전(鄭道傳), 『삼봉집(三峯集)』, 한국문집총간.
정약용(丁若鏞), 『다산시문집(茶山詩文集)』, 고전번역총서.
정희맹(丁希孟), 『선양정집(善養亭集)』, 한국문집총간.
최립(崔岦), 『간이집(簡易集)』, 고전번역총서.
한치윤(韓致奫), 『해동역사(海東繹史)』, 고전번역총서.
황현(黃玹), 『매천집(梅泉集)』, 고전번역총서.

홍정숙(洪貞淑)

조선대학교 대학원 순수미술학과 졸업(미술 석사)
목포대학교 대학원 국제茶문화학과 졸업(문학 석사)
조선대학교 대학원 국제茶문화학과 졸업(문학 박사)
나주대학 외래교수, 목포대학교 외래교수 역임
현) 목포대학교 외래교수, 조원회 회워, 한국플라워디자인 회원

Georgia O'Keeffe 論 「수직과 수평의 콤포지션에 관한 연구」
「茶문화공간에 어울리는 茶花 연구」
「茶문화공간과 茶花」
「전통다실의 안정적 색채구성요소에 관한 고찰」
「17세기 네델란드의 茶무역이 영국문화에 미친 영향」
「조선 시대 飮茶공간 고찰」
「현대 飮茶공간의 활성화 방안연구」
「찻자리의 꽃, 매(梅)・국(菊)・연(蓮)・죽(竹)・송(松)」, 『茶와 文化』 봄호
「차실의 멋, 풍아(風雅)한 찻자리의 꽃」, 『茶와 文化』 가을호

2006 익산국제茶문화축제 '茶花' 대상 수상
2011 대구세계茶문화축제 대한민국 '茶詩문학상' 대상 수상

1997 밀알꽃꽂이 작품전
2000 광주광역시 여성발전센터 신축개관 및 밀알꽃꽂이 창립 25주년 기념 제14회 작품
2003~2010 서양화 그룹전 다수
2003~2012 조원회원전
2005 한국플라워디자인협회 광주지회 작품전
2005 제1회 '나무들의 이야기' 서양화 홍정숙 개인전
2006 꽃으로 만나는 비엔날레 작품전
2007~2008 광주봄꽃박람회 작품전
2008, 2012 조원회 6인전 자미갤러리 초대전
2009 제2회 '茶숲을 품다' 서양화 홍정숙 개인전
2010 국윤미술관 초대전
2011 제3회 '화・화・화(茶話・茶花・茶畵)' 서양화 개인전

찻자리 공간에서 만난

차 한 잔의 운치

초판인쇄 | 2013년 2월 28일
초판발행 | 2013년 2월 28일

지 은 이 | 홍정숙
펴 낸 이 | 채종준
펴 낸 곳 | 한국학술정보(주)
주 소 | 경기도 파주시 문발동 파주출판문화정보산업단지 513-5
전 화 | 031) 908-3181(대표)
팩 스 | 031) 908-3189
홈페이지 | http://ebook.kstudy.com
E-mail | 출판사업부 publish@kstudy.com
등 록 | 제일산-115호(2000. 6. 19)

ISBN 978-89-268-4169-3 03650 (Paper Book)
978-89-268-4170-9 05650 (e-Book)

이담Books 는 한국학술정보(주)의 지식실용서 브랜드입니다.

책에 대한 더 나은 생각, 끊임없는 고민, 독자를 생각하는 마음으로 보다 좋은 책을 만들어갑니다.